道路桥梁工程技术研究

主 编 张君瑞 林 智 左宝仪

吉林科学技术出版社

图书在版编目(CIP)数据

道路桥梁工程技术研究 / 张君瑞，林智，左宝仪主编. -- 长春：吉林科学技术出版社，2022.8
ISBN 978-7-5578-9361-3

Ⅰ．①道… Ⅱ．①张… ②林… ③左… Ⅲ．①道路工程②桥梁工程 Ⅳ．①U41②U44

中国版本图书馆 CIP 数据核字(2022)第 113561 号

道路桥梁工程技术研究

主　　编	张君瑞　林　智　左宝仪
出 版 人	宛　霞
责任编辑	赵维春
封面设计	北京万瑞铭图文化传媒有限公司
制　　版	北京万瑞铭图文化传媒有限公司
幅面尺寸	185mm×260mm
开　　本	16
字　　数	215 千字
印　　张	13.25
印　　数	1-1500 册
版　　次	2022年8月第1版
印　　次	2022年8月第1次印刷

出　　版	吉林科学技术出版社
发　　行	吉林科学技术出版社
地　　址	长春市南关区福祉大路5788号出版大厦A座
邮　　编	130118
发行部电话/传真	0431-81629529　81629530　81629531
	81629532　81629533　81629534
储运部电话	0431-86059116
编辑部电话	0431-81629510
印　　刷	廊坊市印艺阁数字科技有限公司

书　　号	ISBN 978-7-5578-9361-3
定　　价	48.00 元

前　言

在经济技术高度发展的今天，道路桥梁建设管理部门逐渐兴起，道路桥梁的管理已经成为国内外道路桥梁工程领域研究和关注的热点。特别是一些结构体系复杂、建造年代久远的道路桥梁，为了保证其安全通行，对其科学合理的管理至关重要。随着城市交通流量和车辆荷载的增大，以及新型特殊组合结构道路桥梁的出现，道路桥梁管理的复杂性和技术要求日益上升。

21世纪以来我国道路桥梁的建设进入了一个最辉煌的时期，在中华大地上建设了一大批结构新颖、技术复杂、设计和施工难度大、现代化品位和科技含量高的大跨径斜拉桥、悬索桥、拱桥、PC连续钢构桥，积累了丰富的道路桥梁设计和施工经验，我国公路桥梁建设水平已跻身于国际先进行列。交通作为人类发展的重要保证，越来越引起当今人类的重视，道路桥梁作为其中的一种重要形式，也在不断地发展进步，我国的道路桥梁建设者就已积极开展了跨海建桥的研究和谋划。

本书在编著过程中参考了大量学者、同行的研究成果，这些在附录中已有列出。在此向他们表示由衷的感谢。本书可能有疏漏甚至错误之处，敬请专家学者批评指正。

目录

第一章 道路桥梁工程技术概述...1

    第一节 道路工程施工技术概述...1

    第二节 桥梁工程施工技术概述...6

第二章 道路桥梁工程施工常用设备...14

    第一节 桥梁施工常备式结构及应用...14

    第二节 桥梁施工常用的起重设备...16

    第三节 混凝土施工设备及其应用...22

    第四节 预应力张拉设备及其应用...25

    第五节 道路工程常用的施工机械设备.......................................27

    第六节 施工机械选型的一般原则...35

第三章 路基施工技术...38

    第一节 填方路基施工技术...38

    第二节 挖方路基施工技术...46

    第三节 路基压实施工技术...52

第四章 路基防护与加固工程施工技术...79

    第一节 坡面防护施工技术...79

    第二节 沿河河基防护施工技术...82

    第三节 挡土墙施工技术...83

    第四节 边坡锚固防护施工技术...84

    第五节 抗滑桩施工技术...85

第五章 桥梁上的作用与桥梁总体规划设计...................................87

    第一节 桥梁上的作用...87

    第二节 桥梁总体规划设计...91

第六章 桥梁构造形式...98

第一节 梁式桥 ………………………………………………………………… 98

第二节 拱桥 …………………………………………………………………… 106

第三节 斜拉桥 ………………………………………………………………… 116

第四节 悬索桥 ………………………………………………………………… 123

第七章 桥梁基础施工技术 …………………………………………………… 131

第一节 明挖扩大基础施工 ………………………………………………… 131

第二节 沉入桩基础施工 …………………………………………………… 137

第三节 钻孔桩基础施工 …………………………………………………… 138

第四节 沉井与沉箱基础施工 ……………………………………………… 142

第五节 地下连续墙基础施工 ……………………………………………… 147

第八章 桥架结构施工技术 …………………………………………………… 153

第一节 简支梁桥施工 ……………………………………………………… 153

第二节 预应力混凝土连续梁桥施工 ……………………………………… 158

第三节 拱桥施工 …………………………………………………………… 164

第四节 钢桥施工 …………………………………………………………… 168

第五节 大跨度桥梁施工 …………………………………………………… 169

第九章 道路桥梁工程施工环保与安全 ……………………………………… 172

第一节 道路桥梁工程施工与环境保护 …………………………………… 172

第二节 道路桥梁工程施工安全 …………………………………………… 177

参考文献 ……………………………………………………………………… 204

第一章 道路桥梁工程技术概述

第一节 道路工程施工技术概述

一、道路工程施工的基本程序

道路工程施工的基本程序是指施工单位从接受施工任务到工程竣工阶段必须遵守的工作程序。

（一）施工准备工作

施工准备工作是为拟建工程的施工建立必要的技术和物质条件，统筹安排施工力量和现场。施工准备工作也是施工企业搞好目标管理、推行技术经济承包的依据。

为了保证施工顺利进行，在施工准备阶段，建设主管部门应根据计划要求的建设进度指定一个企业或事业单位组织基建管理机构，办理登记及拆迁，做好施工沿线有关单位和部门的协调工作，抓紧配套工程项目的落实，组织施工范围内的技术资料、材料、设备的供应；勘测设计单位应按照技术资料供应协议，按时提供各种图纸资料，做好施工图纸的会审及发放工作；施工单位应组织机具、人员进场，进行施工测量，修筑便道及生产、生活等临时设施，组织材料，物资采购、加工、运输、供应、储备，做好施工图纸的接收工作，熟悉图纸的要求。

（二）组织施工

施工准备就绪后，施工单位向上一级单位提交开工申请，主管技术部门报监理工程师，由总监下达开始命令。施工单位要遵照施工程序和施工组织计划中所拟定的施工方法合理组织施工。施工过程中应严格按照设计要求和施工规范施工，确保工程质量，安全施工。推广应用新工艺、新技术，努力缩短工期，降低造价，同时应注意做好施工记录，建立技术档案。

组织施工应具备的文件有：①设计文件；②施工规范和技术操作规程；③各种定额；④施工图预算；⑤施工组织设计；⑥道路工程质地检测评定标准和施工验收规范。

（三）竣工验收、交付使用

工程竣工验收是一项十分细致而又严肃的工作，由建设单位组织，由勘查、设计、监理、施工等单位参加，在竣工验收文件齐全的条件下，认真负责地对全部建设工程进行总验收。竣工验收包括对工程质量、数量、期限、生产能力、建设规模、使用条件的审查，并以设计文件为依据，根据有关规定，对建设单位和施工企业编报的固定资产移交清单、隐蔽工程说明和竣工决算等进行细致检查。特别是投工决算，它是反映整个基本建设工作所花费的全部投资金额的综合性文件，也是通过经济指标对全部基本建设工作全面总结。

二、道路工程施工准备工作

（一）组织准备工作

所谓组织准备工作，主要是建立和健全施工组织管理机构，制定施工管理制度，明确施工任务，确立施工应达到的目标。施工组织管理机构是为完成道路工程施工而设置的负责现场指挥、管理工作的组织机构，一般由项目经理部及下设各职能部门组成。建立严格的责任制，按计划将责任预先落实到有关部门甚至个人，同时明确各级技术负责人在施工准备工作中所负的责任，从而充分调动各部门和技术人员的积极性，使他们有职、有权、有责。建立完善的施工管理制度是公路施工管理的核心。施工管理制度包括施工计划管理制度、工程技术管理制度、工程成本管理制度、施工安全管理制度。

（二）技术准备工作

1.熟悉和审核图纸，深化施工组织设计

项目负责人组织有关人员对施工图纸和资料进行学习和自审，如有疑问，应做好统计，在业主召开的设计交底和图纸会审中提出，请上级部门给予解答。

施工组织设计是全面安排施工生产的技术经济文件，是指导施工的主要依据，施工组织设计是以一个建设施工项目为编制对象，用以规划整个拟建工程施工活动的技术经济文件。它是整个项目施工任务总的战略性部署安排，主要内容包括工程概况、施工布置与施工方案、施工总进度计划、施工准备工作及各项资源需要量计划、施工总平面图、主要技术组织措施及主要技术指标。

2. 设计交桩和技术交底

建设单位负责人召集设计、施工、监理、科研人员参加图纸会审会议。设计人员向施工方做图纸交底，讲清设计意图和对施工的主要要求，施工人员应对图纸和有关问题提出质询。最终由设计单位对图纸会审中提出的合理化建议，按程序进行变更设计或作补充设计。

3. 建立工地试验室

工地试验室是为施工现场提供直接服务的试验室，主要任务是配合路基、路面施工，对工地使用的各种原材料、加工材料及结构性材料的物理力学性能，以及施工，结构体的几何尺寸等进行检测，工地试验室的作用是通过各种材料试验，选用合适的材料及其性能参数，以保证工程结构物的强度和耐久性，并有利于掌握各种材料的施工质量指标，保证结构物的施工质量，工地试验室的试验检测人员必须是施工单位试验检测机构的正式人员。

施工前的准备工作带有全局性，它是组织施工的第一步，没有这项工作，工程就不能顺利开工，更不能连续施工。没有准备的施工或准备不充分的施工，均会使以后施工难以顺利进行。

（三）物资准备工作

物资准备工作是指施工中必需的劳动手段和施工对象的准备。它是根据各种物资需要量计划，分别落实货源、组织运输和安排储备，以保证连续施工的需要。物资准备是各种材料与机具设备购置、采集、调配、运输和储存，临时便道及工程房屋的修建，供水、供电、必需生活设施等的安装及建设等工作。

在道路施工前，各种生产、生活需用的临时设施，如各种仓库、搅拌站、预制构件厂（站、场）、各种生产作业棚、办公用房、宿舍、食堂、文化设施等均应按施工组织需要的数量，标准、面积、位置等在施工前修建完毕。修建完毕各种生产、生活需用的临时设施后，应及时根据施工组织设计确定的材料、半成品、预制构件的数量、品种、规格以及施工机具设备，编制好物资供应计划，按计划订货和组织进货，按照施工平面图要求在指定地点堆存或入库；对沙子、碎石、钢材等材料应提前做各种试验，确定其是否满足设计要求；对各种标号混凝土提前做好其配比；对施工将用的施工机械和机具需用量进行计划，按计划进场安装、检修和试运转。

施工队应提早调整，健全和充实施工组织机构，进行特殊工种、稀缺工种的技术培训，提前预招临时工和合同工，落实专业施工队伍和外包施工队伍。同时，根据地理位置、气候条件，冬季雨期施工也应做些适当准备。

（四）施工现场准备工作

1. 恢复定线测量

恢复定线测量的主要程序为：①检查工程原测设的所有永久性标桩；②复测；③将施工中所有的标桩进行加固保护，并对水准点、三角网点等树立易于识别的标志；④向监理工程师提供全部的测量。

2. 建造临时设施

工地临时房屋设施包括行政办公用房、宿舍、文化福利用房及作业棚等。其需要垃根据职工与家属的总人数和房屋指标来确定。

仓库用来存放施工所需要的各种物资建材，按物资的性质和存放要求其形式可以是露天、敞棚、房屋或库房。仓库物资储存量应根据施工条件通过计算确定。

3. 临时交通便道

在工地布设临时交通便道时应遵循下列原则：①临时交通道路以最短距离通往主体工程施工场所，并连接主干道路，使内外交通便利；②充分利用原有道路，对不满足使用要求的原有道路，应在充分利用的基础上对其进行改建，节约投资和施工准备时间；③在本工程的施工与现有的道路、桥涵发生冲突和干扰时，承包人要在本工程施工之前完成改道施工或修建临时道路；④利用现有的乡村道路作为临时道路，应将乡村道路进行修整、加宽、加固及设置必要的交通标志，并经监理工程师验收合格后方可通行；⑤工程施工期间，应配备人员对临时道路进行养护，以保证临时道路的正常通行；⑥尽量避开洼地和河流，不建或少建临时桥梁。

4. 工地临时用电

施工现场用电，包括生产用电和生活用电。其中，生活用电主要是照明用电；生产用电包括各种生产设施用电、主体工程施工用电、其他临时设施用电。

三、道路工程现场施工安排

（一）现场施工管理基本任务

现场施工管理的基本任务是根据生产管理的普遍规律和施工的特殊规律，以在何一个具体工程和相应的施工现场为对象，正确地处理好施工过程中的劳动力、劳动对象和劳动手段的相互关系及其在空间布置上和时间安排上的各种矛盾，做到人尽其才、物尽其用，安全地完成施工任务。

（二）现场施工管理基本内容

现场施工管理包括以下基本内容：①编制施工作业计划并组织实施，全面完成计划指标；②做好施工，现场的平面布置，合理利用空间，创造良好的施工条件；③做好施工中的调度工作，及时协调施工工种和专业工种之间，以及总包与分包之间的关系，组织交叉施工；④做好施工过程中的作业准备，为连续施工创造条件；⑤保护施工环境，节约社会资源，建设优良工程；⑥科学公正地设置管理机构，保证现场管理全面协调运作；⑦认真填写施工日志和施工记录，为交工验收和技术档案积累资料。

（三）道路施工组织管理内容

道路工程施工要多快好省地完成施工生产任务，必须有科学的施工组织，并合理地解决好一系列问题，其具体任务如下：①确定开工前必须完成的各项准备工作；②计算工程数量，合理部署施工力量，确定劳动力、机械台班、各种材料、构件等的需要量和供应方案；③确定施工方案，选择施工器具；④安排施工顺序，编制施工进度计划；⑤确定工地上的设备停放场、料场、仓库、办公室、预制场地等的平面布置。

此外，道路工程的施工总方案可以是多种多样的，应该依据道路工程具体特点、工期需求、劳动力数量及技术水平、机械设备能力、材料供应，以及构件生产、运输能力、地质、气候等自然条件及技术经济条件进行综合分析，进行方案比选，选择最理想的施工方案。

把上述各项问题加以综合考虑，并做出合理的决定，形成指导施工生产的技术经济文件施工组织设计。施工组织设计本身是施工技术准备工作，是指导施工的准备工作，是全面布置施工生产活动、控制施工进度、进行劳动力和机械调配的基本依据，对是否能多、快，好、省地完成公路工程的施工生产任务起着决定性作用。

第二节 桥梁工程施工技术概述

一、桥梁的组成及分类

（一）桥梁的组成

桥梁组成部分的划分与桥梁结构体系有关。常见的梁式桥通常由以下部分构成，上部结构、下部结构及支座构成。不同的桥梁结构形式有不同的结构形式，只是略有差异。

1. 上部结构

指桥梁位于支座以上的部分。它包括桥跨结构和桥面构造两部分：前者指桥梁中直接承受桥上交通荷载的、架空的主体结构部分；后者则指为保证桥跨结构能正常使用而需要建造的桥上各种附属结构或设施。

桥跨结构的型式多样。对梁桥而言，其主体结构是梁；对拱桥而言，其主体结构是拱；对悬索桥而言，其主体结构是缆。

2. 下部结构

指桥梁位于支座以下的部分，也叫支承结构。它包括桥墩（pier）、桥台（abutment）以及墩台的基础（foundation），是支承上部结构、向下传递荷载的结构物。

桥梁墩台的布置是与桥跨结构相对应的。桥台设在桥跨结构的两端，桥墩则分设在两桥台之间。

桥台除起到支承和传力作用外，还起到与路堤衔接、防止路堤滑塌的作用。为此，通常需在桥台周围设置锥体护坡。

墩台基础是承受由上至下的全部荷载（包括交通荷载和结构重力）并将其传递给地基的结构物。它通常埋入土层之中或建筑在基岩之上，时常需要在水中施工。

3. 支座

在桥跨结构与墩台之间，还需要设置支座，以连接桥跨结构与桥梁墩台，提供荷载传递途径。除此之外，根据具体情况，与桥梁配套建造的附属结构物可能有：挡土墙、护坡、导流堤、检查设备、台阶扶梯、导航装置等。

（二）桥梁的分类

按结构体系划分：

（1）梁式桥——主梁受弯

梁式桥种类很多，也是公路桥梁中最常用的桥型，其跨越能力可从 20m 直到 300m 之间。公路桥梁最常用的大跨径梁式桥主要为预应力混凝土连续箱形梁桥，20 世纪 70 年代我国公路上开始修建连续箱梁桥，到目前为止我国已建成了多座连续箱梁桥，如一联长度 1340m 的钱塘江第二大桥和跨越高集海峡全长 2070m 的厦门大桥等。目前，我国预应力混凝土连续梁最大跨径为 165m（南京二桥北汊主桥）。由于预应力混凝土连续箱梁它具有桥面接缝少、梁高小、钢度大、整体性强，外形美观，便于养护等在构造、施工和使用上的优点，近年来已成为建成较多的桥梁。其发展趋势为：减轻结构自重，采用高标号混凝土。随着建筑材料和预应力技术发展，其跨径增大，葡萄牙已建成 250m 的连续箱梁桥，超过这一跨径，也不是太惊奇的。大跨径梁桥的上部结构大多采用箱形截面，是因为箱形截面有较大的抗扭钢度，箱梁允许有最大细长度，同 T 型梁相比徐变变形较小。由于嵌固在箱梁上的悬臂板，其长度可以较大幅度变化，并且腹板间距也能放大，能适应各种使用条件，特别适合于预应力混凝土连续梁桥、变宽度桥，因此，箱梁能在独柱支墩上建成弯斜桥。

钢梁桥一般用于大跨径，尤其是桁架梁，用于特大跨径。最大的钢桁梁桥，是跨径 549m 的加拿大魁北克桥，为悬臂梁桥，公铁两用。

混凝土连续梁和连续钢构桥有了快速发展。

交通运输的迅速发展，要求行车平顺舒适，多伸缩缝的 T 形钢构已经不能满足要求，因而连续梁和连续钢构得到了迅速发展。

连续梁的不足之处是需用大吨位的盆式橡胶支座，养护工作量大。连续钢构的结构特点是梁保持连续，梁墩固结。既保持了连续梁行车平顺舒适的优点，又保持了 T 形钢构不设支座减少养护工作量的优点。

预应力应用更加丰富和灵活，部分预应力在公路桥梁中得到较广泛的采用。不仅允许出现拉应力，而且允许在极端荷载时出现开裂。其优点是，可以避免全预应力时易出现的沿钢束纵向开裂及拱度过大；钢度较全预应力为小，有利于抗震；并可充分利用钢筋骨架，减少钢束，节省用钢量。

体外预应力得到了应用与发展。体外预应力早在20世纪20年代末就开始应用，70年代后应用多了起来。体外配索，可以减小截面尺寸，减轻结构恒载，提高构件的施工质量；力筋的线形更适合设计要求，其更换维修也较方便。加固桥梁时用体外索更是方便。著名的美国Longkey桥，跨径36m，即是采用了体外索。

大吨位预应力应用增加。现在不少桥梁中已采用每束5001的预应力索。预应力索一般平弯，锚固于箱梁腋上，可以减小板件的厚度，减轻自重，局部应力也易于解决。

无黏结预应力得到了应用与发展。无黏结预应力在国外20世纪50年代中期广泛用于建筑业，美国目前楼板中，99%采用现浇无黏结预应力。无黏结预应力结构施工方便，无须孔道压浆，修复容易，可以减小截面高度；荷载作用下应力幅度比有黏结的预应力小，有利于抗疲劳和耐久性能。

双预应力，即除用预张拉预应力外，还采用了预压力筋，使梁的截面在预拉及预压力筋作用下工作。简支梁双预应力梁端部的局部应力较大，后来日本将预压力筋设在离端部一定距离的上缘预留槽中，而不是锚在梁端部，使局部应力问题趋于缓和。

国外还较多应用预弯预应力梁。预弯预应力梁是在钢工字梁上，对称加两集中力，浇筑混凝土底板，卸除集中力，这样底板混凝土受到预压，然后再浇筑腹板和顶板混凝土。有的国家如日本已有浇筑好底板的梁体作为商品供应。

箱梁内力计算更切合实际，对于箱梁，必要时需考虑约束扭转、翘曲、畸度、剪滞的内力。由于剪滞的影响，箱梁顶底板在受弯情况下，其纵向应力是不均匀的，靠箱肋处大，横向跨中处小，配筋时要用有效宽度。目前已按试验结果，将纵向应力按多次抛物线分布，得出实用结果，箱梁温差应力的计算。箱梁由于架设方向及环境的不同，会承受不同的温差。温差应力必须考虑，在特定的情况下，温差应力很大，甚至超过荷载应力。因此，必须按照现场可能出现的温差，计算内力，加以组合，进行配筋。

按施工步骤计算恒载内力。按结构的最终体系计算恒载内力，往往并不是实际的内力。必须按照施工顺序，逐阶段地进行计算，在计算中考虑混凝土龄期不同的徐变收缩影响。这样，既得到了各施工阶段的控制内力，又得到了结构形成时的内力和将来的内力。施工方法丰富先进，近年来悬臂施工法中悬拼的应用有所增加。各节段间带有齿槛，涂环氧，使连接良好，并增大抗剪能力。可以缩短工期，特别是利用吊装能力大的浮吊时，可加大节段长度，则更能加快施工进度。国外悬拼最大的桥为跨径182.9m的澳Captain Cook桥。顶推施工法也处在不断发展过程中，一开始是集中顶推，两侧各用一个千斤顶推动，而且用竖向千斤顶以使水平千斤顶回程。以后发展成为多点顶推，使顶推力与摩阻力平衡，使顶推法可用于柔性墩，同时也不使用竖向千斤顶。在这以后，又有下列发展：支座设在梁上，不需顶推后重行设置；拉索锚具可自动开启或闭锁。梁前进时锚定，千斤回程时自动开启；在横向中央设一个滑道，避免两侧滑道时必须两侧同步，特别适用于平曲线梁的顶推。

（2）拱桥——主拱受压

用拱作为桥身主要承重结构的桥。拱桥主要承受压力，故可用砖、石、混凝土等抗压性能良好的材料建造。大跨度拱桥则可用钢筋混凝土或钢材建造，可承受发生的力矩。

拱式桥的主要承重结构是拱圈或拱肋，这种结构在竖向荷载作用下，桥墩或桥台都将承受水平推力和竖向反力，同时这种水平推力将显著抵消荷载所引起的在拱圈（或拱肋）内的弯矩作用，因此，与同跨径的梁相比，拱的弯矩和变形要小得多。

鉴于拱桥的承重结构以受压为主，通常就可以用抗压能力强的坞工材料（如砖、石、混凝土）和钢筋混凝土等来建造。

拱桥的跨越能力很大，外形也比较美观，在条件许可的情况下，修建坞工拱桥往往是经济合理的。

拱式桥对下部构造和基础要求较高，要求下构（桥墩、桥台）和基础能够提供足够大的水平推力，而且具有足够的稳定性和耐久性。

拱桥，在桥梁的发展史上曾经占有重要地位，迄今为止，已有三千多年的历史，当今亦因其形态美、造价低、承载潜力大而得到广泛的应用，也是大跨径桥梁形式之一，跨径从几十米到四百多米。我国大跨度混凝土拱桥的建设技术，居国际领先水平。拱桥的受力特点为拱肋承压、支承处一般有水平推力，按其建造材料来分，可分为坊工拱桥、钢筋（骨）混凝土拱桥、钢管混凝土拱桥、钢拱桥等。

（3）钢架桥——构件受弯压

也称钢构桥，上部结构和下部结构连成整体的框架结构。根据基础联结条件不同，分为有铰与无铰两种。这种结构是超静定体系，在垂直荷载作用下，框架底部除了产生竖向反力外，还产生力矩和水平反力。常见的钢架桥有门式钢架桥和斜腿钢架桥等。

钢架桥的主要承重结构是梁或板和立柱或竖墙整体结合在一起的刚性构架的结构体系，也称为钢构体系。梁和柱的连接处具有很大的刚性，连接可靠。在竖向荷载作用下，梁部主要受弯，而在柱脚处也具有水平反力，其受力状态介于梁桥与拱桥之间。

对于同样的跨径，在相同的荷载作用下，钢架桥的跨中正弯矩比一般梁桥的小。根据这一特点，钢够桥跨中的建筑高度就可以做得较小。在城市道路网中，遇到线路立体交叉或需要跨越通航河段时，采用这种桥型能尽量降低线路标高以改善纵坡并能减少路堤土方量。

二、桥梁工程施工的一般特点

（一）流动性与地域性

桥梁工程施工生产不同于一般的工业生产，由于建造地点的不同，其施工是在不同的地区，或同一地区的不同场地进行的，因此其生产在地区与地区之间、场地之间流动。桥梁工程施工受地区条件的影响，其结构、造型、材料和施工方案等方面均有所不同，具有一定的地域性。

（二）固定性与单一性

具体到某一座桥梁工程施工，经过统一规划后，根据其使用功能，在选定的地点上单独设计、单独施工，不可更改，建设地点具有固定性。即使是提倡使用标准设计和通用构件，但受桥梁工程所在地区的自然、经济和技术条件的约束，其结构、建筑材料、施工方法和施工组织等也可因地制宜加以修改，以适应不同地区和不同桥型的需要，从而使桥梁工程的施工具有单一性。

（三）周期性与重发性

桥梁工程施工受混凝土龄期、同部位分节施工等影响，需按部就班地开展,如梁板预制、钢筋绑扎、模板安装固定、混凝土浇筑、顶推循环施工等,从而使桥梁工程施工,具有周期性和重复性。

（四）露天性与高空性

桥梁工程地点的固定性和体形巨大的特征决定了其施工,具有露天作业和高空作业多的特点,随着社会经济发展和现代化交通运输的需要,各种大型桥梁的施工任务越来越多,使得桥梁工程高空作业的特点日益明显。

（五）施工周期长与占用流动资金多

桥梁体形庞大,其建造必然要消耗大量的人力、物力和财力,同时施工过程还要受到工艺流程和生产程序的制约,使各专业和各工种间必须按照合理的施工顺序进行配合与衔接。而建造地点的固定性,使得施工活动的空间具有一定的局限性,从而导致桥梁施工具有生产周期长、占用流动资金大的特点。

（六）施工生产组织协作的复杂性

桥梁工程施工涉及工程力学、地基基础、工程地质、水文水力学、土力学、工程材料、工程机械设备、施工组织管理等学科的专业知识,施工涉及面较广,需要在不同时期、不同地点上组织多专业、多工种的综合作业,此外,它还涉及不同种类的专业施工队伍,以及规划与征用土地、勘察设计、"五通一平"、科研试验、质量监督、交通运输、电水热供应、劳务等社会各领域的外部协作配合,使得桥梁工程施工生产的组织协作关系错综复杂。

三、桥梁工程施工的基本程序

桥梁工程主体施工大致可分为桥梁下部结构和桥梁上部结构两部分。桥梁下部结构工程（基础、墩台）大多采用就地浇筑施工,桥梁上部结构根据桥位的地形地貌特点、墩台高低、梁孔多少等选择桥位现浇法或预制梁场集中预制的运架方案。桥梁工程施工的精细度及要求高,施工组织应科学合理,管理应精细严格。

四、桥梁工程施工准备工作

施工单位承接桥涵施工任务后,必须组织有关人员对设计文件、图纸及其他有关资料进行了解和研究,并进行现场勘察与核对,必要时进行补充调查。其内容包括:气候条件,气象资料,河流水文,地形地貌,河床地质,当地材料,可利用的现有建筑物,劳动力情况,工业加工能力,交通运输条件,施工场地的水、电源以及生活物资供应,农田耕作的要求等。

第一,施工单位在编制施工组织设计前,应组织有关人员对设计文件、图纸、资料进行研究和现场核对,必要时进行补充调查。研究设计文件、图纸、资料时,应首先查明是否齐全、清楚,图纸本身及相互之间有无矛盾和错误。如发现图纸和资料欠缺、错误、矛盾等情况,应向建设单位提出,予以补全、更正。较复杂的中桥、大桥和特大桥,可要求建设单位进行设计交底,施工单位可提出修改意见供建设单位考虑。

第二,在勘查现场及审阅图纸后,应请建设单位主持,请建设主管部门、监理单位、设计单位设计人员进行设计交底。交底后施工单位将发现的问题提出,请设计单位解答,会议纪要由建设单位于会后以正式文件分发给设计、施工及其他单位。

在施工单位内部应贯彻层层交底制度,施工技术部分应由技术负责人进行书面交底,交底内容应包括结构特点、施工季节特点、施工步骤、操作方法、质量要求、安全要求和各项有关的规程、技术措施,并结合设计意图,向各级人员及操作人员交代清楚。

第三,根据工程规模,编制施工组织设计或施工方案,施工组织设计具体应该包括下列内容。

工程特点:应叙述工程结构情况与特点及工程地点的水文、地质、气候、地形等特殊情况,以及与工程有关的其他情况。

主要施工方法:根据工程特点,简要叙述本工程主要部位的施工方法和保证工程质量、施工安全、节约,以及推广新工艺、新技术、新结构、新材料等的施工方法。

施工现场总平面布置图及施工图纸:包括水、电、路和各加工厂与存料场的布置、面积,以及与场外的交通联系。

施工进度计划:主要项目施工网络计划、施工物资供应计划及半成品供应计划、施工机具与劳动力计划。

施工预算、科研项目及内容。

对施工中间的障碍应作详细调查,并提出处理方法与时间,对旧建筑物的处理方法,如需爆破时,则应提前做准备,并报请有关单位批准,按计划施行。

在河道中施工时，应划定足够的施工水域和拟定过往船只通行的措施，报请航道部门批准。对河床情况，除去探测外，还应向附近人员了解河道内有无特殊障碍，以便制订施工计划。在陆地施工时应充分考虑交通组织问题，应与铁道、公路及交通管理部门联系，并办理有关手续。

第二章 道路桥梁工程施工常用设备

第一节 桥梁施工常备式结构及应用

一、万能杆件

（一）按杆件的材料划分

1. 单一规格钢管的脚手架

它只使用一种规格的钢管，如扣件式钢管脚手架，只使用 $\phi 48 \times 3.5$ 的电焊钢管。

2. 多种规格钢管组合的脚手架

它由两种以上的不同规格的钢管构成，如门式脚手架。

3. 以钢管为主的脚手架

即以钢管为主，并辅以其他型钢杆件所构成的脚手架，如设有槽钢顶托或底座的里脚手架，有连接钢板的挑脚手架等。碗扣式钢管脚手架当采用钢管横杆时，为单一钢管的脚手架；当采用型钢搭边横杆时，为以钢管为主的脚手架。

（二）按横杆与包杆之间的传遍垂直力的方式划分

1. 靠接触面摩擦作用传力

即靠节点处的接触面压紧后的摩擦反力来支承横杆荷载并将其传给立杆，如扣件的作用，通过上紧螺栓的正压力产生摩擦力。

2. 靠焊缝传力

大多数横杆与立杆承插联结就是采用这种方式，门架也属于这种方式。

3. 直接承压传力

这种方式多见于横杆搁置在立杆顶端的里脚手架。

4.靠销杆抗剪传力

即用销杆穿过横杆的立式联结板和立杆的孔洞实现联结、销杆双面受剪力作用。这种方法在横杆和立杆的联结中已不多见。

此外，在立杆与立杆的联结中，也有三种传力方式：①承插对接的支承传力。即上下立杆对接，采用连接棒或承插管来确保对接的良好状态。②销杆连接的销杆抗剪传力。③螺扣连接的啮合传力。即内管的外螺纹与外（套）管的内螺纹啮合传力。其中后两种传力方式多用于调节高度要求的立杆连接中。

（三）按联结部件的方式和装设位置划分

定距连接：即连接焊件在杆件上的定距设置，杆件长度定型，连接点间距定型。

不定距连接：即连接件为单设件，通过上紧螺栓可夹持在杆件的任何部位上。

（四）门式钢管脚手架

1.门式钢管脚手架的优点

门式钢管脚手架几何尺寸标准化；

结构合理，受力性能好，充分利用钢材强度，承载能力高；

施工中装拆容易、架设效率高、省工省时、安全可靠、经济适用。

2.门式钢管脚手架的缺点

构架尺寸无任何灵活性，构架尺寸的任何改变都要换用另一种型号的门架及其配件；

交叉支撑易在中铰点处折断；

定型脚手板较重；

价格较贵。

3.门式钢管脚手架适应范围

构造定型脚手架；

作梁、钢构的支撑架（承受竖向荷载）；

构造活动工作台。

三、贝雷梁

贝雷梁是形成一定单元的钢架，可以拼接组装成很多构件、设备的结构。

贝雷架长宽尺寸一般为 3×1.5 m，主要是用贝雷架组装成桁梁来支撑结构，贝雷架之间用螺栓固定，所以架设迅速、机动性强，战时多用于河道、断崖处架设简易桥梁，现多用于工程施工，如龙门吊、施工平台、工程便道桥梁等。

四、钢板桩

（一）钢板桩的应用

钢板桩常应用于岩土工程中：围堰、河道分洪及控制、水处理系统围栏、防洪、围墙、防护堤、海岸护堤、隧道切口及隧道掩体、防波堤、堰墙、坡边固定、挡板墙。

（二）使用钢板桩围栏的优点

不需开挖，最大限度地减少废物处置的问题；如需要，钢板桩使用后可以拔除；不受地形及深度地下水影响；不规则的开挖可以使用；可在船上使用，不需另安排场地。

（三）钢板桩施工流程

施工准备工作。桩在打入前应将桩尖处的凹槽口封闭，避免泥土挤入，锁口应涂以黄油或其他油脂。对于年久失修、锁口变形、锈蚀严重的钢板桩，应进行整修矫正，弯曲变形桩可用油压千斤顶顶压或火烘等方法进行矫正；

打桩流水段的划分；

在打桩过程中，为保证钢板桩的垂直度，用两台经纬仪在两个方向加以控制；

开始打设的一、二块钢板桩的位置和方向应确保精确，以便起到导向样板作用，故每打入 1 m 应测量一次，打至预定深度后立即用钢筋或钢板与围标支架电焊作临时固定。

第二节 桥梁施工常用的起重设备

一、架桥机

（一）单梁式架桥机

单梁式架桥机的吊臂为一箱形梁，向前悬伸，在其前端有一能折叠的立柱（由左右两脚杆组成）。当所驾梁片（或整梁）沿吊臂移动时，吊臂接近简支梁状态。架桥时，该机可在空载状态下自行驶入桥位，须先将梁片利用特制龙门吊机从铁路平板车上转移到特制运梁车上，再将此运梁车和架桥机后端对位，用行驶在架桥机吊臂上的两台吊梁小车将梁片吊起，沿吊臂前行，到达桥位落梁。为适应曲线架桥，该机的吊臂能在水平面内做少量摆动。梁片就位方法与双悬臂式架桥机所用方法相同（移梁或拨道）。该机的优点是：取消平衡重，不再需要机车顶推，喂梁不需桥头岔线，机械化程度提高，安全性能有所改善，吊重 130 t 的胜利型架桥机即属此类。

（二）政悬骨式架栋机

桥梁施工机械之一，该型苏联使用较早。其前后臂都用钢板梁，吊重有 45 t 和 80 t 两种，以后将双臂改为构架，吊重发展到 130 t。这类架桥机不能自行，需用机车顶推。其前臂用来吊梁，后臂吊平衡重，前后臂都不能在水平面内摆动。架桥时，常须用特制 80 t 小平车将梁片运到架桥机前臂的吊钩之下（称为喂梁）才能起吊。架桥机将梁吊起后，轴重增大，而桥头的新建路堤比较松软，因此，对架桥机吊梁行车地段必须采取加固措施。

（三）取梁式架标机

红旗型架桥机和燎原型架桥机属此类，吊重也是 130 t。其吊臂是由左右两条箱梁组成，两梁贯通机身并向前后端伸出。两端都有各由两腿杆组成的折叠立柱。红旗型两梁的中距为 3.4 m，燎原型的则为 4.8 m。横跨两条箱梁有两台桁车，能沿吊臂纵向行驶。吊梁小车置于桁车上，能沿桁车横向行驶。待架的梁片（或整梁）可用铁路平板车直接送到架桥机的后臂之下，用吊梁小车起吊后，凭桁车前移，再以吊梁小车横移，然后落梁就位。这类架桥机的前后端都可吊梁及落梁；改变架梁方向时，不需要调头；为适应曲线架梁，前后臂都可在水平面内摆动；分片架设时不必移梁或拨道，梁即可就位；喂梁也不需要桥头岔线或特制运梁车。

除上述常备架桥机外，施工单位有时根据需要制作各种临时性架桥机。如在九江桥南岸引桥施工中，曾制成一台可吊重 300 t 的专用架桥机，以整孔架设跨度 40 m 的无枕预应力混凝土梁。有的施工单位还常用常备钢脚手杆件、拆装式梁或军用梁等组成简易架桥机，用以及时完成架桥任务。

二、起重千斤顶与缆索起重机

（一）起画千斤顶

千斤顶是一种起重高度小（小于 1 m）的最简单的起重设备，它有机械式和液压式两种。机械式千斤顶又有齿条式与螺旋式两种，由于起重量小、操作费力，一般只用于机械维修工作，在修桥过程中不适用。液压式千斤顶结构紧凑，工作平稳，有自锁作用，故使用广泛。其缺点是起重高度有限，起升速度慢。千斤顶是一种使用范围广泛的工具，主要用于厂矿、交通运输等部门作为车辆修理及其他起重、支撑等工作。其结构轻巧坚固、灵活可靠，一人即可携带和操作。

（二）缆绳起重机

缆索起重机用于跨距很大，或跨越山谷、河流等障碍物的情况下吊运重物。其由两个支架和支架之间钢缆组成，起重小车在钢缆上移运，进行重物的水平和垂直运送。由于缆索起重机的工作范围很大，吊运工作受地形影响很小，故在山区和峡谷等处应用较广。因此，缆索起重机广泛应用于桥梁建设。

缆索起重机是利用张紧在主副塔架之间的承载索作为载重小车行驶轨道的起重机，适用于地形复杂、难以通行的施工场地，如低洼地带的土方工程，水坝、河流、山谷等地区的物料输送。在主塔和副塔之间张设一根承载索，作为载重小车的轨道，牵引机构牵引载重小车在承载索上来回行驶，运送物料。起升机构上下运动升降物料。主副塔架的行走机构，使主副塔架沿地面轨道同步行走。工作机构由主塔架上的司机室进行控制。为了避免起升索和牵引索相互干扰，每隔一定距离以骑夹予以承托。为了悬挂骑夹，在两塔架之间张设专门的节索，索上按顺序有大小不同的索节，骑夹上也相应有大小不同的节孔，小车上设有矛形鞍棒，当小车从主塔向副塔行驶时，小车左侧的骑夹依次地停留在各节点处，将起升索和牵引索承托起来，右侧的骑夹逐个地被收集在矛形鞍棒上。副塔架多采用带平衡重的摆式结构，使承载索保持一定的张力，牵引索和节索都以一定的配重使之张紧。

缆索起重机根据不同要求，分固定式、辐射式和行走式等。固定式的主副塔架都是固定的，作业范围只沿着承载索一条线。辐射式的主塔架固定不动，副塔架沿一圆弧轨道行走，其作业范围为一扇形空间。行走式的主副塔架都在地面轨道上行走，作业范围大。缆索起重机有完善的信号指示和安全装置，司机通过室内指示器进行远距离控制。指示器可指出重物在每一瞬间的垂直和水平的位置，甚至在有雾的天气情况下，也能保证起重机正常可靠地工作。

缆索起重机由塔式支架、承载装置、驱动装置、电气系统和安全保护装置等组成。塔式支架是缆索起重机的支承受力件；承载装置由承载钢丝绳、承码、钢丝绳的固定与调节装置，以及起重小车等组成；驱动装置包括吊钩升降机构、小车行走机构和塔架行走机构的驱动；缆索起重机采用多个独立直流电动机驱动。

三、滑车组与卷扬机

（一）滑车组

滑车组是由一定数量的定滑车和动滑车及绕过它们的绳索组成的。

滑车组根据跑头（滑车组的引出绳头）引出的方向不同，可分为以下三种：跑头自动滑车引出；跑头自定滑车引出；双联滑车组。跑头自动滑车引出：用力的方向与重物移动的方向一致；跑头自定滑车引出：用力的方向与重物移动的方向相反；双联滑车组：有两个跑头，可用两台卷扬机同时牵引。双联滑车组具有速度快一倍、受力较均衡、工作中滑车不会产生倾斜等优点。

滑车组中绳索有普通穿法和花穿法两种。普通穿法是将绳索自一侧滑轮开始，顺序地穿过中间的滑轮，最后从另一侧滑轮引出。这种穿法，滑车组在工作时，由于两侧钢丝绳的拉力相差较大，因此滑车在工作中不平稳，甚至会发生自锁现象（即重物不能靠自重下落）。花穿法的跑头从中间滑轮引出，两侧钢丝绳的拉力相差较小，故在用"三三"以上的滑车组时，宜用花穿法。

滑车组使用时的注意事项：①使用前应查明它的允许荷载，检查滑车的各部分，看有无裂缝和损伤情况，滑轮转动是否灵活等。②滑车组穿好后，要慢慢地加力，绳索收紧后应检查各部分是否良好，有无卡绳之处，若有不妥，应立即修正，不能勉强工作。③滑车的吊钩（或吊环）中心应与起吊构件的重心在一条垂直线上，以免构件起吊后不平稳；滑车组上下滑车之间的最小距离一般为 700 ~ 1 200 mm。④滑车使用前后都要刷洗干净，轮轴应加油润滑，以减少磨损和防止锈蚀。

（二）卷扬机

卷扬机（又叫绞车）是由人力或机械动力驱动卷筒、卷绕绳索来完成牵引工作的装置，可以垂直提升、水平或倾斜拽引重物。卷扬机分为手动卷扬机和电动卷扬机两种，现在以电动卷扬机为主。电动卷扬机由电动机、联轴节、制动器、齿轮箱和卷筒组成，共同安装在机架上。对于起升高度和装卸量大、工作频繁的情况，调速性能好，能令空钩快速下降。对安装就位或敏感的物料，能用较小速度。

常见的卷扬机吨位有：0.3 t 卷扬机、0.5 t 卷扬机、1 t 卷扬机、1.5 t 卷扬机、2 t 卷扬机、3 t 卷扬机、5 t 卷扬机、6 t 卷扬机、8 t 卷扬机、10 t 卷扬机、15 t 卷扬机、20 t 卷扬机、25 t 卷扬机、30 t 卷扬机。其中大型液压双筒双制动卷扬机、变频带限位器绳槽卷扬机常见型号有：JK0.5-JK5 单卷筒快速卷扬机，JK0.5-JK12.5 单卷筒慢速卷扬机，JKL1.6-JKL5 溜放型快速卷扬机，JML5、JML6、JML10 溜放型打桩用卷扬机，2JK2-2JML10 双卷筒卷扬机，JT800、JT700 型防爆提升卷扬机，JK0.3-JK15 电控卷扬机。

卷扬机使用时的注意事项：①卷筒上的钢丝绳应排列整齐，如发现重叠和斜绕时，应停机重新排列。严禁在转动中用手、脚拉踩钢丝绳。钢丝绳不许完全放出，最少应保留三圈。②钢丝绳不许打结、扭绕，在一个节距内断线超过 10% 时，应予更换。③作业中，任何人不得跨越钢丝绳，物体（物件）提升后，操作人员不得离开卷扬机。休息时物件或吊笼应降至地面。④作业中，司机、信号员要同吊起物保持良好的可见度，司机与信号员应密切配合，服从信号统一指挥。⑤作业中如遇停电情况，应切断电源，将提升物降至地面。⑥工作中要听从指挥人员的信号，信号不明或可能引起事故时应暂停操作，待弄清情况后方可继续作业。⑦作业中突然停电，应立即拉开闸刀，将运送物放下。⑧作业完毕应将料盘落地、关锁电箱。⑨钢丝绳在使用过程中与机械的磨损、自然的腐蚀局部损害难免，应间隔时间段涂刷保护油。⑩严禁超载使用，即超过最大承载吨数。

四、龙门起重机

（一）龙门起重机类型

普通龙门起重机：这种起重机用途最广泛，可以搬运各种成件物品和散状物料，起重量在 100 t 以下，跨度为 4 ~ 35 m。用抓斗的普通门式起重机工作级别较高。

水电站龙门起重机：主要用来吊运和启闭闸门，也可进行安装作业。

起重量达 80 ~ 500 t；跨度较小，为 8 ~ 16 m；起升速度较低，为 1 ~ 5 m/min。这种起重机虽然不是经常吊运，但一旦使用工作却十分繁重，因此要适当提高工作级别。

造船龙门起重机：用于船台拼装船体，常备有两台起重小车，一台有两个主钩，在桥架上翼缘的轨道上运行；另一台有一个主钩和一个副钩，在桥架下翼缘的轨道上运行，以便翻转和吊装大型的船体分段。起重量一般为 100 ~ 1 500 t；跨度达 185 m；起升速度为 2 ~ 15 m/mim，还有 0.1 ~ 0.5 m/min 的微动速度。

集装箱龙门起重机：用于集装箱码头。拖挂车将岸壁集装箱运载桥从船上卸下的集装箱运到堆场或后方后，由集装箱龙门起重机堆码起来或直接装车运走，可加快集装箱运载桥或其他起重机的周转。可堆放高 3 ~ 4 层、宽 6 排的集装箱的堆场，一般用轮胎式，也有用有轨式的。集装箱龙门起重机与集装箱跨车相比，它的跨度和门架两侧的高度都较大。为适应港口码头的运输需要，这种起重机的工作级别较高。

（二）龙门起重机安全注意事项

起吊重物时，吊钩钢丝绳应保持垂直，不准斜拖被吊物体；

所吊重物应找准重心，并捆扎牢固，有锐角的应用垫木垫好；

在重物未吊离地面前，起重机不得做回转运动；

提升或降下重物时，速度要均匀平稳，避免速度急剧变化，造成重物在空中摆动，发生危险。落下重物时，速度不宜过快，以免落地时摔坏重物；

起重机在吊重情况下，尽量避免起落臂杆。必须在吊重情况下起落臂杆时，起重量不得超过规定重量的 50%；

起重机在吊重情况下回转时，应密切注意周围是否有障碍物，若有障碍物应设法避开或清除；

起重机臂杆下不得有人员停留，并尽量避免人员通过；

两台起重机在同一轨道上作业，两机间距离应大于 3 m；

两台起重机合吊一物体时，起重量不得超过两台总起重量的 75%，两台起重机走行、吊放动作要一致；

起重、变幅钢丝绳需每周检查一次，并做好记录，具体要求按起重钢丝绳有关规定执行；

空车走行或回转时，吊钩要离地面 2 m 以上；

风力超过六级时，应立即停止工作，将臂杆转至顺风方向并适当落低，将吊钩挂牢。龙门吊须打好铁楔（止轨器），并将吊钩升至上限。同时关好门窗，切断电源，拉好缆风绳。平时工作完毕后也应照此办理；

起重机平台上严禁堆放杂物件，以防在运行中掉下伤人，经常用的工具应放在操作室内的专用工具箱内；

运行中，不准突然变速或开倒车，以免引起重物在空中摆动，也不准同时开动两项以上（包括副钩）的操作机构；

开车时，操作人员手不得离开控制器，运行中突然发生故障时，应采取措施将重物安全降落，然后切断电源，进行修理。严禁在运行中检修保养。

第三节 混凝土施工设备及其应用

一、混凝土搅拌机械

混凝土搅拌机是把水泥、砂石骨料和水混合并拌制成混凝土混合料的机械，其主要由拌筒、加料和卸料机构、供水系统、原动机、传动机构、机架和支承装置等组成。

混凝土搅拌机按工作性质分间歇式（分批式）和连续式；按搅拌原理分自落式和强制式；按安装方式分固定式和移动式；按出料方式分倾翻式和非倾翻式；按拌筒结构形式分梨式、鼓筒式、双锥、圆盘立轴式和圆槽卧轴式等。

自落式混凝土搅拌机的拌筒内壁上有径向布置的搅拌叶片。工作时，拌筒绕其水平轴线回转，加入拌筒内的物料被叶片提升至一定高度后，借自重下落，这样周而复始的运动，达到均匀搅拌的效果。自落式混凝土搅拌机的结构简单，一般以搅拌塑性混凝土为主。

强制式混凝土搅拌机拌筒内的转轴臂架上装有搅拌叶片，加入拌筒内的物料在搅拌叶片的强力搅动下，形成交叉的物流。这种搅拌方式远比自落搅拌方式作用强烈，主要适于搅拌干硬性混凝土。

连续式混凝土搅拌机装有螺旋状搅拌叶片，各种材料分别按配合比经连续称量后送入搅拌机内，搅拌好的混凝土从卸料端连续向外卸出。这种搅拌机的搅拌时间短，生产率高，其发展引人注目。

随着混凝土材料和施工工艺的发展，又相继出现了许多新型结构的混凝土搅拌机，如蒸汽加热式搅拌机、超临界转速搅拌机、声波搅拌机、无搅拌叶片的摇摆盘式搅拌机和二次搅拌的混凝土搅拌机等。

二、混凝土搅拌站

混凝土搅拌站主要由搅拌主机、物料称量系统、物料输送系统、物料贮存系统和控制系统五大系统和其他附属设施组成。由于楼骨料计量与站骨料计量相比，减少了 4 个中间环节，并且是垂直下料计量，节约了计量时间，因此大大提高了生产效率，同型号的情况下，搅拌楼生产效率比搅拌站生产效率提高 1/3。连续式搅拌站工艺过程：开始生产后各原材料按其距搅拌机进口的距离顺序启动均匀配料过程，同步到达拌缸口；各料按比例均匀进入搅拌机进口；搅拌机回旋搅拌的同时将料向前推进，料从进口开始搅拌/推进到出口即变为成品。生产到预先设定方量后，各材料按距搅拌机进口的距离顺序停止。从启动生产到生产结束，配料、搅拌、推进、出料是连续进行的。

连续式搅拌站的特点：主机工作平稳，原材料在相对较长的时间段均匀进入搅拌机，无间歇式突发投料过程；成品进车平稳，混凝土在较长时间段均匀进车，无间歇式突发卸料过程；空间占用较少，减少了大成品斗及骨料中储斗，高度低、占地面积小；耐磨件磨损低，无冲击平稳搅拌；能耗低，装机功率小，同时搅拌量少，原材料少量均匀进入搅拌机而极易混合均匀；使用及维护费用低，结构环节少，皮带短，工作平稳。

连续强制式水泥混凝土搅拌站优势：产量大，效率高，连续平稳工作，连续式搅拌站的单机产量高；搅拌均匀，进入搅拌机的混合料为均匀料，混合料在搅拌机内的搅拌过程为拌和及水化过程，因而搅拌时间可缩短；不漏浆，磨损小，连续式搅拌机进料端为干料搅拌以及两轴端均加有反螺旋，因此不存在漏浆问题；搅拌机对耐磨材料的要求也不高，故障低，连续式搅拌站所有设备启停次数仅为间隙式搅拌站的 1/7 ~ 1/3，因此设备寿命长、故障概率低。

间歇式搅拌站系统组成：搅拌系统为国外关键元件多维组装的双卧轴搅拌机。计量系统，骨料计量：标准型采用增量法计量，改进型采用电子棒减量法计量；粉料计量：搅拌机上方设水泥计量和粉煤灰计量斗，标准型搅拌站用交流接触器控制提升螺旋，无精配装置，改进型搅拌站用变频器实现配料粗、精配；水计量：采用三点悬挂式称量机构，配有粗、精配回路等装置，确保计量精度；外加剂计量：采用传感器载荷直接作用，配有粗、精配回路及计量箱、管路单独布置，保证计量精确。除尘系统：搅拌站设独立集中除尘器进行集中处理，除尘效果好，且避免了搅拌机腔内形成负压影响粉料计量精度。

三、混凝土输送泵和混凝土泵车

混凝土输送泵又名混凝土泵，由泵体和输送管组成，是一种利用压力将混凝土沿管道连续输送的机械，主要应用于房建、桥梁及隧道施工。混凝土大型输送装备，用于高楼、高速、立交桥等大型混凝土工程的混凝土输送工作。

混凝土输送泵性能特点：①采用三泵系统，液压回路互不干扰；②具有反泵功能，利于及时排除堵管故障，并可短时间的停机待料；③采用先进的S形管分配阀，可自动补偿磨损间隙，密封性能好；④采用耐磨合金板和浮动切割环，使用寿命长；⑤长行程的料缸，延长了料缸和活塞的使用寿命；⑥优化设计的料斗，便于清洗，吸料性能更好；⑦自动集中润滑系统，保证机器运行中得到有效润滑；⑧具有远程遥控作用，操作更加安全方便。

四、混凝土振捣设备

（一）内部振动器

内部振动器又称为插入式振动器（振动棒），多用于振捣现浇基础、柱、梁、墙等结构构件和大体积基础的混凝土。采用插入式振动器捣实混凝土时，振动棒应垂直插入混凝土中，为使上下层混凝土接合成整体，振动棒应插入下层混凝土50 mm。振动器移动间距不宜大于作用半径的1.5倍，振动器距离模板不应大于振动器作用半径的1/2，振动器应避免碰撞钢筋、模板、芯管、吊环或预埋件。

（二）外部式振动器

外部式振动器又称为平板式振动器、附着式振动器，是将振动器安装在预制构件模板底部或侧部，振捣时将振动器放在浇好的混凝土结构表面，振动力能够通过振动器的底板传给混凝土。使用时振动器底板与混凝土接触，振捣到混凝土不再下沉，表面返出水泥浆时即可，再移动到下一个位置。平板振动器、附着式振动器的移动间距应保证振动器的底板可以覆盖到已振实部分的边缘。

第四节 预应力张拉设备及其应用

一、预应力千斤顶

预应力千斤顶是用于张拉钢绞线等预应力筋的专用千斤顶。预应力千斤顶均为穿心式液压双作用千斤顶。预应力千斤顶需和高压油泵配合使用，张拉和回顶的动力均由高压油泵的高压油提供。预应力千斤顶结构紧凑，张拉时工作平稳，油压高，张拉力大，广泛应用于公路桥梁、铁路桥梁、水电坝体、高层建筑等预应力施工工程。

千斤顶使用时的注意事项：①使用前应严格检查千斤顶的参数，切忌超压超载使用。张拉前检查油泵油量，并使千斤顶空行程运行几次以排空千斤顶及油管内的空气。②前卡千斤顶主要用于初张拉和单根锚具张拉，普通穿心式千斤顶主要用于群锚整体张拉。安装锚具及千斤顶时，对直线预应力筋，应使张拉力的作用线与孔道中心线在张拉过程中相互重合；对曲线预应力筋，应使张拉力的作用线与孔道末端中心点的切线相互重合。张拉时预应力筋从工作锚、限位板、千斤顶中间穿过。预应力筋的张拉顺序应符合设计要求。

二、锚具类型及应用

（一）张拉端锚具

安装在预应力筋端部且可以在预应力筋的张拉过程中始终对预应力筋保持锚固状态的锚固工具。张拉端锚具根据锚固形式的不同，还可分为：用于张拉预应力钢绞线的夹片式锚具（YJM），用于张拉高强钢丝的钢制锥形锚（GZM），用于锹头后张拉高强钢丝的墩头锚（DM），用于张拉精轧螺纹钢筋的螺母（YGM），用于张拉多股平行钢丝束的冷铸锹头锚（LZM）等多种类型。

（二）固定端锚具

安装在预应力筋端部，通常埋入混凝土中且不用于张拉的锚具，也被称为挤压锚或者 P 锚。

应用领域：公路桥梁、铁路桥梁、城市立交、城市轻轨、高层建筑、水利水电大坝、港口码头、岩体护坡锚固、基础加固、隧道矿顶锚顶、预应力网架、地铁、大型楼堂馆所、仓库厂房、塔式建筑、重物提升、滑膜间歇推进、桥隧顶推、大型容器及船舶、轨枕、更换桥梁支座、桥梁及建筑物加固、钢筋工程、防磁及防腐工程（纤维锚具）、碳纤维加固、先张梁施工、体外预应力工程、斜拉索、悬索等。

目前国内普遍采用的锚具规格有：M15-N 锚具、M13-N 锚具。施工安全注意事项：①预应力筋的切割宜采用砂轮锯，不得采用电弧切割。②钢绞线编束时，应逐根理顺，捆扎成束，不得紊乱。钢绞线固定端的挤压型锚具或压花型锚具，应事先与承压板和螺旋筋进行组装。③施加预应力用的机具设备及仪表，应定期维护和标定。④预应力筋张拉前，应提供混凝土强度试压报告。当混凝土的抗压强度满足设计要求，且不低于设计强度等级的 75% 后，方可施加预应力。⑤预应力筋张拉前，应清理承压板面，并检查承压板后面的混凝土质量。如该处混凝土有空洞现象，应在张拉前用环氧砂浆修补。⑥模具安装时，锚板应对正，夹片应打紧，且片位要均匀，但打紧夹片时不得过重敲打，以免把夹片敲坏。⑦大吨位预应力筋正式张拉前，应会同专业人员进行试张拉。确认张拉工艺合理，张拉伸长值正常，并无有害裂缝出现后，方可成批张拉。必要时测定实际的孔道摩擦损失。对曲线预应力束不得采用小型千斤顶单根张拉，以免造成不必要的预应力损失。在张拉时，操作人员必须站在安全地带，做好防护措施，注意操作人员严禁站在张拉时和张拉好的预应力筋前端。⑧预应力筋在张拉时，应先从零加载至量测伸长值起点的初拉力，然后分级加载至所需的张拉力。⑨预应力筋的张拉管理采取应力控制，伸长校核。实际伸长值与计算伸长值的允许偏差为 −5% ~ +10%。如超过该值，应暂停张拉；采取措施予以调整后，方可继续张拉；如伸长值偏小，可采取超张拉措施，但张拉力限值不得大于 0.8 MPa 值；在多波曲线预应力筋中，为了提高内支座处的张拉应力，减少张拉后锚具下口的张拉应力，可采取超张拉回松技术。⑩孔道灌浆要求密实，水泥浆强度等级不应低于 C30。⑪用连接器连接的多跨连续预应力筋的孔道灌浆，应张拉完一跨再灌注一跨，不得在各跨全部张拉完毕后一次灌浆。

⑫ 预应力筋锚固后的外露长度不宜小于 30 mm，锚具应用封端混凝土保护。当需长期外露时，应采取防止锈蚀的措施；当钢绞线有浮锈时，应将锚固夹持段及其外端的钢绞线浮锈和污物清除干净，以免在安装和张拉时浮锈、污物填满夹片赤槽而造成滑丝。⑬ 工具夹片为三片式，工作夹片为二片，两者不可混用，工作锚不能当作工具锚，不能重复使用。

三、油泵车

油泵车是预应力张拉设备的重要组成部分，是实施张拉的动力源，它与张拉千斤顶配合构成液压系统回路，操作油泵车供给千斤顶高压油，并控制千斤顶动作，实现张拉预应力的目的。

油泵的类型分为：①方向助力油泵，主要是提供方向机高压油；②汽油泵，汽车发动时提供燃油系统充足的燃油压力；③波箱油泵，提供自动波箱管道充足压力；④机油泵，提供发动机润滑系统充足机油压力。

第五节　道路工程常用的施工机械设备

一、铲土运输机械

（一）推土机

推土机是一种工程车辆，前方装有大型的金属推土刀，使用时放下推土刀，向前铲削并推送泥、沙及石块等，推土刀位置和角度可以调整。推土机能单独完成挖土、运土和卸土工作，具有操作灵活、转动方便、所需工作面小、行驶速度快等特点。其主要适用于一至三类土的浅挖短运，如场地清理或平整、开挖深度不大的基坑以及回填、推筑高度不大的路基等。推土机可分为履带式和轮胎式两种。履带式推土机附着牵引力大，接地比压小（0.04 ~ 0.13 MPa），爬坡能力强，但行驶速度低；轮胎式推土机行驶速度高，机动灵活，作业循环时间短，运输转移方便，但牵引力小，适用于需经常变换工地和野外工作的情况。

传动履带式推土机可分为通用型及专用型两种。通用型是按标准进行生产的机型，广泛用于土石方工程中。专用型用于特定的工况下，有采用三角形宽履带板以降低接地比压的湿地推土机和沼泽地推土机、水陆两用推土机、水下推土机、船舱推土机、无人驾驶推土机、高原型和高湿工况下作业的推土机等。

（二）平地机

平地机是土方工程中用于整形和平整作业的主要机械，利用刮刀平整地面的土方机械，刮刀装在机械前后轮轴之间，能升降、倾斜、回转和外伸。动作灵活准确，操纵方便，平整场地有较高的精度，适用于构筑路基和路面、修筑边坡、开挖边沟，也可搅拌路面混合料、扫除积雪、推送散粒物料以及进行土路和碎石路的养护工作。平地机之所以有广泛的辅助作业能力，是由于它的刮土板能在空间完成6°运动，它们可以单独进行，也可以组合进行。平地机在路基施工中，能为路基提供足够的强度和稳定性。它在路基施工中的主要方法有平地作业、刷坡作业、填筑路堤。平地机是一种高速、高效、高精度和多用途的土方工程机械，它可以完成公路重要场地、农田等大面积的地面平整和挖沟、刮坡、推土、排雪、疏松、压实、布料、拌和、助装和开荒等工作，是国防工程、矿山建设、道路修筑、水利建设和农田改良等施工中的重要设备。

（三）铲运机

铲运机是一种能综合完成挖土、运土、卸土、填筑、整平的机械。按行走机构的不同，可分为拖式铲运机和自行式铲运机。按铲运机的操作系统的不同，又可分为液压式和索式铲运机。铲运机操作灵活，不受地形限制，不需特设道路，生产效率高。

（四）翻斗车

翻斗车是一种特殊的料斗可倾翻的短途输送物料的车辆。车身上安装有一个"斗"状容器，可以翻转以方便卸货。适用于建筑、水利、筑路、矿山等作混凝土、砂石、土方、煤炭、矿石等各种散装物料的短途运输，动力强劲，通常有机械回斗功能。

翻斗车由料斗和行走底架组成。料斗装在轮胎行走底架前部，借助斗内物料的重力或液压缸推力倾翻卸料。卸料按方位不同，分前翻卸料、回转卸料、侧翻卸料、高支点卸料（卸料高度一定）和举升倾翻卸料（卸料高度可任意改变）等方式。为了适应工地道路不平，避免物料撒落，并做到卸料就位准确、迅速、操作省力，以及越野性能好和爬坡能力强，要求翻斗车行驶速度不能太快（一般最高车速在20 km/h以下）。驱动桥在前（料斗在其上方）、驾驶座在后的翻斗车适用于短途运输砂、石、灰浆、砖块、混凝土等材料。根据不同的施工作业要求，目前翻斗车正朝一机多用的方向发展，能快速换装起重、推土、装载等多种工作装置，使之具有多功能、高效率的特点。

二、挖掘机与装载机

（一）挖掘机

常见的挖掘机结构包括动力装置、工作装置、回转机构、操纵机构、传动机构、行走机构和辅助设施等。从外观上看，挖掘机由工作装置、上部转台、行走机构三部分组成。根据其构造和用途可以区分为履带式、轮胎式、步履式、全液压、半液压、全回转、非全回转、通用型、专用型、铰接式、伸缩臂式等多种类型。工作装置是直接完成挖掘任务的装置，它由动臂、斗杆、铲斗三部分铰接而成，动臂起落、斗杆伸缩和铲斗转动都用往复式双作用液压缸控制。为了适应各种不同施工作业的需要，挖掘机可以配装多种工作装置，如挖掘、起重、装载、平整、夹钳、推土、冲击锤等多种作业机具。回转与行走装置是液压挖掘机的机体，转台上部设有动力装置和传动系统。发动机是挖掘机的动力源，大多采用柴油机，如果在方便的场地也可以改用电动机。传动机构通过液压泵将发动机的动力传递给液压马达、液压缸等执行元件，推动工作装置动作，从而完成各种作业。

常见的挖掘机，按驱动方式分有内燃机驱动挖掘机和电力驱动挖掘机两种。其中电动挖掘机主要应用在高原缺氧与地下矿井和其他一些易燃易爆的场所。按照行走方式的不同，挖掘机可分为履带式挖掘机和轮式挖掘机。按照传动方式的不同，挖掘机可分为液压挖掘机和机械挖掘机，机械挖掘机主要用在一些大型矿山上。按照用途来分，挖掘机又可以分为通用挖掘机、矿用挖掘机、船用挖掘机、特种挖掘机等不同的类别。按照铲斗来分，挖掘机又可以分为正铲挖掘机、反铲挖掘机、拉铲挖掘机和抓铲挖掘机。正铲挖掘机多用于挖掘地表以上的物料，反铲挖掘机多用于挖掘地表以下的物料。

（二）装载机

装载机是一种广泛用于公路、铁路、建筑、水电、港口、矿山等建设工程的土石方施工机械，它主要用于铲装土壤、砂石、石灰、煤炭等散状物料，也可对矿石、硬土等做轻度铲挖作业。换装不同的辅助工作装置还可进行推土、起重和其他物料如木材的装卸作业。在道路，特别是在高等级公路施工中，装载机用于路基工程的填挖、沥青混合料和水泥混凝土料场的集料与装料等作业。此外还可进行推运土壤、刮平地面和牵引其他机械等作业。由于装载机具有作业速度快、效率高、机动性好、操作轻便等优点，因此是工程建设中土石方施工的主要机种之一。

常用的单斗装载机，按发动机功率进行分类主要有以下几种：功率小于 74 kW 为小型装载机；功率在 74–147 kW 为中型装载机；功率在 147–515 kW 为大型装载机；功率大于 515 kW 为特大型装载机。

三、工程运输车辆

工程运输车辆主要指自卸汽车。自卸汽车是指通过液压或机械举升而自行卸载货物的车辆，又称翻斗车。其由汽车底盘、液压举升机构、货厢和取力装置等部件组成。

自卸车在土木工程中，经常与挖掘机、装载机、带式输送机等工程机械联合作业，构成装、运、卸生产线，进行土方、砂石、散料的装卸运输工作。自卸车的发动机、底盘及驾驶室的构造和一般载重汽车相同。自卸车的车厢分后向倾翻和侧向倾翻两种，通过操纵系统控制活塞杆运动，推动活塞杆使车厢倾翻，后向倾翻较普遍，少数双向倾翻。高压油经分配阀、油管进入举升液压缸，车厢前端有驾驶室安全防护板。发动机通过变速器、取力装置驱动液压泵，车厢液压倾翻机构由油箱、液压泵、分配阀、举升液压缸、控制阀和油管等组成。发动机通过变速器、取力装置驱动液压泵，高压油经分配阀、油管进入举升液压缸，推动活塞杆使车厢倾翻。

按照品牌分类：东风自卸车、解放自卸车、欧曼自卸车、重汽斯太尔自卸车、红岩自卸车。

按照外形分类：单桥自卸车、双桥自卸车、平头自卸车、尖头自卸车、前四后八自卸车、双桥半挂自卸车、三桥半挂自卸车。

按照品种分类：小霸王自卸车、多利卡自卸车、140 自卸车、145 自卸车、153 自卸车、1208 自卸车、小金钢自卸车、大金钢自卸车。

按举升液压缸与车厢的链接形式分类：直推式倾斜机构、连杆式倾斜机构。

按照用途分类：农用自卸车、矿山自卸车、垃圾自卸车、煤炭运输自卸车、工程机械自卸车、污泥自卸车。

根据驱动模式的不同还分为6×4、8×4自卸及半挂自卸车。

根据用途的不同还分为矿用自卸车，用于运输煤矿、沙石；环卫绿化自卸车，用于运输垃圾等。

根据车厢翻动的方向还有前举式和侧翻式自卸车，目前还有双向侧翻自卸车，主要应用于建筑工程。

四、压实机械

压实机械是利用机械力使土壤、碎石等填层密实的土方机械，广泛用于地基、道路、飞机场、堤坝等工程。压实机械按工作原理分为静力碾压式、冲击式、振动式和复合作用式等。

利用碾轮的重力作用，振动作用的振动式压路机使被压层产生永久变形而密实。碾压和冲击作用的冲击式压路碾等，其碾轮分为光碾、槽碾、羊足碾和轮胎碾等。光碾压路机压实的表面平整光滑，使用最广，适用于各种路面、垫层、飞机场道面和广场等工程的压实；槽碾、羊足碾单位压力较大，压实层厚，适用于路基、堤坝的压实；轮胎式压路机轮胎气压可调节，可增减压重，单位压力可变，压实过程有揉搓作用，使压实层均匀密实，适用于道路、广场等垫层的压实，且不伤路面。

冲击式压实机械依靠机械的冲击力压实土壤，利用二冲程内燃机原理工作的火力夯，利用离心力原理工作的蛙夯和利用连杆机构及弹簧工作的快速冲击夯等。其特点是夯实厚度较大，适用于狭小面积及基坑的夯实。

振动式压实机械以机械激振力使材料颗粒在共振中重新排列而密实，如板式振动压实机。其特点是振动频率高，对黏结性低的松散土石，如沙土、碎石等压实效果较好。

复合作用压实机械有碾压和振动作用的振动压路机、碾压和冲击作用的冲击式压路碾等。

振动作用的振动式压路机，系在压路机上加装激振器而成，为目前发展迅速的机型，有取代静力碾压式压实机的趋势。

五、半钢性基层材料拌和机械

半钢性基层拌和机械主要有路拌法施工和厂拌法施工两种。路拌法施工主要有稳定土拌和机，厂拌法施工与水泥混凝土拌和方法基本上一样。

路拌法指的是采用人工或利用拖拉机或稳定土拌和机在路上（路槽中）或沿线就地拌和混合料的施工方法。路拌法施工仅适用于二级及二级以下的公路，其中二级公路应采用稳定土拌和机制备混合料。对二级及二级以上公路，应采用专用稳定土拌和机进行拌和并设专人跟随拌和机，随时检查拌和深度并配合拌和机操作员调整拌和深度。拌和深度应达稳定层底并宜侵入下承层 5 ~ 10mm，以利上下层黏结。严禁在拌和层底部留有素土夹层。通常应拌和两遍以上，在最后一遍拌和之前，必要时可先用多锋犁紧贴底面翻拌一遍。直接铺在土基上的拌和层也应避免素土夹层。对于三四级公路，在没有专用拌和机械的情况下，可用农用旋转耕作机与多铧犁或平地机相配合进行拌和，但应注意拌和效果，拌和时间不能过长。

拌和站（又称拌和站）是工业建设中用于土建搅拌施工等大型机械的统称。拌和站用于高等级公路、城市道路、广场、机场基层稳定土施工。可连续拌和生产不同级别的二灰砾石、石灰稳定土、工业废渣土稳定土成品料。

拌和站细分为稳定土拌和站、水稳拌和站等类别。稳定土拌和站分为移动式和固定式。移动式的拌和站各料带轮胎可以牵引行走，转场方便灵活，生产能力较低。固定式稳定土拌和站，需要用混凝土打地基，再把设备固定其上，生产能力高。稳定土拌和站专门用来拌和稳定土稳料的，主要拌和石灰、水泥、粉煤灰等结合料与土、沙砾或其他集料。水稳拌和站专门用来拌和水稳料的，水稳料一般为水泥、粉煤灰、级配碎石、稳定土层料。

六、沥青路面施工机械

（一）拌和楼

拌和楼设备可生产沥青混合料、改性沥青混合料、彩色沥青混合料，完全满足修筑高速公路、等级公路、市政道路、机场、港口等需要。LQG系列沥青搅拌设备主要由配料系统、干燥系统、燃烧系统、热料提升、振动筛、热料储存仓、称量搅拌系统、沥青供给系统、粉料供给系统、除尘系统、成品料仓及控制系统等部分组成，包括级配机、振动筛、皮带给料机、粉料输送机、干燥拌和滚筒、煤粉燃烧器、除尘器、提升机、成品料仓、沥青供应系统、配电房、电气控制系统。

双滚筒 SLB 系列特点：间歇式烘干滚筒和搅拌滚筒整体设计，为客户降低投资成本；正转烘干，反转出料，中部引风，整机结构简单，易于操作；PLC 可编程集中控制，触摸屏操作，自动手动切换自如；移动式的底盘结构，令运输与安装快捷、方便；燃煤燃油两用型燃烧炉，可根据需要选择。

移动强制式系列特点：间歇式烘干滚筒和双卧轴搅拌缸整体设计，搅拌更彻底，成品料质量更好；计量准确，质量稳定；正转烘干，反转出料，整机结构简单，易于操作；PLC 可编程集中控制，触摸屏操作，自动手动切换自如；移动式的底盘结构，令运输与安装快捷、方便；燃煤燃油两用型燃烧炉，可根据需要选择。

（二）摊铺机

摊铺机是一种主要用于高速公路上基层和面层各种材料摊铺作业的施工设备。

碎石摊铺机：碎石摊铺机是路面施工机械之一，能够将碎石均匀地摊铺在路基上的施工机械，主要由料斗、支承滚轮、滑橇、V 形刮板、加宽侧板和运行轮等组成。

沥青混凝土摊铺机：将沥青混合料均匀摊铺在道路基层上，并进行初步振实和整平的机械，分履带式和轮胎式两种。其由牵引、摊铺和振实、熨平两部分组成。前者包括机架、动力装置、行走装置、料斗、料门、刮板输送器、螺旋摊铺器和驾驶室等；后者包括牵引臂、振实机构和熨平装置（由熨平板、厚度调节器、拱度调节器和加热装置等组成）。

七、水泥混凝土路面施工机械

水泥混凝土面层铺筑的技术方法有小型机具铺筑、滑模机械铺筑、轨道摊铺机铺筑、三辊轴机组铺筑和碾压混凝土等方法。

小型机具铺筑法在低等级的公路上应用比较多，主要有模板、平板振动器等。

滑模式水泥混凝土摊铺机（简称滑模摊铺机）是 20 世纪 60 年代中叶，在轨道式摊铺机的基础上开发研制而成的一种路面施工专用设备。它集混凝土的布料、计量、振捣、滑模挤压成型和平搓、抹平于一体，能自动、高质量、一次性地将混凝土料成型在路基上。用于公路施工的高档摊铺机还具有传力杆打入功能，在摊铺过程中自动将横向传力杆、中央拉杆和侧向拉杆按要求打入混凝土铺层中。

由于滑模式水泥混凝土摊铺机具有自动化水平高、生产效率高、摊铺质量高等突出特点，发达国家、我国在高等级公路、城市道路、机场跑道和停机坪、市政广场以及水渠渠面等铺层施工中均广泛采用。但滑模不仅包含普通的模板或专用模板等工具式模板，还包括动力滑升设备和配套施工工艺等综合技术，目前主要以液压千斤顶为滑升动力，在成组千斤顶的同步作用下，带动 1m 多高的工具式模板或滑框沿着刚成型的混凝土表面或模板表面滑动，混凝土由模板的上口分层向套槽内浇灌，每层一般不超过 30 cm 厚，当模板内最下层的混凝土达到一定强度后，模板套槽依靠提升机具的作用，沿着已浇注的混凝土表面滑动或是滑框沿着模板外表面滑动，向上再滑动约 30 cm，这样如此连续循环作业，直到达到设计高度，完成整个施工。滑模施工技术作为一种现代（钢筋）混凝土结构工程高效率的快速机械施工方式，在土木建筑工程各行各业中都有广泛的应用。只要这些混凝土结构在某个方向是边界不变化的规则几何截面，便可采用滑模技术进行快速、高效率的施工制作或生产。在各种规则几何截面的混凝土结构上，滑模技术显示出无穷的威力。

滑模技术的最突出特点就是取消了固定模板，变固定死模板为滑移式活动钢模，从而不需要准备大量的固定模板架设技术，仅采用拉线、激光、声呐、超声波等作为结构高程、位置、方向的参照系，一次连续施工完成条带状结构或构件。

轨道摊铺机铺筑，施工模板应采用足够钢度的槽钢、规模或钢制边侧模板，不应使用木模板、塑料模板等易变形模板。支模前在基层上应进行模板安装及摊铺位置的测量放样，核对路面标高、面板分板、胀缝和构造物位置。纵横曲线路段应采用短模板，每块横板中点应安装在曲线切点上。模板安装应稳固、平顺、无扭曲，能承受摊铺、振实、整平设备的负载行进，冲击和振动时不发生位移。模板与混凝土拌和物接触表面应涂脱模剂。模板拆除应在混凝土抗压强度不小于 8.0 MPa 方可进行。

三辊轴式水泥混凝土振动摊铺滚平机是一种用于公路、桥面、机场跑道、室内外地面等铺筑工程的新型机械，主要由机架、驱动辊、振动辊、电气设备等组成。其结构特点如下：以电机为动力源，工作平稳可靠，对环境无污染，噪声小，故障率低；以三根前后排列的辊轴为工作装置，与平板式整平机相比，工作连续，生产出的水泥混凝土表面平整、光滑；前辗轴为振动轴，由于它产生强烈的高频振动，因此能使混凝土表面及深层都具有较高的密实度，振实效果好，可铺筑低坍落度混凝土；中间辐轴和后辗轴均为行走驱动辗，可使滚平机实现前后自行，甚至转移工地时可自行上、下平板拖回；左、右机架均由前、后两部分组成，可根据施工需要调节振动辗的高度。

第六节　施工机械选型的一般原则

一、选择机械的一般原则

（一）适应性

施工机械与公路建设项目的具体实际相适应，即施工机械要适应公路建设项目的施工条件和作业内容。例如，路基工程的施工范围广、施工条件变化大，选用的施工机械一方面应适应桥梁工程所在地的气候、地形、土质、场地大小、运输距离、施工断面形状与尺寸、工程质量要求等；另一方面施工机械的工作容量、生产效率等要与桥梁工程进度及工程量相符合，尽量避免因施工机械的作业能力不足而延误工期，或因作业能力过大而使施工机械利用率降低。在条件许可的情况下（购买新的施工机械或租赁施工机械或挖掘现有设备潜力），尽量选择最适合公路建设项目内容的施工机械。

（二）先进性

新型的桥梁工程施工机械具有高效低耗、性能优越稳定、工作安全可靠、施工质量优良等优点，产品单价虽然不同于一般，但其性价比仍较高，更能保质保量地完成桥梁工程施工任务。此外，采用先进的施工机械，由于其性能优点、安全可靠、故障费低，最终可取得较好的技术经济效益。

（三）经济性

桥梁工程施工机械经济性选择的基础是施工单价，它主要与施工机械的固定资产消耗及运行费用等因素有关。采用先进、大型的施工机械进行桥梁工程施工，虽然一次性投资较大，但可以分摊到较大的工程量当中，对公路建设项目的成本影响较小。因此在选择桥梁工程施工机械时，必须权衡工程量与机械费用的关系，同时要考虑施工机械的先进性和可靠性，这是影响桥梁工程机械化施工经济效益的重要因素。

（四）安全性

在选择合适的施工机械，保证公路建设项目工程质量和施工进度的同时，应充分考虑施工机械的安全可靠性，如行驶稳定、有翻车或落体保护装置、防尘隔音、危险施工项目可遥控操作等。此外，在保证施工人员、设备安全的同时，应注意保护自然环境及已有的建筑设施，不致因所采用的施工机械及其作业而受到破坏。

（五）通用性和专用性

根据公路建设项目的技术要求，选择合适的施工机械是保证工程质量和施工进度的重要条件之一。在此过程中，应充分考虑施工机械的通用性和专用性。通用施工机械可以一机多用，用一种机械代替一系列机械，简化工序，减少作业场地，扩大机械使用范围，提高机械利用率，方便管理和修理。专用施工机械生产率高、作业质量好，因此某些作业量较大或有特殊施工要求的公路建设项目，选择专用性强的施工机械较为合理。

二、机械组合的原则

作为生产工具的施工机械，机种、机型是很多的，各有各的性能和特点，它们的价格一般都比较贵。为了使施工机械在施工过程中，既能适应复杂的工作环境和施工条件，又能保质保量地完成施工任务，还能发挥其最大的经济效益，选择合适的机种、机型和最佳的组合方案是十分重要的。具体遵循以下几点：①尽量减少机械的组合数，机械的组合数越多，作业效率越低，停工的概率就越大；②整个作业线上使用组合机械作业时，应对组合的各种机械能力进行平衡；③组织机械化施工时，要注意分成几个系列的机械组合，同时并列施工，这样可减少当组合中某一台机械发生故障时，造成全面停工的现象；④在组合机械时，力求选用的机型统一，以便维修和管理。

三、选择机械的方法

机械化施工方案的拟订和机械的选择是从分析单项工程的施工过程开始的。机械化施工过程包括准备工作、基本工作和辅助工作。拟订施工方案和选择施工机械应研究完成基本工作的机械，然后根据主要机械的生产能力和性能参数，再选择与其配套的组合机械。选择机械的方法具体如下：①机械应适合工作的性质，适合施工对象的特点、规模、场地大小和运输距离等施工条件，能充分发挥机械的效率。所选机械的生产能力应满足施工强度、施工质量、施工设计的要求。②机械应在结构上先进、生产率要高、性能可靠、易于维修、驾驶安全、环保性好等，并具有很好的机动性。③机械的购置和运转费用要少，能源消耗要低，生产率要高，单位产品费用要低。④选择机械时，应在容易获得的一般通用机械与专用机械之间进行比较。⑤选择和购置新的机械设备时，应考虑到企业中陈旧设备的利用和报废问题。⑥应优先考虑选用批量生产的国产机械，以利促进国内工程机械的发展，而且节省大量外汇。⑦注意同类机械大型与小型的选择。⑧选用能使操作人员舒适和安全工作的机械。

第三章 路基施工技术

第一节 填方路基施工技术

一、路堤基底及填料的处理

（一）路堤基底的处理

路堤基底的处理是保证路堤稳定、坚固极为重要的措施。在路堤填筑前应进行基底处理，这样才能使填土与原来的表土密切结合，使初期填土作业顺利进行，能使地基保持稳定，增加地基的承载能力；也能防止因草皮、树根腐烂而引起的路堤沉陷。对于一般的路堤基底处理，除了按有关规定进行场地清理外，还应按下列规定执行：①伐树除根及表土处理在路堤填筑时，如果不清除结合面上的草木树根等有害于路堤稳定的杂物，在路堤修筑成型后，一旦杂物发生腐烂变质，地基将发生松软和不均匀沉陷等质量问题。为了预防这种情况的出现，就必须在填土之前做好伐树、除根和表层土壤处理工作。特别是当路基填筑高度小于 1.0 m 时，应注意将路基范围内的树根、草丛全部挖除。伐树、除根和清草作业，可采用人工方法或机械方法作业。如果基底的表层土系腐殖土，应将其表层土清除换填，厚度可根据实际情况而定，一般应不小于 30 cm，并予以分层充分压实，压实度应符合规定要求。如发现草碳层、鼠洞、裂缝、溶洞等，必须采取一定措施将其处理好，以防止路堤填筑后而发生塌陷。②耕地和水田的处理当修筑的路堤通过耕地时，在正式填筑之前，必须先对耕地填平压实，如其中有机质含量和其他杂质较多时，碾压时因弹性过大，不容易被压实，应当换填干土。对于稻田，其表面往往有一层松软薄层，如果直接在其上面填土，不但机械通行性很差，而且填土也不能充分压实。如果路堤填土厚度较大，第一层要填层 0.5 ~ 1.0 m 厚，施工机械才能通过，以后可以按规定厚度铺填，能够充分压实时可不必进行其他处理。如果填土厚度较小时，第一层则不能填得太厚，否则填土无法得以碾压密实，这需要在基底挖沟排水，使填土保持干燥，再进行填方压实作业。如果水田的水位过高，不能再采取开挖排水沟解决排水问题，而应在原表土和填土之间加砂垫层式其他水稳材料，以利于水的排出。如果填土基底有小池塘或泉眼，就应呈设置暗排水设施，或者用耐水性的材料或碎石充填压实到原水位的高度以上，在填土后进行有效的排水，防止侵入填土之中。③坡面基底的处理填方路堤的基底若为坡面地，在填料自重荷载作用下，粒料极易失稳而沿坡面产生滑移。因此，在路堤正式填筑前，必须注意对基底坡面处理后才可进行填筑。施工经验表明：当坡度较小，在（1：10）~（1：15）之间时，只需清除坡面上的树根、杂草等杂物后，将翻松的表层压实后即可保证坡面的稳定。但当坡度较大，在（1：15）~（1：12.5）之间时应将坡面做成台阶形，一般宽度不宜小于 2.0 m，高度最小为 1.0 m，而且台阶顶面应做成向堤向倾斜 3% ~ 5% 的坡度，如果基底坡面超过 1：12.5 时，则应采用修护墙、护脚等措施进行特殊处理。④路堤修筑范围内，原地面的坑、洞、基穴等，应用原地的土或砂性土进行回填，并按设计要求进行压实。

（二）路堤填料的选择和处理

1. 进行含水量调节

在一般情况下，如料场土料的自然含水量接近其最佳含水量时，只要对挖出的土料及时装卸上堤，及时摊平碾压即可。如果土料中含水量过高，应加以翻晒，最好利用松土机或圆盘耙楼翻，以增大暴晒面积，加快水分的蒸发。另外，也可在取土场工作面下挖沟，使地下水位降低，从而改变土料含水量，这也是一种有效调节含水量的方法。

如果土料中的含水量过低，可在材料上进行人工洒水，洒水量可根据自然含水量和最佳含水量之差求得。在实际工作中，土料的人工湿润可在取土场上进行。由于取土场的场地宽阔，工作方便，易于控制，即使洒水过度也不会影响堤上的土体。

在路堤施工时，也常采用洒水车直接在表面喷洒的方法，但应配备圆盘耙等机具对土料进行翻拌，使其润湿均匀。在进行洒水前，应根据土料的种类预计其润湿时间，但不能洒水后立即进行碾压。

2. 化学稳定处理

化学稳定处理即利用石灰或水泥作为稳定剂，对土壤的性质进行改良，达到填土要求。这种方法对含水量大、塑性高的材料，或强度不足的其他材料，都有较好的效果。化学稳定性处理的施工方法，是将土和石灰、水泥等材料按一定比例混合、拌和均匀后铺平压实。

一般采用路拌式稳定土拌和机（灰土拌和机）和平地机等进行作业，也可由设于专门场地的厂拌设备制备。

二、路堤填料的填筑方法

（一）水平分层填筑

水平分层填筑，即填筑时按照横断面全宽分成水平层次，逐层向上填筑。如果原地面不平，应从最低处分层填起，每填筑一层后，经压实合格后再填筑上一层。水平分层填筑法施工操作方便、安全，压实质量容易保证。

（二）纵坡分层填筑

纵坡分层填筑宜于用推土机从路堑取土填筑距离较短的路堤，填方侧应按要求开挖土质台阶后，依纵坡方向分层，逐层向上填筑碾压密实，原地面纵坡小于20°的地段可采用这种方法施工。

（三）横向全高填筑

横向全高填筑即从路基一端或两端按横断面的全部高度，逐步推进填筑，这种填筑方法仅用于无法自下而上填土的深谷、陡坡、断岩或泥沼地区运土机械无法进场的路堤。但此法对所填筑土料不仅不易压实，并且还有沉陷不均匀的缺点。为此，应采用必要的技术措施，如选用高效能的压实机械；采用沉陷量较小的砂性土或废石方作为填料。

（四）联合填筑

采用混合填筑法，即路堤下部全高填筑，路堤上部水平分层填筑，使上部填料经分层压实获得需要的压实度。混合填筑法适应于因地形限制或填筑堤身较高的情况，不宜采用水平分层法和横向填筑法自始至终进行填筑的情况。

加宽路堤时，所用填土应与原路堤用土尽量接近或为透水性好的土，并将原边坡挖成向内倾斜的台阶，分层进行填筑，碾压到规定的密实度。严禁将薄层新填土贴在原边坡的表面。

三、填方路基施工质量控制

（一）填方路基施工的一般规定

第一，填方路堤施工前的原地面，应当按设计要求进行认真清理。对于填方路基的基底，还应按下列规定办理：①应当切实做好原地面临时排水设施，并与永久排水设施相结合。排走的雨水，不得流入农田、耕地；也不得引起水沟的淤积和路基冲刷。②在路堤的修筑范围内，原地面的坑、洞、墓穴等，应用原地的土或砂性土回填，并按规范规定进行分层压实。③路堤基底为耕地或松土时，应先清除其上面的有机土和种植土，平整后按规定要求进行压实。在深耕地段，必要时应将松土翻挖、土块打碎，然后回填、整平、压实。④路堤基底原状土的强度不符合设计要求时，应选择优良填料进行换填，换填的深度一般应不小于 30 cm，并予以分层压实。⑤为防止路基因振动产生破坏，石质挖方路基的施工，不宜采用大爆破方法。如果必须采用时，应进行专门的爆破设计，并严格按大爆破的有关规定执行。

第二，当加宽旧路堤时，应遵守下列规定：①为使加宽路堤与旧路堤各项性能接近，所选用的填料宜与旧路堤相同，或选用透水性较好的土。②在加宽旧路堤施工前，应清除地基上的杂草和松散泥土，并沿旧路边坡挖成向内倾斜的台阶，台阶宽度应不小于 1 m。

第三，当路堤稳定受到地下水位影响时，应在路堤底部填以水稳性优良、不易风化的砂、沙砾和碎石等材料，或采用无机结合料（如生石灰粉、水泥等）进行加固处理，使基底形成水稳性良好、厚度约 30 cm 的稳定层，或设置隔离层。

第四，填筑路堤的填料，应符合下列规定：①用于路堤的填料，不得使用淤泥、沼泽土、冻土、有机土、含草皮土、生活垃圾、树根和含有腐朽物质的土。当采用盐渍土、黄土、膨胀土填筑路堤时，应按照特殊地基处理的规定进行处理。②液限大于 50、塑性指数大于 26 的土，以及含水量超过规定的土，不得直接作为路堤填料。需要应用时，必须采取满足设计要求的技术措施，经检查合格后方可使用。③钢渣、粉煤灰等材料，可以用作路堤填料，其他工业废渣在使用前应进行有害物质的含量试验，避免有害物质超过国家有关标准，造成对环境的污染。④捣碎后的种植土，也可以用于路堤边坡的表面,作为种植护坡草皮的用土。

第五,用于路堤填方的材料,应有一定的强度。高速公路、一级公路及其他等级的路基填方材料,应经野外取土试验,其最小强度应符合规定。

（二）土方路堤的填筑施工质量控制

1. 土方路堤应分层进行填筑压实,用透水性不良的土料填筑路堤时,应控制其含水量在最佳压实含水量 ±2% 范围内。

2. 土方路堤必须根据设计断面,分层填筑、分层压实。为保证达到设计的压实度,当采用机械压实时,分层的最大松铺厚度,高速公路和一级公路不应超过 30 cm;其他等级的公路,按土质类别、压实机具功能、碾压遍数等,经过试验后确定。但最大松铺厚度,不宜超过 50 cm。填筑至路床顶面最后一层的最小压实厚度,不应小于 8 cm。

3. 路堤填土的宽度,每侧均应宽于填筑层的设计宽度,压实后的宽度不得小于设计宽度,以便最后进行削坡整形。

4. 填筑路堤宜采用水平分层填筑法施工。即按照横断面全宽分成水平层次逐层向上进行填筑。如果原地面不平,应当由最低处分层进行填筑,每填一层经过压实符合规定要求之后,再填筑上一层。

5. 对于原地面纵坡大于 12% 的地段,可采用纵向分层法施工,沿纵坡方向进行分层,逐层填压密实。

6. 对于山坡路堤,当地面横坡不陡于 1：5 且基底符合设计要求时,路堤可直接修筑在天然的土基上。当地面横坡陡于 1：5 时,原地面应挖成台阶状,台阶宽度不小于 1 m,并用小型夯实机进行夯实。填筑应由最低一层台阶填起,并分层夯实,然后逐台阶向上填筑,分层夯实,所有台阶填完之后,即可按一般填土进行。

7. 对于高速公路和一级公路横坡陡峭地段的半填半挖路基,必须在山坡上从填方坡脚向上挖成向内倾斜的台阶,台阶宽度不应小于 1 m。其中挖方一侧,在行车范围之内的宽度不足一个行车宽度时,则应挖成一个行车道的宽度,其中路床深度范围之内的原地面上应予以挖除换填,并按上路床填方的要求进行施工。

8. 如果填方分为几个作业段施工,两段交接处不在同一时间填筑,则对先填地段应按坡度分层留台阶。如果两个地段同时填筑,则应分层相互交叠衔接，其搭接长度不得小于 2 m。

9. 对于陡峭山坡半挖半填的路基，设计边坡外面的松散弃土，应当在路基竣工后全部清除干净。

10. 不同土质的填料混合填筑路堤时应符合下列规定：①以透水性较小的土填筑于路堤的下层时，应当做成坡度为 4% 的双向横坡；如用于填筑上层时，除干旱地区外，不应覆盖在由透水性较好的土质填筑的路堤边坡上。②不同性质的土应分别进行填筑，不得出现混填。每种填料层累计总厚度不宜小于 0.5 m。③凡不因潮湿或冻融影响而变更其体积的优良土应填在上层，强度较小的土应填在下层。

11. 河滩路堤的填土，应连同护道在内一起进行分层填筑。对于可能受水浸淹部分的填料，应当选择水稳定性良好的土料。对于河槽加宽、加深工程，应在修筑路堤前完成，构造物也应提前修建。

12. 当采用机械作业时，应根据工地现场的地形、路基横断面形状和土方调配图等，合理地规定施工机械的运行路线。土方集中的施工点，应有全面、详细的施工机械运行作业图，并按照运行作业图施工。

13. 对于两侧取土、填高在 3 m 以内的路堤，可用推土机从两侧分层推填，并配合平地机分层整平。土的含水量不足时，可用洒水车进行分层洒水，并用压路机分层碾压。

14. 对于填方集中地区路堤的施工，可按以下方法进行：①取土场运距在 1 km 范围内时，可用铲运机运送，辅以推土机开道，以进行翻松硬土、平整取土段、铲除障碍和助推等。②取土场运距超过 1 km 范围时，可用松土机械翻松，用挖掘机或装载机配合自卸汽车运输，用平地机对填土整平，并配合洒水车压路机进行碾压。③挖掘机、装载机与自卸汽车配合运输时，要合理布置取土场地的汽车运输路线并设置必要的标志。自卸汽车配备的数量，应根据运输距离的远近和车型而确定，其原则是满足挖装设备生产能力的需要。

15. 土石方运输应根据当地条件、运距、设备等情况，采用不同的运输机具，如推土机、铲运机、皮带运输机、自卸汽车、卷扬机牵引的索道等。当在卸装范围内有一定高差，汽车等运输方式受到地形和其他条件的限制时，可采用空中索道运输。

（三）填石路堤的填筑施工质量控制

1. 对于填石路堤的基底处理，与填土路堤基本相同，可按照填土路堤的施工方法进行填筑质量控制。

2. 作为填石路堤所用的石料强度，不应小于 15 MPa，用于护坡的不应小于 20 MPa。填石路堤石料的最大粒径，不宜超过层厚度的 2/3。

3. 高速公路、一级公路和铺设高级路面的其他等级公路的填石路堤均应分层填筑、分层压实。二级及二级以下且铺设低级路面的公路，在陡峭山坡段施工特别困难或大量爆破以挖作填时，可采用倾填方式将石料填筑于路堤下部，但倾填路堤在路床底面下不小于 1.0 m 范围内仍应分层填筑压实。

4. 为便于施工和达到设计要求的压实度，填石分层松铺厚度不要过大，高速公路及一级公路不宜大于 0.5 m，其他等级公路不宜大于 1.0 m。

5. 在填石路堤倾填之前，路堤边坡坡脚应用粒径大于 30 cm 的硬质石料进行码砌。当设计中无具体规定时，填石路堤高度小于或等于 6 m 时，其码砌厚度不应小于 1 m；当高度大于 6 m 时，码砌厚度不应小于 2 m。

6. 采用逐层填筑时，应安排好石料的运输路线，并有专人指挥交通；按水平分层、先低后高、先两侧后中央的顺序进行卸料，并用大型推土机摊平。个别不平处应配合人工用细石块、石屑进行找平。

7. 当石块级配较差、粒径较大、填层较厚、石块间的空隙较大时，可在每层表面的空隙间填入石渣、石屑、中砂、粗砂，再以压力水将砂冲入下部，这样反复进行数次，使空隙填满，以保证其密实度。

8. 当采用人工铺填粒径 25 cm 以上石料时，应先铺填粒径较大的石料，石料要大面向下、小面向上、摆平放稳，然后再用小石块找平，石屑塞缝，最后压实。人工铺填 25 cm 以下石料时，可直接分层摊铺、分层碾压。

9. 填石路堤所用填料如果岩性相差较大，则应将不同岩性的填料分层或分段进行填筑。如果路堑或隧道基岩为不同岩种互层时，允许使用挖出的混合石料填筑路堤，但石料强度、粒径应符合"填石路堤的填筑施工"的规定。

10. 用强风化石料或软质岩石填筑路堤时，应按土质路堤施工规定先检验填料的 CBR（填料最小强度）值是否符合要求，CBR 值不符合要求者不能使用，符合使用要求时应按土质路堤的技术要求进行施工。

11. 高速公路及一级公路填石路堤路床顶面以下 50 cm 范围内，应填筑符合路床要求的土料并分层压实，填料的最大粒径不得大于 10 cm。其他公路填石路堤路床顶面以下 30 cm 范围内，宜填筑符合路床要求的土料并分层压实，填料的最大粒径不得大于 15 cm。

（四）土石路堤的填筑施工质量控制

1. 土石路堤的基底处理同填石路堤。

2. 天然土石混合材料中所含石料强度大于 20 MPa 时，石块的最大粒径不得超过压实层厚度的 2/3，对于超过者应当清除。

3. 土石路堤不得采用倾倒方法，均应分层填筑、分层压实，压实的标准可同土方路基。每层铺填厚度应根据压实机械类型、规格和性能确定，一般不宜超过 40 cm。

4. 压实后渗水性差异较大的土石混合填料应分层或分段进行填筑，不宜纵向分幅填筑。如果需要必须纵向分幅填筑时，应将压实后渗水良好的土石混合料填筑于路堤的两侧。

5. 当土石混合填料来自不同路段，其岩性或土石混合比相差较大时，应分层或分段进行填筑。如不能分层或分段填筑时，应将含硬质石块的混合料铺筑于填筑层的下面，且石块不得过分集中或重叠，上面再铺含软质石料的混合料，然后整平碾压。

6. 在土石混合料中，当石料含量超过 70% 时，应先铺填大块石料，其大面应向下，放置应平稳，然后再铺小块石料、石渣或石屑嵌缝找平，最后再进行碾压；当石料含量小于 70% 时，土石可混合铺填，但应避免硬质石块（特别是尺寸较大的硬质石块）集中。

7. 高速公路及一级公路土石路堤的路床顶面以下 30 ~ 50 cm 范围内，应填筑符合路床要求的土并分层进行压实，填料最大粒径不大于 10 cm。其他公路填筑砂类土厚度一般为 30 cm，最大粒径不大于 15 cm。

（五）高填方路堤的填筑施工质量控制

1. 水稻田或长年积水地带，用细粒土填筑路堤高度在 6 m 以上，其他地带填土或填石路堤高度在 20 m 以上时，应按照高填方路填的施工要求进行施工。

2. 高填方路堤在进行原地面清理后，如果地基土的强度不符合设计要求，应按照特殊地区的地基施工的有关规定进行处理或加固。

3.高填方路堤应严格按照设计边坡进行填筑，填筑中应认真进行检查和验收，特别是不得出现缺填现象。

4.高填方路堤的每层填筑厚度，应根据所采用的填料种类和性质，按相应的有关规定执行。如填料来源不同，其性质相差较大时，应分层进行填筑，不应分段或纵向分幅填筑。

5.高填方路堤受水浸淹的部分，应采用水稳性较高及渗水性较好的填料，其边坡比一般不宜小于1∶2。

第二节 挖方路基施工技术

一、挖方路基施工的一般规定和原则

（一）挖方路基施工的一般规定

第一，挖方路基在正式施工前，应做好下列准备工作：复查施工组织设计是否合理、可行；根据工程实际核实或编制调整土方调运图表；对施工现场范围内按规定进行认真清理；开挖前应按"施工测量"的规定，以桩标明施工轮廓。

第二，路基在开挖前应对沿线土质进行检测试验，对于采用的挖方、借土场和料场的填料，应根据行业标准中规定，进行填料的液限、塑限、塑性指数、液性指数、颗粒大小分析、含水量、密度、土的击实和强度等技术指标试验。

第三，路堑的排水设施，应按下列规定进行办理：①在路堑开挖前首先修筑好截水沟，并根据土质情况做好防渗工作。在土方工程的施工期间应修建临时排水设施。②为降低工程的投资和加快施工进度，临时排水设施应与永久性排水设施相结合，流水不得排入农田和耕地，防止污染自然水源，也不得引起淤泥和冲刷。

第四，根据路基工程施工组织设计，做好施工机械配套和维修，勘察好挖方弃土的路线和地点，科学合理地安排施工进度。

（二）挖方路基施工的基本原则

做好挖方路基沿线自然情况等基础资料的调查收集工作，以此作为挖方路基设计的基本依据；

根据路线纵断面设计，确定的路基的开挖高度，进行路基主体工程的设计；

为优化路基施工方案，降低工程的投资和工程量，对于山岭重丘区挖方路基要进行方案比选，确保边坡稳定可靠、方案科学合理；

陡坡上的半填半挖路基，要因地制宜，尽量采用经济适宜的支挡结构型式；

沿河路基尽量减少对当地自然地理环境的影响；

特殊路基如路基经过软土地区，应针对地基条件进行单独设计；

坡面防护要兼顾功能与景观，并要完成坡面防护、冲刷防护及支挡结构物的布置与计算。

二、土方路堑的开挖施工质量控制

（一）土方路堑开挖遵照要求和原则

土方路堑的开挖应遵照下列要求：①为充分发挥各类土的作用，对已开挖的适用于种植草皮和其他用途的表土，应储存于指定的地点，不得与填料混在一起；②根据土方试验结果，对开挖出的适用的材料应当用于路基的填筑，各类材料不应混杂，不适用的材料应按相应规定办理；③土方开挖不论开挖工程量和开挖深度大小，均应按照自上而下的顺序进行，不得乱挖和超挖，严禁掏洞取土，在不影响边坡稳定的情况下采用爆破方法施工时应当经过设计，并报有关部门审批；④在土方路堑开挖施工的过程中，如遇土质变化需要修改施工方案及边坡坡度时应及时报批，必须经过有关部门批准。

因受冬季或雨季的影响，使挖出的冻土或含水量大的土方，不能及时用于填筑路堤时，应按特殊季节施工有关规定办理。路堑路床的表层下为有机土、难以晾干压实的土、路基填方材料最小强度小于规定数值和不适宜作路床的土，均应清除换填符合规定的土。

土方路基开挖如遇到特殊土质时应按照特殊地基的有关规定办理。

在确定挖方路基的施工标高时，应考虑到因压实所产生的下沉量，其数值应由试验进行确定。

（二）土方路堑开挖分类

1.横向挖掘法横向挖掘法

以路堑整个横断面的宽度和深度，从一端或两端逐渐向前开挖的施工方法称为横向挖掘法。横挖法一般适用于短而深的路堑，在采用横挖法时，可按下列方式进行：①采用人力按横挖法挖掘路堑时，可在不同高度分成几个台阶开挖，其深度应根据工作与安全而定，一般宜为 1.5 ~ 2.0 m。无论自两端一次横挖到路基标高，还是分台阶进行横挖，均匀设单独的运土通道及临时排水沟。②采用机械按横挖法挖掘路堑且弃土（或以挖作填）运距较远时，宜用挖掘机配合自卸汽车进行。每层的台阶高度可增加到 3 ~ 4 m，其余的要求与人力开挖路堑相同。③土方路堑横挖法也可用推土机进行开挖。如果弃土或以挖作填运距超过推土机的经济运距时，可用推土机堆积，再用装载机配合自卸汽车运土。④采用施工机械开挖路堑时，边坡处应配以平地机或人工分层修刮平整。

2. 纵向挖掘法纵向挖掘法

（1）通道纵挖法

如果先沿路堑纵向挖掘一个通道，然后将通道向两侧进行拓宽，上层通道拓宽至路堑边坡后，再开挖下层通道，如此向纵深开挖至路基标高的开挖方法，称为通道纵挖法。这种开挖方法适用于路堑较长、较深，两端地面纵坡较小的路堑开挖。

（2）分段纵挖法

如果沿路堑纵向选择一个或几个适宜处，将较薄一侧堑壁横向挖穿，使路堑分成两段或数段，各段再纵向进行开挖的方法，称为分段纵挖法。这种开挖方法适用于路堑过长，弃土运距过远的傍山路堑，其一侧堑壁不厚的路堑开挖。

3. 混合或挖掘法

当路线纵向长度和挖深均很大时，宜采用混合挖掘法进行开挖，即将横向挖掘法与通道挖掘法混合使用。先沿路堑纵向挖通道，然后沿横向坡面挖掘，以增加开挖坡面。每一坡面应设一个施工小组或一台机械作业。

开挖边沟、修筑路拱、刷刮边坡、整平路基表面时，宜采用平地机配合其他土方机械作业。

（三）边沟与截水沟开挖规定

边沟与截水沟的开挖应符合下列规定：①边沟、截水沟及其他引、截排水的设施位置、断面尺寸及有关要求，应严格按照设计图纸的规定进行施工。在土方路堑开挖前应先做好这类排水设施，其出口应通至桥涵的进出水口处。截水沟不应在地面坑凹处通过，必须通过时应按路堤填筑要求将凹处填平压实。②平曲线外边沟沟底的纵坡，应与曲线前后的沟底相衔接。曲线内侧不得有积水或水外溢现象发生。③路堑和路堤交接处的边沟，应缓缓引向路堤两侧的天然沟或排水沟，不得冲刷路堤。路基坡脚附近不得积水。④所有排水沟应从下游出口向上游开挖，所有排水沟和截水沟设施应满足下列要求：A.沟基应当进行加固处理，严禁将排水沟挖筑在未加处理的弃土上；B.沟形应当比较多规则、整齐，沟坡、沟底比较平顺，无大的起伏变化，沟内清理比较彻底，无浮土杂物；C.在进行沟水排泄时，不得对路基产生危害，必须确保路基的安全；D.截水沟的弃土应用于路堑与截水沟间筑土台，应当分层压实或夯实。台顶设2%倾向截水沟的横坡，土台边缘坡脚距堑顶的距离不应小于设计规定，当设计上无具体规定时，可按照"弃土处理"的规定办理。

（四）土方路堑施工中遇到地下水时处理方式

在路堑的施工过程中，如果遇到地下水时应按下列规定处理：①挖方地段遇到地下含水层时，应根据地基排水的原则规定，结合现场实际按"地基排水"有关规定执行。②当路堑路床顶部以下位于含水量较多的土层时，应换填透水性良好材料，换填深度应满足设计要求，并整平凹槽底面，设置渗水沟，将地下水引出路基外，再分层回填压实。

（五）土方路堑弃土处理

弃土处理除按有关的规定办理外还应符合下列规定：①在开挖路堑弃土地段前，应根据施工现场的具体情况，提出弃土的施工方案报有关单位批准后实施，该施工方案应包括弃土方式、调运方案、弃土位置、弃土形式、坡脚加固处理方案、排水系统的布置及计划安排等方面。当在施工中需要对原施工方案改变时，应报告批准单位进行复查和批准。②弃土堆的边坡不应陡于1：1.5，顶面向外应设不小于2%的横坡，其高度不宜大于3 m。路堑旁的弃土堆，其内侧坡脚与路堑顶之间的距离，对于干燥硬土不应小于3 m，对于软湿土不应小于路堑深度加5 m。③在山坡上侧的弃土堆应连续而不中断，并在弃土前设置截水沟；山坡下侧的弃土堆应每隔50～100 m设不小于1 m的缺口排水，弃土堆的坡脚应进行防护加固。④严禁在岩溶漏斗处、暗河口处、贴近桥墩台处弃土。

三、石方路堑的开挖施工质量控制

公路路基穿越石质地带时，通常应根据石质类型、风化情况、节理发育程度、施工条件和工程量大小等选择适宜的开挖方式，石质路堑施工方法主要有松土法、破碎法和爆破法。为提高施工效率和加快工程进度，在实际工程中最常用的是爆破法。在进行石方路堑的开挖施工质量控制应注意如下事项：①开挖石方应根据岩石的类别、力学强度、风化程度和节理发育程度等确定开挖方式。对于软石和强风化岩石，能用机械直接开挖的均应采用机械开挖，不能采用机械者也可人工开挖。凡不能使用机械或人工直接开挖的石方，则应采用爆破法开挖。②在石方需用爆破法开挖的路段中，如空中有缆线，应查明其平面位置和高度；还应调查地下有无管线，如果地下有管线，应查明其平面位置和埋设深度；同时应调查开挖边界线以外的建筑物结构类型、完好程度、距开挖界的距离，然后制订爆破方案。任何爆破方案的制订，必须确保空中缆线、地下管线和施工区边界处建筑物的安全。③在进行爆破作业时，必须由经过专业培训并取得爆破证书的专业人员施爆，非专业人员不得随意操作。④根据确定的爆破方案，进行炮眼位置、炮孔深度和装药量的设计，其设计图纸和资料应报送有关部门进行审批。⑤根据设计的炮眼位置和炮孔深度打眼，当工程量较小，施工工期允许时，可采用人工打眼；当工程量较大，施工工期较紧时，应采用机械打眼。⑥公路石方开挖，应充分重视挖方边坡的稳定，一般宜选用中小型爆破；开挖风化较严重、节理发育或岩层产状对边坡稳定不利的石方，宜选用小型排炮微差爆破，小型排炮药室距设计边坡线的水平距离，不应小于炮孔间距的1/2。⑦采用爆破法开挖石方时，应按以下程序进行：施爆区管线调查→炮位设计与设计审批→配备专业施爆人员→用机械或人工清理施爆区覆盖层和强风化岩石→钻炮孔→爆破器材检查与试验→炮孔检查与废渣清除→装药并安装引爆器材→布置安全岗和施爆区安全员→炮孔堵塞→撤离施爆区和飞石、强地震波影响区内的人畜→起爆→清除瞎炮→解除警戒→测定爆破效果。⑧当岩层走向与公路路线走向基本一致，倾角大于15°且倾向公路或者开挖边界线外有建筑物，施爆可能对建筑物地基造成影响时，应在开挖层边界、沿设计坡面打预裂孔，预裂的孔深与普通炮孔深度相同，但在孔内不装炸药和其他爆破材料，孔的距离不宜大于炮孔纵向间距的 1/2。⑨为了减少对爆破边坡的振动，开挖层靠近边坡的两列炮孔，特别是靠边缘的一列炮孔，宜采用减弱松动爆破方式。⑩开挖边坡外有必须保证安全的重要建筑物，在采用减弱松动爆破也不能确保建筑物安全时，应采用人工开凿、化学爆破或控制爆破。⑪在石方开挖区应特别注意施工排水问题，在纵向和横向形成坡面开挖面，其坡度应满足排水要求，以确保爆破出的石料不受积水的浸泡。⑫有关爆破土石方的基本知识、基本方法和施工工艺等。

四、深挖路堑的开挖施工质量控制

深挖路堑地形复杂、高差大、边坡高、工程量大，其施工放样和施工质量直接关系到施工安全和工要质量，所以在深挖路堑的开挖施工中要大力加强对深挖路堑的质量控制。为便于进行施工质量控制，在施工过程中主要应注意以下几方面：①当路堑边坡的高度等于或大于 20 m 时，称为深挖路堑。深挖路堑的施工准备工作，根据土石的类别按相应规定办理。②施工前应详细复查设计文件所确定的深挖路堑地段的工程地质资料及路堑边坡，并收集了解土石界限、工程等级、岩层风化厚度、破碎程度、岩层工程特征；当路堑为砂类土时，应了解其颗粒级配、密实程度和稳定角；当路堑为细粒土时，应了解其含水量和物理力学性质，以及不良地质情况、地下水及其存在形式等。根据详细了解的工程地质情况、工程量大小和施工工期等，认真编制深挖路堑工程施工组织设计，并据以配备适当的机械设备、数量和劳动力。③如果设计文件中的工程地质资料缺乏或严重不足，不能据以编制施工组织设计时，宜进行工程地质的补充勘探工作；对于高速公路和一级公路补做工程地质勘探时，主要应以钻探为主。根据补做钻探所得工程地质资料而确定的技术方案，应报请监理工程师批准后方可实施。④深挖路堑的边坡应严格按照设计的坡度进行施工。如果边坡实际土质与设计勘探的地质资料不符，特别是实际土质比设计中的土质松散时，应向有关方面提出修改设计的意见，经监理工程师批准后实施。⑤当施工的路堑地段为土质边坡时，宜每隔 6 ~ 10 m 高度设置一个平台，平台的宽度对于人工施工的不宜小于 2 m；对于机械施工的不宜小于 3 m。平台表面横向坡度应向内倾斜，坡度一般为 0.5% ~ 1.0%；纵向坡度宜与路线纵坡平行。平台上的排水设施应当与整个排水设施相互连通。⑥在深挖路堑的施工过程中，如果修建平台后边坡仍不能稳定或大雨后会产生坍塌时，应考虑修建砌石护坡，在边坡上种植草皮或做挡土墙。⑦在施工过程中边坡上渗出地下水时，应根据地下水渗出的位置、流量、流速等情况，按照有关施工规范规定，修建地下水排除设施。⑧土质单边坡深挖路堑的施工方法，宜采用"土方路堑的开挖"中的多层横向全宽挖掘法施工。⑨土质双边坡深挖路堑的施工方法，宜采用"土方路堑的开挖"中的分层纵挖法和通道纵挖法。如果路堑纵向长度较大，一侧边坡的土壁厚度和高度不大时，可采用分段纵挖法。施工机械可采用推土机或推土机配合铲运机。当弃土运距较远超过铲运机的经济运距时，可采用挖掘机配合自卸汽车作业，或者采用推土机、装载机配合自卸汽车作业。⑩土质深挖路堑无论是单边坡还是双边坡，均应按照"土方路堑的开挖"中的规定开挖，靠近边坡 3 m 以内禁止采用爆破法炸土施工。在距边坡 3 m 以外准备采用爆破法施工时，应进行周密设计，防止炸药量过多，并应报请有关部门批准。⑪石质深挖路堑当地形和石质情况不符合采用"大爆破"的规定时，禁止使用大爆破施工方案。⑫单边坡石质深挖路堑的施工，宜采用深粗炮眼、分层、多排、多药量、群炮、光面、微差爆破方法。⑬双边坡石质深挖路堑的施工，一般可采用纵向挖掘法，应分层在横断面中部开挖出每层通道，然后横断面两侧再按照⑫的爆破方法作业。

第三节 路基压实施工技术

一、一般土路基的压实

路基压实施工的要点包括选择压实机具、压实方法，确定压实度，确定填料的含水量，采用正确方法压实，检查路基压实质量等。

第一，选择压实机具。为了保证路基压实度的要求，一般采用机械压实，选择压实机具应综合考虑路基土性质、工程量的大小。施工条件和工期气候条件及压实机具的效率等。

第二，确定路基压实度。

第三，确定填料的含水量。铺土前应做标准击实试验，确定填料的最佳含水量和最大干密度。碾压应在接近最佳含水量时迅速进行，一般控制在最佳含水量误差 2% 以内压实。当含水量过大须翻松、晾干或呛灰处理。对过干土可以均匀加水使其达到最佳含水量，需要的加水量可按下式计算。加水宜在前一天均匀喷洒于土堆或取土坑表面，使其渗入土中。喷洒后要适当拌和均匀，以防止干湿不均。

第四，采用正确方法压实。道路土基填方，要特别控制压实松铺土厚度，不应使其大于 30 cm。宜做试验路段，并按试验结果确定松铺土厚度。

机械填筑整平压实，可用铲运机、推土机配合自卸汽车推运土料填筑路堤。

分层填土，且自中线向两边设置2%～4%的横向坡度，及时碾压。雨期施工更应注意设置较大横坡和随铺随压，保证当班填铺的土层达到规定压实度。

经检查填土松铺厚度、平整度及含水量，符合要求后进行碾压。压路机碾压路基时，应遵循先轻后重、先稳后振、先低后高、先慢后快以及轮迹重叠等原则，根据现场压实度试验提供的松铺厚度和控制压实遍数进行压实。若控制压实遍数超过 10 遍，应考虑减少填土层厚，经检验合格后，方可转入下道工序，以防止填土层底部达不到规定压实度。

采用振动压路机碾压时，第一遍应不振动静压，然后由慢到快、由弱到强进行压实。各种压路机开始碾压时，均应慢速，最快不要超过 4 km/h。碾压直线段由边到中，小半径曲线段由内侧向外侧，纵向进退进行。碾压轮迹重叠 1/3 以上，纵、横向碾压接头必须重叠，并压至填土层表面平整，无松散、发裂，无明显轮迹即可取样检验压实度。

第五，检查路基压实质量。压实度 K 是工地实测干密度 y 与室内标准击实试验得到的最大干密度 x 之比，其值按下式计算。

$$K=y/x$$

二、路堑及其他部位填土的压实

（一）路堑压实

路堑、零填路基的路床表面30cm内的土质必须符合规范对土质的要求，否则要换填符合要求的土。土质合格的也要经过压实，检验压实度。

（二）桥涵及其他构筑物处填土压实

1. 桥涵两侧填土

填土底部与桥台基础距离应不小于 2 m，桥台顶部距翼墙端部应不小于桥台高度加 2 m；拱桥的桥台填土顶部宽度应不小于台高的 4 倍；涵洞顶部填土每侧不小于 2 倍的孔径。桥涵两侧、挡土墙后背及修建在路基范围内的其他构筑物周边，宜采用砂类土、砾石类土等透水性能好的填料填筑；也可采用粉煤灰、石灰土填筑，并要分层对称填筑。主干路松铺厚度应不大于 15 cm，其他等级道路松铺厚度宜小于 20 cm。桥台填土宜与锥坡填土同时进行。

2. 挡土墙填土

挡土墙的填料、分层应与桥涵填土相同，填土层顶部应做成向外倾斜的横坡。设有泄水孔的挡土墙，孔周反滤层施工应与填土同步进行。

3. 收水井周边、管沟填土

宜采用细粒土或粗中砂回填。细粒土松铺厚度宜为 15 cm 左右，中粗砂宜为 20 cm 一层。填料中不得含有大于 5 cm 的石块、砖碴。填筑时，在井和管沟两边应对称进行。

4. 检查井周填土

检查井周 40 cm 范围内，不宜采用细粒土回填，而应采用砂、沙砾土或石灰土回填。砂、沙砾土的松铺厚度不宜大于 20 cm，石灰土的松铺厚度宜为 15 cm 左右。填筑应沿井室中心对称进行。

（三）填石路基的压实

第一，路基压实前，应用大型推土机将石料摊铺平整，个别不平处，应人工配合用石屑进行调平碾压。

第二，填石（土石）路基压实，应按先两侧后中间的方法进行，压实路线应纵向平行，碾压行进速度、压轮重叠宽度与土路基压实相同，经反复碾压至无下沉、顶而无明显高低差为止。

第三，当采用重锤夯击时，以落锤锤击不下沉且发生弹跳为度。下一锤位置应与原夯击面重叠 40 ~ 50 cm，相邻区段应重叠 1 ~ 1.5 m。

三、路面工程质量控制与管理

（一）路面基层和底基层质量控制概述

1. 公路工程基层的分类

（1）石灰稳定类基层

在粉碎的或原来松散的土中（包括各种粗粒土、中粒土和细粒土），掺加足够数量的石灰和水，通过充分拌和得到的混合料经摊铺压实及养生后，当其抗压强度或耐久性符合规定要求时，称为石灰稳定类基层。

用石灰稳定细粒土而得到的混合料，简称为石灰稳定土。用石灰稳定粗粒土或中粒土得到的混合料，根据所用的原材料而定，原材料为天然沙砾土时，简称为石灰沙砾土；原材料为天然碎石土时，简称为石灰碎石土。

另外，仅掺加少量的石灰改善各种土的塑性指数或提高土的强度，而达不到石灰稳定土规定的强度时，这种混合料称为石灰改善土。

（2）水泥稳定类基层

在粉碎的或原来松散的土中（包括各种粗粒土、中粒土和细粒土），掺加足够数量的水泥和水，通过充分拌和得到的混合料经摊铺压实及养生后，当其抗压强度或耐久性符合规定要求时，称为水泥稳定类基层。

用水泥稳定砂性土、粉性土和黏性土得到的混合料，简称为水泥稳定土；用水泥稳定砂得到的混合料，简称为水泥稳定砂。用水泥稳定粗粒土或中粒土得到混合料，根据所用原材料，可简称为水泥稳定碎石、水泥稳定沙砾等。

在稳定各种土时，常根据基层的设计强度和耐久性等要求，以及地方材料的供应情况，同时用水泥和石灰、水泥和粉煤灰稳定某种土得到的混合料，简称为综合稳定类基层。

（3）石灰工业废渣基层

工业废渣是指工业生产过程中排放的固体废物，主要包括粉煤灰、炉渣、煤渣、高炉矿渣、钢渣、镁渣、煤矸石和其他粉状废渣。用一定比例的石灰与这些废渣中的一种或两种经加水拌和、压实和养生后得到的强度和耐久性都有很大提高，并符合现行规范规定的要求时，称为石灰工业废渣稳定土，简称为石灰工业废渣。

石灰工业废渣材料可分为两大类：石灰粉煤灰类和石灰其他废渣类。同时用石灰和粉煤灰稳定细粒土（含砂）得到的混合料，简称为二灰土，这是我国公路基层施工中常用的混合料。同时用石灰和粉煤灰稳定级配沙砾和级配碎石时，分别简称为二灰沙砾和二灰碎石。

（4）沥青稳定土基层

将土粉碎，用沥青（液体石油沥青、煤沥青、乳化沥青、沥青膏浆等）为结合料，使其与土拌和均匀，摊铺平整并碾压密实而形成的基层，称为沥青稳定土基层。

沥青在稳定土中起两方面的作用：一是包裹在土粒表面，保护土粒不受水的危害；二是提高黏结力，把土粒黏结在一起。前者作用主要发生在对水敏感的黏性土中，沥青被吸附在土颗粒的表面，阻碍了水分同土粒直接接触，同时还填充了土中部分孔隙，堵塞水分流动的通路，因而，采用沥青稳定土可降低土的吸水能力，从而提高了土的水稳定性。后者作用则是可提高混合料的强度，它在无黏性的粒料土中占主导地位。

工程试验证明，影响沥青稳定土稳定效果的因素主要有土的类型和性质、沥青的性质和剂量、基层压实的质量等。

（5）粒料类基层

粒料类基层根据强度构成可划分为嵌锁型与级配型。嵌锁型包括泥结碎石、泥灰结碎石、填隙碎石等；级配型主要包括级配碎石、级配砾石、符合级配的天然沙砾、部分砾石经轧制掺配而成的级配碎石、砾石等。国外有些高等级公路用级配碎石或级配砾石修筑基层或底基层，级配碎石也可用作沥膏面层与半钢性基层之间的联结层。

2. 路面基层的技术要求

（1）具有足够的强度和钢度

①强度

基层必须能够经受车轮的反复作用，即在预定设计标准轴载反复作用下，基层不会产生过多的残余变形，更不会产生剪切破坏或疲劳弯拉破坏。基层要满足上述的技术要求，除了具有必需的厚度外，主要取决于基层材料本身的强度。对基层材料的强度要求，在重交通道路上要比一般道路上的高。

材料的强度包括两个主要方面：一方面是石料颗粒本身的硬度或强度，可用集料压碎值或岩石的抗压强度表示；另一方面是材料整体（混合料）的强度和钢度，如回弹模量、承载比、抗压强度、抗剪切强度、抗弯拉强度或劈裂强度等。在我国路面基层施工技术规范中，对于集料是采用其压碎值作为选择粒料的技术指标。

②钢度

基层的钢度（回弹模量）必须与面层的钢度相配。如果面层与基层的钢度差别过大，则面层会由于过大的拉应力或拉应变而出现过早开裂破坏。

各种基层材料，就其强度和钢度而言，大致可分为三个等级：强度和钢度最高的一级中可包括水泥稳定粒料（土）、石灰粉煤灰稳定粒料（土）、石灰土稳定碎石或石灰稳定沙砾土、沥青碎石（混合料）及沥青贯入式碎石；强度和钢度中等的一级中可包括水泥土、石灰粉煤灰土、石灰土、级配碎石和填隙碎石；强度和钢度最低的一级中可包括级配砾石和级配碎砾石。当然，在同一等级中的不同材料，其强度和钢度也是有明显差别的。

在普通交通的道路上，沥青面层一般都比较薄，整个路面的承载能力将主要依靠基层来满足。这就要求基层材料不仅要具有较高的强度和钢度，而且厚度也要求比较大。使用强度和钢度大、承载能力高的基层，以适应较薄的沥青面层，或适当减薄沥青面层。对于水泥混凝土路面，也应采用强度和钢度大、承载能力高的基层。

在重交通高速公路上，基层材料还应具有较高的抗疲劳破坏的能力。就各种材料的抗疲劳破坏能力而言，由强到弱的排列顺序为沥青混凝土、沥青碎石、石灰粉煤灰粒料、水泥粒料、石灰土粒料或石灰粒料土。在我国修筑的高等级公路，特别是高速公路和一级公路，无论是沥青面层，还是水泥混凝土面层，几乎全部采用半钢性材料做基层。这是因为半钢性材料，特别是厚度大的半钢性材料，可以使路面具有很高的承载能力。

（2）具有足够的水稳性和冰冻稳定性

沥青面层，特别是层铺法的沥青表面处治和沥青贯入式面层，具有较强的透水性能，尤其在使用的初期，其透水性还是很大的。因此，雨季地表水能透过沥青面层渗入基层和底基层，也能从两侧路肩或路面与路肩的结合处，以及中央分隔带缘石与路面结合处渗入路面结构层中。如果沥青面层出现裂缝，表面水更易从裂缝透入路面结构层中。

在地下水位接近地表的路段，特别在路基填土不高时，地下水可通过毛细作用进入路面结构层。在冰冻地区，由于冬季水分重分布的结果，路面上层和路面底基层处于潮湿或过分潮湿的状态。沥青面层虽不是完全不透水的，但却能阻碍路面结构层和土基中的水分蒸发。水泥混凝土面板，由于横缝、纵缝及胀缝的存在，尽管广泛采用填缝料灌缝密封，但事实上表面水仍会不可避免地沿缝隙进入基层、底基层甚至路基。在通常情况下，水进入基层顶面，并滞留在那里，在高速行车作用下产生高压水，对基层顶面产生冲刷，致使板下产生脱空、碎裂和断板等。

用于冰冻地区，特别是重冰冻地区路面所用的基层材料，还应当具有足够的冰冻稳定性。在冰冻地区，在地下水位接近地表或路基两侧有长期积水的情况下，如果路基的填土高度不大，在冬季土路基中会发生水分重分布，在 0℃ ~ 3℃温度下长期滞留水的土层会形成严重的聚冰现象，土层中会有很多的冰晶体，甚至冰夹层，这层土常称为路基中的聚冰带。到春融期间在这类土基上直接铺筑与土基相接触的路面结构层材料，将产生明显的毛细水作用。在这种材料层内也会发生水分重分布现象。如这些材料层又位于冰冻深度范围，在这些材料层内也发生聚冰带，到春季融化期间，这些材料层强度也会明显下降，导致路面整体承载能力大大降低，甚至发生路面和基层破坏。

在冰冻地区，当石灰土用于过分潮湿的路段时，常发生的路面破坏就是因为石灰土的冰冻稳定性不好。因此，在冰冻地区的潮湿路段上，在路面的底基层或基层内有可能产生聚冰带时，应当采用冰冻稳定性好的材料。各种粒料、含土少的粒料土、结合料稳定粒料和稳定粒料土都是冰冻稳定性好的材料。在冰冻地区的潮湿路段上，当只能使用石灰土时应采用隔水措施，使冰冻期间水分不会明显进入石灰土层中。特别注意，在重冰冻地区，即使在干燥路段上，石灰土和水泥土，特别是剂量不足或强度达不到要求的石灰土和水泥土，经过冬季的冰冻作用，其强度也会明显降低。

（3）具有足够的抗冲刷能力

①冲刷唧浆现象

表面水会通过多种途径进入沥青路结构层内，同样也会进入水泥混凝土路面结构层内。如果进入的水不能及时排出，而是停留在面层与基层的交界面上，就会使得基层局部潮湿甚至接近饱和。例如，从沥青面层的裂缝进入的自由水，往往使裂缝附近的基层材料过分潮湿，特别是面层裂缝下无机结合稳定料中的自由水会产生相当大的水压力。这种有压力的水会冲刷荷载作用下，路面结构层内或基层材料中的自由水会产生相当大的水压力，这种有压力的水会冲刷基层材料中的细料。一次冲刷的量是很小的，在行车荷载作用下反复多次冲刷，就会积少成多，在裂缝中形成自由水产生的水压力随行车荷载的增加而增加，同时冲刷量随行车反复作用的次数而增加。因此，在轻交通道路上易发生的冲刷唧浆现象，在重交通道路上就容易发生。

钢性基层沥青路面的唧浆现象，多雨地区较为常见，在干旱地区也有发生。我国的公路沥青路面几乎全部采用水泥稳定级配集料或石灰粉煤灰稳定级配集料做基层，大量调查资料表明，冲刷唧浆现象是一些高速公路沥青路面早期损坏的主要现象之一。无论是多雨地区，还是干旱地区都有，一般都在雨后发生。

水泥混凝土路面的混凝土面板下的基层同样会产生冲刷现象，早在20世纪50年代，美国等一些国家就有报道。20世纪70年代以来，我国各省，特别是水泥混凝土路面较多的省份，如浙江、安徽、湖南、广东等都有类似情况，在混凝土板的接缝处由于面板在行车作用下的泵吸作用造成唧浆现象，由于唧浆使混凝土板的边角脱空，从而造成边、角断裂。为了避免这种现象，改善水泥混凝土路面的使用性和延长其使用寿命，现在普遍地采用水泥稳定碎石集料或水泥稳定砾石集料作为混凝土面的基层。

②影响冲刷程度的因素

基层的冲刷程度与进入路面结构的水量大小有很大关系。进入的水越多，冲刷程度越大。冲刷程度还与基层材料本身有很大关系，对于处治的级配集料来说，集料中小于0.075 mm的粉粒与黏粒越多，冲刷越严重。对于无机结合料处治基层材料，稳定细粒土（如石灰土、水泥土和石灰粉煤灰土）的冲刷最严重；稳定粒料土（中粒土或粗粒土）的冲刷程度随集料中0.075 mm以下的颗粒含量而变，细粒含量越多，冲刷越严重。对于同一种稳定粒料土而言，其冲刷程度随水泥剂量增加而减少，水泥剂量在4%～5%以上时，抗冲刷能力大幅度提高。

应该特别指出，无机结合料处治材料用作基层时的冲刷问题是多个因素综合作用的结果，因此，它不是绝对的。对于稳定细粒土，例如采用石灰土的基层，也并不是必然会产生冲刷和唧浆现象。

3.各种基层材料的适用范围

（1）水泥稳定土

由于可被水泥稳定的土范围相当广泛，同时水泥剂量越多，水泥稳定土混合料的强度越高。因此，水泥稳定土的强度可以在大范围内进行调整，以适应不同等级道路以及不同路面结构层位对材料的强度要求。例如，水泥稳定土的 7 d 龄期无侧限抗压强度可以低到小于 1 MPa，也可以达到 10 MPa 以上。因此，单纯从强度而言，水泥稳定土可以适用作各种等级道路路面的基层。但是，考虑不同水泥稳定土的干缩性能、温缩性能、抗冲刷性能等因素后，对于不同等级道路的路面以及对于不同的路面结构层位，应该选用技术经济都最合适的材料。例如稳定细粒土，特别是稳定各种砂性土、粉性土和黏性土，不应直接用作高级路面的基层，而只应用作底基层。

作为高等级道路上的基层，不单应选用稳定粒料，而且粒料的级配应符合基层施工规范中规定的集料级配范围或级配碎石基层或级配砾石基层的集料级配范围，以改善水泥稳定粒料基层的干缩和温缩性以及提高其抗冲刷能力。对于其他等级道路上的路面基层，则可以选用基层施工规范中水泥稳定土基层颗粒组成范围内的任何当地材料进行稳定。

（2）石灰稳定土

石灰稳定土的强度较水泥稳定土的强度低得多。例如，良好石灰土的 7 d 龄期无侧限抗压强度只有 0.8 ~ 1.0 MPa，3 个月龄期无侧限抗压强度仅 2.0 ~ 2.5 mPa，间接抗拉强度只有 0.19 MPa，此外，石灰土的强度没有大的可调整范围。但是，工程实践证明，石灰稳定土基层有很大的钢性和荷载分布能力，它仅略次于水泥稳定土基层，因此，它仍是一种较好的路面基层和底基层材料。它虽然可用作各种路面的基层和底基层，但将它用到高等级道路上时却要引起特别注意。即使是石灰土稳定良好的级配碎石，用于高等级道路时也应进行试验后确定，其主要原因是这种材料的抗拉强度较低和抗冲刷能力较差，收缩性也较大。石灰土不应直接用作高级路面的基层，而只应做底基层。

作为高级路面的基层，不单应选用石灰稳定粒料土或石灰土稳定材料，而且粒料的比例应该为 80% ~ 85%。同时其级配应符合基层施工规范中规定的级配范围。由于石灰土的冰冻稳定性较差以及在过分潮湿情况下难于成型和强度发展较慢，实践证明，在冰冻的潮湿和过分潮湿路段以及其他地区的过分潮湿路段，不宜采用石灰土做基层。在只能采用石灰土时，应该采取措施防止水分浸入大理石灰土层。

（3）石灰工业废渣稳定土

石灰工业废渣稳定土中具有普遍意义的主要材料是石灰粉煤灰稳定类，

它包括石灰粉煤灰细粒土（如石灰粉煤灰、石灰粉煤灰土、石灰粉煤灰砂等）、石灰粉煤灰中粒土和粗粒土（如石灰粉煤灰沙砾或沙砾土、石灰粉煤碎石、石灰粉煤灰矿渣以及石灰粉煤灰其他粒料）。后两者也简称石灰粉煤灰粒料或二灰粒料。

就石灰粉煤灰土或二灰土而言，其强度随 3 个组成部分的配合比而变。但在原材料不变及压实度相同的情况下，其 7 d 龄期的无侧限抗压强度变化不大。

当使用质量好的粉煤灰时，二灰沙砾和二灰碎石的 3 个月龄期的强度大致相当于水泥沙砾和水泥碎石的强度；二灰矿渣（铁渣）3 个月龄期的强度，特别是其抗拉强度甚至可超过水泥碎石的强度，因此，二灰粒料与水泥沙砾或水泥碎石一样可用作高等级道路上路面的基层。但是，作为高等级道路上路面的基层，宜采用粒料占 80% 以上的二灰粒料混合料，同时粒料应具有良好的级配，且其中 0.075 mm 以下的颗粒含量应接近于 0，以减小二灰粒料基层的收缩性并增回其抗冲刷性能。二灰粒料可用作各种等级道路上路面的基层。

（4）级配碎石

级配碎石是不用结合料的基层材料中最好的一种材料。很多国家采用加州承载比（CBR）作为检验基层材料是否合适的技术指标时，对级配碎石通常不提 CBR 的要求，也不进行 CBR 试验。因为，当级配碎石的组成符合规定的级配范围及塑性指数小于规定的限值时，其 CBR 值完全满足要求。在用抗剪强度作为路面设计的技术指标之一时，也认为级配碎石是一种免检材料。

级配碎石实际上可在各种等级路面的基层。但时，在重交通（指交通量大和重车比例多）的高等级道路上用作沥青路面的基层而基层下又无半钢性材料层时，其上往往需要铺筑厚层沥青面层。例如，国外高等级道路（重交通）采用级配碎石做基层时，沥青面层的厚度一般为 22 ~ 30 cm。日本的第一条高速公路名神高速公路采用级配碎石基层和 10 cm 厚沥青混凝土面层。但该路面使用不到 10 年，不少路段上的沥青路面就开始破坏。他们总结得出的原因之一就是级配碎石作为高速公路的基层强度不够。因此，日本后来建设的一些高速公路上，当采用级配碎石基层时，基层上沥青材料的厚度为 25 ~ 28 cm。实际上把级配碎石层作为底基层看待。

在一些国家的重交通等级道路上，常采用级配碎石作为半钢性基层与沥青面层间的隔离层或应力消减层。在这种情况下，级配碎石层上的沥青面层可大大减薄，直到仅厚 5 ~ 10 cm。在石灰丰富的地区，采用级配碎石基层往往是比较经济的。在潮湿多雨地区，采用级配碎石基层更具有优性，因为施工过程上降雨对其性质的影响很小。目前，至少在二级以下的公路上采用级配碎石基层时不需要厚沥青面层，可以采用与半钢性基层上相同厚度的沥青面层。

（5）级配砾石或级配沙砾

众多工程实践和试验证明，承载比、级配、塑性指数或塑性指数与 0.5 mm 以下颗粒含量的乘积都满足规定要求的级配砾石，如用作薄沥青面层下的基层时，它只能用在轻交通道路上。在某些国家的公路上也有采用级配砾石做沥青路面中的基层（或实际上的底基层）的，但此时其上沥青材料层的总厚度常在 25 ~ 30 cm。只是在级配碎石层很厚（60 ~ 80 cm）的情况下或级配砾石层下有无机料处置层时，其上沥青材料层的厚度才稍薄（18 ~ 24 cm）。

在实际生产中，可用少量石灰或水泥改善级配砾石的塑性指数或强度，使其符合规定的基层材料的技术要求。这种改善材料的应用范围与级配砾石相同。

（二）路面基层和底基层施工质量初步控制

1.原材料质量控制

（1）原材料质量要求

①土料

用于基层和底基层的细粒土，其塑性指数应在 10 ~ 20 范围之内，土中不得含有污物和有害杂质，土中的有机质含量不得超达 8%，对于水泥稳定土有机质含量不得超过 2%，硫酸盐含量不得超过 0.25%。

②石灰

用于基层和底基层的生石灰粉质量应符合相关规定；用于基层和底基层的消石灰粉质量应符合相关规定。

③水泥

普通硅酸盐水泥、矿渣硅酸盐水泥、火山灰质硅酸盐水泥均可使用，但应选用终凝时间宜在 6 h 以上、强度等级较低的水泥。快凝水泥、早强水泥及受潮受质的水泥不得用于工程。用于基层和底基层的水泥质量，应符合现行国家标准相关规定。

④粉煤灰

粉煤灰是从煤燃烧后的烟气中收捕下来的细灰，是燃煤电厂排出的主要固体废物。用于基层和底基层粉煤灰质量，应符合现行国家标准相关规定。

⑤煤渣

煤渣是一种工业固体废物，是火力发电厂、工业和民用锅炉及其他设备燃煤排出的废渣，俗名称为炉渣。根据成分的不同，可作为道路的基层和底基层材料，也可作为制造水泥、砖和耐火材料等。用于基层和底基层的煤渣，应不含有杂质，松散干密度在 700 ~ 1000 kg/m 之间，最大粒径不应大于 30 mm，颗粒组成宜有一定的级配。

⑥砾石

砾石用于基层的最大粒径不应超过 40 mm，用于底基层时最大粒径不应超过 50 mm。砾石颗粒中细长和扁平颗粒的含量不应超过 20%。级配砾石用于基层时，其颗粒组成及级配要求应符合规定。级配砾石做基层与底基层时，集料的压碎值应满足下列规定：高速公路、一级公路的底基层和二级公路的基层不大于 30%；二级公路的底基层不大于 35%。

⑦碎石

碎石是指由各种类型的坚硬岩石，通过碎石机轧制出来，再通过不同筛孔筛分而得出的不同粒径范围的石块。用于基层和底基层的碎石，扁平、细长的颗粒含量不应超过 20%，也不得有土块和植物根茎等。用作路面基层和底基层的级配碎石，其颗粒组成及级配要求应符合规定。级配碎石做基层与底基层时，集料的压碎值应满足下列规定：高速公路、一级公路的基层不大于 26%；高速公路、一级公路的底基层和二级公路的基层不大于 30%；二级公路的底基层不大于 35%。

⑧水泥稳定中粒土及粗粒土

水泥稳定中粒土及粗粒土，如级配碎石、未筛分碎石、砾石、碎石土、沙砾土和各种粒状矿渣等。水泥稳定土中碎石或砾石的抗压碎能力应符合下列要求：二级公路集料压碎值不应大于 35%；高速公路、一级公路集料压碎值不应大于 30%。

⑨石灰稳定中粒土及粗粒土

适宜做石灰稳定中粒土及粗粒土的基层、底基层材料有：级配碎石、未筛分碎石、砾石、碎石土、沙砾土和各种粒状矿渣等。混合料集料的压碎值应满足下列规定：二级公路的底基层不大于 40%；高速公路、一级公路的底基层和二级公路以下的基层不大于 35%；二级公路的基层不大于 30%。

⑩二灰稳定粒土及粗粒土

二灰稳定粒土及粗粒土，如沙砾、碎石、矿渣、煤矸石、碎石土。混合料集料的压碎值应满足下列要求：二级公路集料压碎值不应大于 35%；高速公路、一级公路集料压碎值不应大于 30%。

（2）原材料试验与审批

①水泥稳定类

试验项目主要包括：土的颗粒分析，土的塑限、液限和塑性指数，重型击实试验，碎石、砾石筛分试验，集料压碎值试验，水泥样品物理力学指标及成分分析。必要时还应包括土的有机质含量，土的硫酸盐含量。

②石灰稳定类

试验项目主要包括：土的物理指标试验，石灰活性分析，重型击实试验，集料压碎值试验，集料筛分试验，石灰剂量标定曲线；必要时还应包括土的有机质含量，土的硫酸盐含量。

③石灰、粉煤灰稳定类

试验项目主要包括石灰活性分析、粉煤灰成分分析、粉煤灰细度、重型击实试验、集料压碎值试验、集料筛分试验。

④级配碎石、级配沙砾类

试验项目主要包括碎石筛分试验、压碎值试验和重型击实试验。

2. 混合料配合比设计质量控制

随着经济实力的逐渐增强，公路建设事业迅猛发展，我国高等级公路里程已跃居世界首位，与此同时，汽车运输也进入快速发展期，交通量逐年增大，重型运输车辆日益增加，对道路路面和基层带来严峻的考验。目前，我国高等级道路主要是沥青混凝土和水泥混凝土路面，高等级道路能否发挥其应有的作用，很大程度取决路面基层、底基层的质量。优质路面基层、底基层不但要求有足够的强度、平整度，而且要兼顾高温稳定性、低温抗裂性、水稳定性、抗滑性和耐久性等相互制约或矛盾的要求。工程实践证明，基层混合料配合比设计是路基施工过程中一项十分重要的工作，是建设优质公路的关键一步。

在基层、底基层工程开工前，应对经监理工程师批准使用的原材料进行混合料配合比试验，确定满足强度要求的目标配合比，并再报监理工程师审批。监理工程师对施工单位报检的混合料配合比，经认真审核计算，并通过试验予以验证后，批准目标配合比。施工单位应在审批目标配合比的基础上，进行试拌和试验路铺筑，然后再确定生产配合比和施工配合比，当施工配合比确定后，应反馈给主管监理工程师。

3. 施工机械设备质量控制

施工机械设备是实现施工机械化的重要物质基础，是现代化施工中必不可少的设备，对施工项目的进度、质量均有直接影响。为此，施工机械设备的选用，必须综合考虑施工现场的条件、建筑结构型式、机械设备性能、施工工艺和方法、施工组织与管理、建筑技术经济等各种因素进行多方案比较，使之合理装备、配套使用、有机联系，以充分发挥机械设备的效能，力求获得较好的综合经济效益。

机械设备的选用，应着重从机械设备的选型、机械设备的主要性能参数、机械设备的使用操作要求和施工机械设备安装调试四个方面予以控制。

第一，机械设备的选型机械设备的选择，应本着因地制宜、因工程制宜，按照技术上先进、经济上合理、生产上适用、性能上可靠、使用上安全、操作方便和维修方便的原则，贯彻执行机械化、半机械化与改良工具相结合的方针，突出施工与机械相结合的特色，使其具有工程的适用性，具有保证工程质量的可靠性，具有使用操作的方便性和安全性。

第二，机械设备的主要性能参数是选择机械设备的依据，要能满足需要和保证质量的要求。

第三，合理使用机械设备，正确地进行操作，是保证项目施工质量的重要环节。应贯彻"人机固定"原则，实行定机、定人、定岗位责任的"三定"制度。操作人员必须认真执行各项规章制度，严格遵守操作规程，防止出现安全质量事故。

第四，施工机械设备安装调试。在道路的基层、底基层试验路段铺筑前，对主要施工机械设备和试验检测仪器设备进行调试，对个别机械设备和全部测试仪器还应进行计量标定，否则不能投入使用。

4.施工技术方案和开工报告审批

（1）施工技术方案审批和试验路段方案审查

施工单位根据所拟建基层（或底基层）工程实际情况，应编制施工技术方案和试验路段方案，一般应包括以下内容：施工方法与施工工艺；施工机械与主要设备；主要施工技术人员分工及劳力安排；施工技术难点和相应的质量保证措施；施工进度安排。

经监理工程师审查认为有必要试铺试验路段或开展施工前的试验时，方可实施其试验。如果没有必要进行试验时，则应按监理工程师批准的施工技术方案进行施工。

（2）施工放样的数据审查与现场核实

监理工程师审查施工单位报检的施工放样报检单。报检单上的施工放样数据包括：基层、底基层的边线宽度，下承层顶面高程，下承层表面的平整度等，同时根据审查的数据到施工现场进行核实。

（3）开工报告的审批

经监理工程师认真审核，施工准备工作就绪，试验资料齐全，机具设备配置数量与施工项目及施工进度匹配，机具运行质量良好，施工放样数据符合设计要求，监理工程师认为确实具备开工条件方可批准施工。

5.铺筑试验路段

（1）通过铺筑试验路段应确定的内容

应通过铺筑试验路段确定以下主要内容：①用于施工的集料配合比例；②材料的松铺系数；③科学合理的施工方法；④确定每一作业段的合适长度；⑤确定一次铺筑的合适厚度。

（2）路基施工方案应包括的主要内容

确定的路基施工方案应包括如下主要内容：①集料数量的控制；②集料摊铺方法和适用机具；③合适的拌和机械、拌和方法、拌和深度和拌和遍数；④集料含水量的增加和控制方法；⑤整平和整形的合适机具和方法；⑥压实机械的选择和组合，压实的顺序、速度和遍数；⑦拌和、运输、摊铺和碾压机械的协调和配合；⑧密实度的检查方法，初定每一作业段的最少检查数量。

（3）铺筑基层试验路段的主要目的

通过铺筑基层试验路段，除了确定上述所列的项目外，还应确定控制混合料数量和均匀性的方法。对于水泥稳定土基层，还应包括严密组织拌和、洒水、整形、碾压、养护等工序。

（三）水泥稳定类基层施工质量实施控制

1.水泥稳定土的材料

（1）二级和二级以下公路集料的要求

用于二级及二级以下公路的集料，又分为用作底基层时的集料和用作基层时的集料，它们的颗粒组成范围是不同的。

①用作底基层时的颗粒组成范围

对于二级和二级以下公路，水泥稳定土用作底基层时，单个颗粒的最大粒径不应超过 53 mm，同时土的均匀系数应大于 5。

细粒土的液限不应超过40,塑性指数不应超过17。对于中粒土和粗粒土，如土中小于 0.6 mm 的颗粒含量在 30% 以下，塑性指数可稍微大一些。在实际工程施工中，宜选用均匀系数大于 10、塑性指数小于 12 的土。塑性指数大于 17 的土，宜采用石灰稳定，或用水泥和石灰综合稳定。

②用作基层时的颗粒组成范围

水泥稳定土用作基层时，单个颗粒的最大粒径不应超过 37.5 mm。集料中不得含有塑性指数的土。

（2）高速公路和一级公路对粗集料的要求

用于高速公路和一级公路的集料，又分为用作底基层时的集料和用作基层时的集料，它们的颗粒组成范围也是不同的。

①用作底基层时的颗粒组成范围

水泥稳定土用作底基层时，单个颗粒的最大粒径不应超过 37.5 mm，土的均匀系数应大于 5。细粒土的液限不应超过 40%，塑性指数不应超过 17。对于中粒土和粗粒土，如土中小于 0.60 mm 的颗粒含量在 30% 以上，塑性指数可稍大些。在实际工程中，宜选用均匀系数大于 10、塑性指数小于 12 的土。塑性指数大于 17 的土，宜采用石灰稳定，或用水泥和石灰综合稳定。

②用作基层时的颗粒组成范围

水泥稳定土用作基层时，单个颗粒的最大粒径不应超过 31.5 mm。

工程中，集料颗粒的最大粒径必须加以限制。因为集料中的粒径越大，拌和机、平地机和摊铺机等施工机械越容易造成损坏，混合料越容易产生粗细集料离析现象，摊铺层的平整度也越难达到较高的要求。但是，如果最大粒径过小会造成石料的加工量过大。因此，在实际工程中应创造条件最大粒径较小的集料。对于高速公路和一级公路，由于投资比较大，对道路使用性能的要求高，必须采用最大粒径较小的集料，以有利于机械施工。

无论是采用碎石还是卵石，用于高速公路和一级公路时，均应事先筛分成 3 ~ 4 个大小不同的粒级，然后再用水泥一起采用集中工厂机械拌和。因为只有这样，才能保证碎石或砾石具有相应的级配，并保证水泥粒料不产生大的变化。

粒料中含存塑性指数的土时，其收缩性大。为了减少基层材料的收缩性和减轻基层的裂缝，集料中不宜含有塑性指数的土。

（3）水泥稳定土采用粒径较均匀的砂时，宜在砂中添加少部分塑性指数，小于 10 的黏性土或石灰土，也可以添加部分粉煤灰；加入比例可按使混合料的标准干密度接近最大值确定，一般为 20% ~ 40%。

（4）水泥稳定土中碎石或砾石的抗压碎值应符合下列要求。

基层：对于高速公路和一级公路，不大于 30%；对于二级和二级以下公路，不大于 35%。

底基层：对于高速公路和一级公路，不大于 30%；对于二级和二级以下公路，不大于 40%。

（5）有机质含量超过 2% 的土，必须先用石灰进行处理。在闷料 24 h 后再用水泥稳定。

（6）硫酸盐含量超过 0.25% 的土，不应用水泥稳定。

（7）普通硅酸盐水泥、矿渣硅酸盐水泥和火山灰质硅酸盐水泥都可用于稳定土，但应选用初凝时间 3 h 以上和终凝时间在 6 h 以上的水泥。不应使用快硬水泥、早强水泥以及已受潮变质的水泥。水泥的强度等级宜为32.5 MPa 和 42.5 MPa。

（8）综合稳定土中所用的石灰，应是消石灰粉或生石灰粉，而不能用石灰块或石灰膏。

（9）凡是饮用水（包括牲畜能饮用水）均可用于水泥稳定土的施工。

2. 混合料的一般规定

（1）水泥剂量以水泥质量占全部粗细土颗粒（即砾石、砂粒、粉粒和黏粒）的干质量的百分率表示，即：水泥剂量 = 水泥质量 / 干土质量。

（2）水泥稳定土中粒土和粗粒土用作基层时，水泥剂量一般不宜超过6%。必要时应首先改善集料的级配，然后再用水泥进行稳定。

在只能使用水泥稳定细粒土作为基层时，或水泥稳定集料的强度要求明显大于规定时，水泥剂量不受此限制。

（3）水泥土可适用于各级公路的基层和底基层，但水泥土有以下 3 个不利特征，不仅适用作二级和二级以上公路高级沥青路面和水泥混凝土路面的基层，也可用作底基层：①水泥土的干缩系数和干缩应变以及温缩系数均较大，容易产生比较严重的干缩裂缝，并影响沥青面层的开裂；②水泥土的强度没有充分形成时，如果接触到水，表层易发生软化，导致沥青面层出现龟裂破坏；③水泥土的抗冲刷能力小，易使沥青面层变形，水泥混凝土路面出现边角断裂。

（4）在雨季施工的水泥稳定土，特别是水泥土结构层时，应特别注意气候的变化，千万不可使水泥和混合料遭到雨淋。降雨时应停止施工，但已经摊铺的水泥混合料应尽快碾压密实。采用路拌法施工时，应考虑排除下承层表面水的措施，勿使运到路上的集料过分潮湿。

（5）在水泥结构层施工时，应遵守下列规定：①土块应尽可能地进行粉碎，在一般情况下，土块的最大尺寸不应大于 15 mm；②为确保基层或底基层的质量，水泥稳定土混合料的配料应当准确，配料误差应符合设计要求；③采用路拌法进行施工时，水泥应当摊铺均匀，不得出现缺料和水泥过于集中现象；④对混合料的洒水、拌和应均匀；⑤应严格控制基层的厚度和高程，其每层的路拱横坡应与面层一致；⑥应在混合料处于或略大于最佳含水量时进行碾压，如果气候炎热且比较干燥，混合料中的含水量可大于最佳含水量

1%～2%，直至达到下列按重型击试验法确定的要求压实度（最低要求）。

基层：高速公路和一级公路压实度应达到98%；二级和二级公路以下公路，水泥稳定中粒土和粗粒土达到97%，水泥稳定细粒土达到93%；

底基层：高速公路和一级公路，水泥稳定中粒土和粗粒土达到97%，水泥稳定细粒土达到95%；二级和二级公路以下公路，水泥稳定中粒土和粗粒土达到95%，水泥稳定细粒土达到93%。

由于在道路工程施工中已广泛应用大能量压路机，所以对压实度宜提高1%～2%。

⑦水泥稳定土结构层应用12 t以上的压路机进行碾压。用12～15 t三轮压路机碾压时，每层的压实厚度不应超过15 cm；用18～20 t三轮压路机碾压时，每层的压实厚度不应超过20 cm；对于水泥稳定中粒土和粗粒土，采用能量大的振动压路机碾压时，或对于水泥稳定细粒土，采用振动羊足碾与三轮压路机配合碾压时，每层的压实厚度可以根据试验适当增加。压实厚度如果超过上述规定时，应当分层进行铺筑，每层的最小压实厚度为10 cm，下层可以稍厚一些。对于稳定细粒土，以及用摊铺机摊铺的混合料，都应当采用先轻型、后重型的碾压方式。

⑧采用路拌法施工时，必须严密组织，采用流水作业法施工，尽可能缩短从加水拌和到碾压终结的延迟时间。此时间一般不应超过3～4 h，并应短于水泥的终凝时间。采用集中厂拌法施工时，延迟时间不应超过2 h。

⑨水泥稳定土基层施工时，如果压实层表面不平整，严禁用薄层贴补法进行找平。

⑩必须采用保湿养生，不使稳定土层表面干燥，也不能使稳定土忽干忽湿。

（6）对于二级以下的公路，水泥稳定土基层和底层可以采用路拌法施工。但对于二级公路，应采用专用的稳定土拌和机或使用集中拌和法制备混合料。对于高速公路和一级公路，直接铺筑在土基上的底层下层可以用稳定土拌和机进行路拌法施工，当土基上层已用石灰或固化剂处理，底基层的下层也宜用集中拌和法拌制混合料。其上的各个稳定土层都应用集中厂拌法拌制混合料，并用摊铺机摊铺基层混合料。

（7）基层分两层施工时，在铺筑上一层之前，应在下层顶面先洒薄层水泥或水泥净浆。

（8）水泥稳定土结构层宜在春末和气温较高季节组织施工。施工期的日最低气温应当在5℃以上，在有冰冻的地区，并应在第一次重冰冻（-3℃～-5℃）到来之前0.5～1个月内彻底完成。

3.路拌法施工质量控制要点

（1）施工工艺流程

在水泥稳定土施工时，必须采用流水作业法，使各工序紧密衔接，特别是要缩短从拌和到碾压结束之间的延迟时间。同时应做延迟时间对水泥稳定土强度的影响试验，以确定合适的延迟时间，保证水泥稳定土在不影响其强度的情况下碾压密实。

一般情况下，每一作业段以200 m为宜，每天的第一个作业段宜稍短一些。在路拌法施工时，合理的作业长度应考虑到以下各个方面：水泥的终凝时间；延迟时间对混合料密实度和抗压强度的影响；施工机械和运输车辆的效率和数量；操作的熟练程度；尽量减少接缝处理；尽量避免施工季节和气候条件的影响等。

（2）主要工序的施工

水泥稳定土路拌法施工时的主要工序有准备下承层、施工放样、施工备料、运输及摊铺集料、拌和、整型、碾压、接缝和"调头"处理、养生。

①准备下承层工序

水泥稳定土的下承层表面应平整、坚实，具有规定的路拱，没有任何松散的材料和软弱的地点。通常应对下承层进行检查验收，主要项目有高程、宽度、横坡、平整度、压实度及弯沉值。

要充分准备好施工的基础。当水泥稳定土用作基层时，要准备底基层；当水泥稳定土用作老路面的加强层时，要准备老路面；当水泥稳定土用作底基层时要准备土基。

对土基不论是路堤还是路堑，必须用12～15 t的三轮压路机或等效的碾压机械进行3～4遍碾压检验。在碾压过程中，如果发现土料过干、表层松散，应适当进行洒水；如果土料过湿，发生"橡皮土"现象，应采用挖开晾晒、换土、掺石灰或水泥等措施进行处理，使土料的含水量接近或等于最佳含水量。

对于底基层，应进行压实度检查，对于柔性底基层还应进行弯沉值检验。凡是不符合设计要求的路段，必须根据具体情况，分别采用补充碾压、换填好的材料、挖开晾晒等措施，使之达到规范规定的标准。

对于老路面，应检查其材料是否符合底基层材料的技术要求。如果不符合技术要求，应翻松老路面并采取必要的处理措施。

底基层或老路面上的低洼或坑洞，应仔细填补及压实；搓板和辙槽应刮除；松散处应耙松洒水并重新进行碾压，达到平整密实。

新完成的底基层或土基，必须按照有关规定进行验收。凡是不合格的路段，必须采取措施，使其达到标准后方可铺筑水泥稳定土层。

②施工放样工序

在底基层或老路面或土基上恢复中线。在直线段每隔 15 ~ 20 m 设一个桩，平曲线段每隔 10 ~ 15 m 设一个桩，并在两侧路肩边缘外设指示桩。

在两侧指示桩上用明显标记标出水泥稳定土层边缘的设计高，以便于掌握施工标准。

③施工备料工序

根据道路工程的不同情况，施工备料分为利用老路面或土基上部材料和利用料场的土。

（四）二灰稳定类基层施工质量实施控制

随着工业的迅速发展，工业废渣逐渐增多，如何利用工业废渣已引起各国的高度重视。近年来，我国在利用工业废渣修筑公路方面，取得了明显的社会效益和经济效益，不仅提高了公路路面的使用品质，而且降低了工程造价，尤其在"绿色材料"和"变废为宝"方面，具有很大的现实意义。

工程实践和试验证明，工业废渣特别是粉煤灰和煤渣中，含有较多的氧化硅、氧化钙和氧化铝等活性物质。用石灰稳定工业废渣，石灰的作用一方面是作为胶结材料，另一方面是作为激发剂，使废渣中的活性物质在氢氧化钙溶液中产生火山灰反应，生成具有胶凝作用的水化硅酸钙和水化铝酸钙，从而将颗粒材料胶结在一起。随着水化产物的不断产生而结晶硬化，具有一定的水硬性。因此，用二灰稳定砂性土等低塑性土的效果要比单纯的石灰好得多。

由于混合料中火山灰反应相当缓慢，使得石灰工业废渣的早期强度比较低，但随着龄期的增长幅度大。温度较高时，强度增长也比较快。在二灰土中加入早强的化学添加剂或少量水泥，可明显提高其早期强度。

1. 石灰工业废渣稳定土一般规定

第一，石灰工业废渣稳定土可利用的工业废渣包括粉煤灰、煤渣、高炉矿渣、钢渣（已经过崩解达到稳定），及其他冶金矿渣、煤矸石等。

第二，石灰工业废渣材料可分为下列两大类：①石灰粉煤灰类；②石灰其他废渣类。

第三，石灰工业废渣可适用于各级公路的基层和底基层。但二灰、二灰土和二灰砂不应用作二级和二级以上公路高级路面的基层。

第四，石灰工业废渣混合料采用质量配合比计算，以石灰：粉煤灰：集料（或土）的质量比来表示。

第五，石灰工作废渣层宜在春末和夏季组织施工。施工的最低气温应在 5℃以上，并在第一次重冰冻（−3℃～−5℃）到来之前 1～1.5 个月完成。

第六，石灰工业废渣结构层施工时，必须遵守下列规定：配料必须符合设计要求，计量必须准确；石灰摊铺应当均匀，不得出现过于集中或漏铺；石灰工业废渣混合料洒水、拌和应均匀；应严格掌握基层厚度，其路拱横坡要与面层一致；应在混合料处于或略大于最大含水量时进行碾压，直到达到下列按重型击实试行法确定的要求压实度。

第七，石灰工业废渣层采用 12 t 以上的压路机进行碾压。用 12～15 t 三轮压路机碾压时，每层的压实厚度不应超过 15 cm；用 18～20 t 三轮压路机碾压时，每层的压实厚度不应超过 20 cm；对于二灰粒料，采用能量大的振动压路机碾压时，或对于二灰土，采用振动羊足碾与三轮压路机配合碾压时，每层的压实厚度可以根据试验适当增加。压实厚度如果超过上述规定时，应当分层进行铺筑，每层的最小压实厚度为 10 cm，下层可以稍厚一些。对于二灰土，应当采用先轻型、后重型的碾压方式。

第八，必须进行保湿养生，不使石灰工业废渣层表面产生干燥。

第九，石灰工业废渣基层上未铺封闭层式面层时，应禁止开放交通，以保护表层不遭受破坏。当施工中断、临时开放交通时，必须采取保护措施。

第十，石灰工业废渣基层施工时，严禁用薄层贴补的办法进行找平。

第十一，对于二级和二级以下的公路，用石灰工作废渣做基层和底基层，可以采用路拌法施工；但是，对于二级公路，宜采用专用的稳定土拌和机，或采用集中厂拌法拌制混合料。

第十二，对于高速公路和一级公路，直接铺筑在土基上的底基层下层可以用专用的稳定土拌和机进行路拌法施工，如果土基上层已用石灰或固化剂进行处理，则底基层的下层也应用集中厂拌法拌制混合料。其上的各个稳定土层都应用集中厂拌法拌制混合料，并应用摊铺机摊铺基层混合料。

2. 对原材料的质量要求

（1）对石灰的要求

石灰工业废渣基层所用石灰的质量应符合《建筑生石灰》和《建筑生石灰粉》中规定的技术指标，应尽量缩短石灰的存放时间，如果存放时间较长，应采取覆盖封存措施，妥善进行保管。有效钙含量在20%以上的等外石灰、贝壳石灰、珊瑚石灰、电石渣等，当其混合料的强度通过试验符合设计要求的抗压标准时可以应用。

（2）干粉煤灰和湿粉煤灰均可用于石灰工业废渣稳定土中，但用于地基加固工程的湿粉煤灰的含水量不宜超过35%。

（3）对煤渣的要求用于石灰工业废渣稳定土的煤渣，其最大粒径不应大于30 mm，颗粒组成宜有一定的级配，且不宜含有杂质。

（4）对土的要求石灰工业废渣稳定土宜采用塑性指数12～20的黏性土（亚黏土）。土块的最大尺寸不应大于15 mm。有机质含量超过10%的土不宜选用。

（5）中粒土和粗粒土用石灰、粉煤灰稳定的中粒土和粗粒土，不宜用含有塑性指数的土。

（6）一般公路对二灰稳定土的要求用于二级及二级以下公路的二灰稳定土应符合下列要求：①二灰稳定土用作底基层时，石料的最大粒径不应超过53 mm；②二灰稳定土用作基层时，集料的最大粒径不应超过37.5 mm；碎石、砾石或其他粒状材料的质量宜占80%以上。

（7）高等级公路对二灰稳定土的要求用于高速公路和一级公路的二灰稳定土应符合下列要求：①二灰稳定土用作底基层时，土中碎石、砾石颗粒的最大粒径不应超过37.5 mm，各种细粒土、中粒土和粗粒土都可以用二灰稳定后用于底基层；②二灰稳定土用作基层时，二灰的质量应占15%，最多不超过 20%，石料颗粒的最大粒径不应超过 31.5 mm，粒径小于 0.075 mm 颗粒的含量直接近 0；③对所用的砾石或碎石，应预先筛分成 3～4 个不同粒级。

（8）对压碎值的要求

碎石或砾石的压碎值应符合下列要求。①对于基层。高速公路和一级公路不大于 30%；二级和二级以下公路不大于 35%。②对于底基层。高速公路和一级公路压碎值不大于 35%；二级和二级以下公路压碎值不大于 40%。

（9）对水的要求

凡饮用水（包括牲畜饮用水）均可用于石灰工业废渣稳定土。

3. 石灰工业废渣稳定土施工要点

（1）路拌法施工控制要点

①准备下承层工序

准备下承层的基本要求，与"水泥稳定土"中的相关要求相同。

②施工放样工序

施工放样过程中的基本要求，与"水泥稳定土"中的相关要求相同。

③材料准备工序

运到施工现场的粉煤灰，应含有足够的水分，以防止扬尘。在干燥和多风的季节，应使料堆表面保持湿润，或者进行覆盖。如在堆放过程中，部分粉煤灰凝结成块，使用时应将粉煤灰块打碎。场地集中堆放的粉煤灰，应予覆盖，避免雨淋被冲和过分潮湿。

集料和石灰的备料要求，与"水泥稳定土"中的相关要求相同。

计算材料用量。根据各路段石灰工业废渣层的宽度、厚度及预定的干密度，计算各路段需要的干混合料的重量；根据混合料的配合比、材料的含水量以及所用运料车辆的吨位，计算各种材料每车料的堆放距离。

如果路肩用料与石灰工业废渣层用料不同，应当采取培肩措施，先将两侧的路肩培好，路肩料层的压实厚度与稳定土层的压实厚度相同。在路肩上，每隔 5～10 m 应交错开挖临时泄水沟。

在预定的堆料的下承层上，在堆料前应先洒水，使其表面湿润。

④运输与摊铺工序

在材料装车时，应控制每车材料的数量基本相等，以保证混合料比例比较均匀、准确。

采用地灰时，先将粉煤灰运到现场；采用二灰稳定土时，先将土运到现场。在同一料场供料的路段内，由远到近将料按计算的距离卸置于下承层表面中间或上侧。卸料距离应保持均匀。

材料每隔一定距离应留一缺口。材料在下承层上的堆置时间不应过长。

为确保摊铺和压实质量，应通过试验确定各种材料及混合料松铺系数。

采用机械路拌时，应采用层铺法，即每种材料摊铺均匀后，宜先用两轮压路机碾压 1～2 遍，然后再运送并摊铺下一种材料。摊铺每种材料时应力求平整，并具有规定的路拱。集料应比较湿润，必须事先洒上少量的水。

⑤拌和及洒水工序

对于二级和二级以上公路，应采用专用稳定土拌和机进行拌和，并应当按规定先干拌两遍。用稳定土拌和机进行拌和时，拌和的深度应直到稳定层底，并宜侵入下承层 5～10 cm，但也不宜过多，以加强上下层黏结。应设专人跟随拌和机，随时检查拌和深度并配合拌和机操作员调整拌和深度。直接铺在土基上的拌和层宜避免素土夹层，其余各层严禁在拌和层底部留有素土夹层。通过拌和两遍以上，在进行最后一遍拌和之前，必要时先用多铧犁紧贴底面翻拌一遍。

对于三四级公路，在没有专用拌和机械的情况下，如为二灰稳定细粒土和中粒土，也可用农用旋转耕作机与多铧犁或平地机相配合拌和四遍。先用旋转耕作机拌和，后用铧犁式平地机将底部素土翻起。再用旋转耕作机拌和第二遍，用多犁犁或平地机将底部料再翻起，并随时检查调整翻犁的深度，使稳定土层全部翻透。严禁在稳定土层与下承层之间残留一层素土，但也应防止翻犁过深，过多会破坏下承层的表面。

对于三四级公路，在没有专用拌和机械的情况下，如为二灰稳定中粒土和粗粒土，也可用农用缺口圆盘耙与多铧犁或平地机相配合进行干拌。用平地机或多铧犁在前面翻拌，用圆盘耙跟在后面拌和，即采用边翻边耙的方法。圆盘耙的速度应尽量快，使二灰和集料拌和均匀。前后共翻拌四遍，开始的两遍不应翻犁到底，以防止二灰落到底部，后面的两遍应翻犁到底，随时检查调整翻犁的深度。

用喷管式洒水车将水均匀地喷洒在干拌后的混合料上，洒水的距离应当长些，水车起洒处和另一端调头处都应超出拌和段 2 m 以上。洒水车不应在正进行拌和以及当天计划拌和路段上调头和停留，以防止局部水量过大。

拌和机械应紧跟在洒水车后面进行拌和，尤其在纵坡大的路段上应配合紧密，以减少水分流失。在洒水拌和的过程中，应及时检查混合料的含水量。水分宜大于最佳含水量的 1% 左右。

在拌和过程中，要及时检查拌和的深度，要使石灰工业废渣层全深都拌和均匀。拌和完成的标志是：混合料色泽一致，没有灰条、灰团和花面，没有粗细颗粒"窝"或"带"，且水分合适和均匀。

对于二灰级配集料，应先将石灰和粉煤灰拌和均匀，然后均匀地摊铺在集料层上，再一起进行拌和。

（2）中心站集中厂拌法施工控制要点

①石灰工业废渣混合料可以在中心站用多种机械进行集中拌和，也可用路拌机械或人工在现场进行分批集中拌和。对于高速公路和一级公路，应采用专用稳定土集中厂拌机械拌制混合料。

在集中拌和时应符合下列要求：①土块最大尺寸不应大于 15 mm；粉煤灰块不应大于 12 mm，且 9.5 mm 和 2.36 mm 筛孔的通过量应分别大于95% 和 75%。②不同粒级的砾石或碎石以及细集料都应分开堆放。石灰、粉煤灰和细集料都应有覆盖，防止雨淋过湿。③配料应准确，拌和应均匀。混合料的含水量应略大于最佳含水量，使混合料运到现场摊铺后碾压时的含水量能接近最佳值。

②除满足下列两款外，其他要求同"水泥稳定土"相关要求：①堆放时间要求。拌成混合料的堆放时间不宜超过 24 h，宜在当天将拌成的混合料运送到铺筑现场，不应将拌成的混合料长时间堆放。②关于横向接缝。如压实层末端未用方木作支撑处理，在碾压后末端成一斜坡，则在第二天开始摊铺新混合料之前，应将末端斜坡挖除，并挖成一横向（与路中心线垂直）垂直向下的断面。挖出的混合料加水到最佳含水量拌匀后仍可使用。

4. 养护及交通管制

（1）石灰工业废渣稳定土层碾压完成的第 2 天或第 3 天开始养护。每天洒水的次数应根据气候条件而定，应始终保持表面潮湿，也可用泡水养护法。对于二灰稳定粗、中粒土的基层，也可用沥青乳液和沥青下封层进行养护，养护期一般为 7 d。二灰层宜采用泡水养护法，养护期应为 14 d。在养护期间，为保护刚刚碾压好的稳定土层，除洒水车外，应当一律封闭交通。

（2）对于二灰集料基层，养护期结束后，宜先让施工车辆慢速通行7 ~ 10 d，磨去表面的二灰薄层，或用带钢丝刷的机械扫刷去表面的二灰薄层。清扫和冲洗干净后再喷洒透层或粘层沥青。在喷洒透层或粘层沥青后，宜撒布 5 ~ 10 mm 的小碎（砾）石，小碎（砾）石均匀撒布 60% ~ 70% 的面积。然后应尽早铺筑沥青面层的底面层。如喷洒的透层沥青能透入基层，当运料车辆和面层混合料摊铺机在上行驶不会破坏沥青膜时，可以撒小碎（砾）石。

（3）在清扫干净的基层上，也可先做下封层，防止基层干缩开裂，同时保护基层免遭施工车辆的破坏。宜在铺设下封层后的 10 ~ 30 d 内开始铺筑沥青面层的底面层。如为水泥混凝土面层，也不宜让基层长期暴晒，以免开裂。

（4）石灰工业废渣底基层分层施工时，下层碾压完毕后，可以立即铺筑上一层，不需专门的养生期。也可以养生 7 d 后再铺筑另一层。

第四章 路基防护与加固工程施工技术

第一节 坡面防护施工技术

一、植物防护

（一）植被防护施工应符合下列规定

植被施工，铺、种植被后，应适时进行洒水、施肥等养护管理，直到植被成活；

种草施工，草籽应撒布均匀，同时做好保护措施；

灌木（树木）应在适宜季节栽植。

养护用水应不含油、酸、碱、盐等有碍草木生长的成分。

（二）三维植被网防护施工应符合下列规定

三维植被网中的回填土应符合设计要求，宜采用客土，或土、肥料及腐殖质土的混合物；

三维植被网应符合设计及有关标准；

三维植被网的搭接宽度不宜小于 100 mm。

（三）湿法喷播施工

喷播后应及时养护，成活率应达到 90% 以上。

二、圬工防护

（一）喷浆防护施工应符合下列规定

喷护前应采取措施对泉水、渗水进行处治，并按设计要求设置泄水孔，排、防积水；

喷射顺序应自下而上进行；

砂浆初凝后，应立即开始养护，养护期一般为 5 ~ 7d；

应及时对喷浆层顶部进行封闭处理。

（二）喷射混凝土防护施工应符合下列规定

作业前应进行试喷，选择合适的水胶比和喷射压力。喷射混凝土宜自下而上进行；

做好泄水孔和伸缩缝；

喷射混凝土初凝后，应立即养护，养护期一般为 7 ~ 2d；

喷射混凝土防护施工质量应符合相关规定。

（三）锚杆挂网喷射混凝土（砂浆）防护施工

锚杆应嵌入稳固基岩内，锚固深度根据设计要求结合岩体性质确定。锚杆孔深应大于锚固长度 200 mm；

钢筋保护层厚度不宜小于 20 mm；

固定锚杆的砂浆应捣固密实，钢筋网应与锚杆连接牢固；

铺设钢筋网前宜在岩面喷射一层混凝土，钢筋网与岩面的间隙宜为 30 mm，然后再喷射混凝土至设计厚度；

喷射混凝土的厚度要均匀，钢筋网及锚杆不得外露；

做好泄、排水孔和伸缩缝；

锚杆挂网喷射混凝土（砂浆）防护施工质量应符合相关规定。

（四）干砌片石护坡施工

边坡为粉质土、松散的砂或粉砂土等易被冲蚀的土时，碎石或沙砾垫层厚度不宜小于 100 mm；

基础应选用较大石块砌筑，如基础与排水沟相连，其基础应设在沟底以下，并按设计要求砌筑浆砌片石；

砌筑应彼此镶紧，接缝要错升，缝隙间用小石块填满塞紧。

（五）浆砌片（卵）石护坡施工

砂浆终凝前，砌体应覆盖，砂浆初凝后，立即进行养护；

路堤边坡采用浆砌片石护坡，宜在路堤沉降稳定后施工；

在冻胀变化较大的土质边坡上，护坡底面应铺设 100 ~ 150 mm 厚的碎石或沙砾垫层；

浆砌片石护坡每 10 ~ 15 m 应留一伸缩缝，缝宽 20 ~ 30 mm。在基底地质有变化处，应设沉降缝，可将伸缩缝与沉降缝合并设置；

泄水孔的位置和反滤层的设置应符合设计要求。

（六）水泥混凝土预制块护坡施工

在寒冷地区，预制块混凝土强度不宜低于 C20；

路堤边坡护坡宜在路堤沉降稳定后施工；

铺设混凝土预制块前应将坡面平整，碎石或沙砾垫层的厚度不宜小于 100 mm；

预制块应错缝砌筑，砌筑坡面应平顺，并与相邻坡面顺接；

泄水孔的位置应符合设计要求，并保证畅通。

（七）浆砌片石护面墙施工

修筑护面墙前，应清除边坡风化层至新鲜岩面。对风化迅速的岩层，清挖到新鲜岩面后应立即修筑护面墙；

护面墙的基础应设置在稳定的地基上，地基承载能力不够，应采取加措施，基础埋置深度应根据地质条件确定，冰冻地区应埋置在冰冻深度以下至少 250 mm；

护面墙背必须与路基坡面密贴，边坡局部凹陷处，应挖成台阶后用与墙身相同的污工砌补，不得回填土石或干砌片石。坡顶护面墙与坡面之间应按设计要求做好防渗处理；

应按设计要求做好伸缩缝。当护面墙基础修筑在不同岩层上时，应在变化处设置沉降缝；

泄水孔的位置和反滤层的设置应符合设计要求。

（八）与工防护质量

石料应选用未风化的硬质石料，砌筑应紧密、错缝，严禁通缝、叠砌、贴砌和浮塞，勾缝应均匀饱满、美观，坡面应平顺。

三、封面、捶面防护

（一）封面防护施工应符合下列规定

封面防护不宜在严寒冬季和雨天施工；

封面前岩体表面要冲洗干净，土体表面要平整、密实、湿润；

封面厚度应符合设计要求，封面应分两层进行施工，底层为全厚的 2/3，面层为全厚的 1/3。封面厚度要均匀，表面光滑，封面与坡面应密贴稳固；

大面积封面宜每隔 5～10 m 设伸缩缝，缝宽 10～20mm；

封面初凝后应立即进行养生；

按设计要求做好边坡封顶和排水设施。

（二）捶面护坡施工

嵌补填平边坡坑凹、裂缝；

厚度要均匀，表面光滑，捶面与坡面应密贴稳固；

伸缩缝设置、边坡封顶、排水、养生方法、气候要求与封面防护施工要求相同。

四、膨胀土路基边坡防护

边坡施工应避开雨季作业，以防边坡遇水膨胀破坏。

边坡施工过程中，应注意做好防排水，顶部应及时封闭。

第二节 沿河河基防护施工技术

沿河路基防护工程基础应埋设在局部冲刷线以下不小于 1 m 或嵌入基岩内。

导流构造物施工前，应根据现场具体情况，采取相应措施，避免冲刷农田、村庄、公路和下游路基。

植物防护施工应符合下列规定：①经常浸水或长期浸水的路堤边坡，不宜采用种草防护。②沿河路堤边坡铺草皮防护，宜采用平铺、叠铺草皮的方法，坡面及基础部分的铺置应符合设计要求。基础部分的铺置层的表面应与地面齐平。③植树防护宜采用带状或条形。防护河岸路基或防御风浪侵蚀，宜采用横行带状；防护桥头引道路堤，宜采用纵行带状。④植树应选用喜水性树种，林带应由多行树木组成，乔灌木要密植。⑤植树后，应采取有效措施加以保护。

砌石或混凝土防护应符合下列规定：①石料应选用未风化的坚硬岩石。②开挖基坑时，应核对地质情况，与设计要求不符时，应进行处理。基础完成后应及时用符合设计要求的材料回填。③铺砌层底面的碎石、沙砾石垫层或反滤层，应符合设计要求。④坡面密实、平整、稳定后方可铺砌。砌块应交错嵌紧，严禁浮塞。砂浆应饱满、密实，不得有悬浆。⑤每 10～15 m 宜设伸缩缝，基底土质变化处应设沉降缝，并按设计要求做好伸缩缝、沉降缝及泄水孔。⑥采用干、浆砌片石时，不得大面平铺，石块应彼此交错搭接，不得松动。采用干、浆砌河卵石时，必须长方向垂直坡面，成横行栽砌牢固。采用铺砌混凝土预制块时，应按设计规格和要求检验合格后方可铺筑。就地浇筑混凝土板时，宜采取措施提高早期强度，混凝土表面应平整、光滑。

护坦防护施工中，护坦顶面应埋入计算河床以下 0.5 ~ 1.0 m。

抛石防护施工应符合下列规定：①抛石体边坡坡度和石料粒径应根据水深、流速和波浪情况确定，石料粒径应大于 300mm 的天然休止角。②抛石厚度，宜为粒径的 3 ~ 4 倍；用大粒径时，不得小于 2 倍。③抛石石料应选用质地坚硬、耐冻且不易风化崩解的石块。④抛石防护除特殊情况外，宜在枯水季节施工。

石笼防护施工应符合下列规定：根据设计要求或根据不同情况和用途；合理选用石笼形状；应选用浸水不崩解、不易风化的石料；基底应大致整平，必要时用碎石或砾石垫层找平石笼应做到位置正确，搭叠衔接稳固、紧密，确保整体性。

浸水挡土墙施工应符合下列规定：①浸水挡土墙应选用坚硬未风化且浸水不崩解的石块；②应注意浸水挡土墙与岸坡的衔接。

土工膜袋防护施工应符合下列规定：①按设计要求整平坡面，放线定位，挖好边界处理沟。②膜袋铺展后应拉紧固定，防止充填时下滑。

第三节 挡土墙施工技术

挡土墙施工前，应做好截、排水及防渗设施。

在岩体破碎、土质松软或地下水丰富地段修建挡土墙，宜避开雨期施工。

明挖基坑应符合下列规定：①施工过程中应对地质情况进行核对，与设计不符时，应及时处理；②基坑开挖宜分段跳槽进行；③坑内积水应随时排干；④采用倾斜基底时，基底标高应按设计控制，不得超挖填补。

基底检验合格后，应及时进行下道工序施工。

挡土墙端部伸入路堤或嵌入地层部分应与墙体同时砌筑。挡土墙顶应找平抹面或勾缝，其与边坡间的空隙应用黏土或其他材料夯填封闭。

挡土墙与桥台、隧道洞门连接应协调施工，必要时应加临时支撑，确保与墙相接的填方或山体的稳定。

基础施工应符合下列规定：①应将基底表面风化、松软土石清除。②硬质岩石基坑中的基础，宜满坑砌筑。③雨期在土质或易风化软质岩石基坑中砌筑基础时，应在基坑挖好后及时封闭坑底。当基底设有向内倾斜的稳定横坡时，应采取临时排水措施，辅以必要坐浆后安砌基础。④采用台阶式基础时，台阶与墙体应连在一起同时砌筑，基底及墙趾台阶转折处不得砌成垂直通缝，砌体与台阶壁间的缝隙砂浆应饱满。⑤基坑应随砌筑分层回填夯实，并在表面留 3% 的向外斜坡。

墙身施工应符合下列规定：①墙身要分层错缝砌筑，砌出地面后基坑应及时回填夯实，并完成其顶面排水、防渗设施。②伸缩缝与沉降缝内两侧壁应竖直、平齐，无搭叠；缝中防水材料应按设计要求施工。③泄水孔应在砌筑墙身过程中设置，确保排水畅通，并应保证墙背反滤、防渗设施的施工质量。④当墙身的强度达到设计强度的 75% 时，方可进行回填等工作。在距墙背

第四节 边坡锚固防护施工技术

破碎且不平整的边坡，必须将松散的浮石和岩渣清除，用浆砌片石填补空洞，对坡面缝隙进行封闭处理。边坡修整后应平整、密实，无溜滑体、蠕变体和松动岩体。

边坡开挖和钻孔过程中，应对岩性及构造进行编录和综合分析，与设计相比出入较大时，应按规定处理。

修整边坡的弃渣应按有关规定堆放，不得污染环境。

钢筋制作与安装应符合相关规定。

浇筑混凝土时，模板应加支撑固定。

锚杆施工应符合的规定：孔深小于 3 m 时，宜采用先注浆后插锚杆的施工工艺。注浆时，浆体除孔口 200 ~ 300 mm 外，应均匀充满全孔。锚杆插入后应居中固定。杆体外露部分应避免敲击、碰撞，3d 内不得悬吊重物，3d 后方可安装垫板。

严禁使用有机械损伤、电弧烧伤和严重锈蚀的钢绞线。严禁将钢绞线

及锚索直接堆放在地面或露天储存，避免受潮、受腐蚀。

施工前应按设计要求进行预应力锚索的锚固性能基本试验，确定施工工艺。

锚索束制作安装应符合下列规定：①锚索束制作宜在现场厂棚内进行；②下料应采用机械切割，严禁用电弧切割；③普通锚索束必须进行清污、除锈处理；④锚固段锚索束应按设计安装；⑤在锚索入孔前，必须校对锚索编号与孔号是否一致，做好标记；⑥锚索束必须顺直地安放在钻孔中心。

锚固端灌浆应符合下列规定：①放入锚索束后应及时灌浆；②无黏结锚索孔灌浆宜一次注满锚固段和自由段；③灌浆应饱满、密实。

锚索张拉应按设计要求进行，并应符合下列规定：①张拉设备必须按规定配套标定，标定间隔期不宜超过 6 个月。拆卸检修的张拉设备或压力表经受强烈撞击后，都必须重新标定。②孔内砂浆的强度未达到设计强度的75% 时，不得进行张拉。③锚索张拉采用张拉力和伸长值进行控制，用伸长值校核应力，当实际伸长值大于计算伸长值的 10% 或小于 5% 时，应暂停张拉，查明原因并处理后，可继续张拉。④锚索锁定后，在 48 h 内若发现有明显的预应力松弛时，应进行补偿张拉。

封孔应符合下列规定：①封孔灌浆应在锚索张拉、检测合格、锁定后进行；②封孔灌浆时，进浆管必须插到底，灌浆必须饱满；③封孔灌浆后，锚头部分应涂防腐剂，并按设计要求及时进行封闭。

第五节 抗滑桩施工技术

桩基开挖过程中，应随时核对滑动面情况，及时进行岩性资料编录，当实际情况与设计不符时，应进行处理。

抗滑桩施工准备应符合下列规定：①施工宜在旱季进行。雨期施工时，孔口应搭雨棚，做好锁口，孔口地面上加筑适当高度的围迎。②应备好各项工序的机具、器材和井下排水、通风、照明设施，落实人员配备、施工组织计划。③应整平孔口地而，设置地表载、排水及防渗设施。④应对滑坡变形、移动进行监测。

开挖及支护应符合下列规定：①应分节开挖，每节高度宜为 0.6 ~ 2.0m，分节，不宜过长，不得在土石层变化处和滑动面处分节，挖一节立即支护一节。②护壁应经过设计计算确定，应考虑到各种不利情况。护壁混凝土应紧贴围岩灌注，灌注前应清除孔壁上的松动石块、浮土。围岩较松软、破碎、有水时，护壁宜设泄水孔。③开挖应在上一节护壁混凝土终凝后进行，护壁混凝土模板的支撑应在混凝土强度达到能保持护壁结构不变形后方可拆除。④在围岩松软、破碎和有滑动面的节段，应在护壁内顺滑动方向用临时横撑加强支护，并经常观察其受力情况，及时进行加固。⑤开挖桩群应从两端沿滑坡主轴间隔开挖，桩身强度不低于75%时可开挖邻桩。

弃渣严禁堆放在滑坡范围内。

灌注桩身混凝土应符合下列规定：①灌注前，应检查断面净空、清洗混凝土护壁；②钢筋笼搭接接头不得设在土石分界和滑动面处；③灌注必须连续进行。

桩间支挡结构及与桩相邻的挡土、排水设施等，均应按设计要求与抗滑桩正确连接，配套完成。

桩板式抗滑挡。

桩身混凝土应达到设计强度后方可安装挡土板，挡土板安装时，应边安装边回填，并做好施工板后排水设施。

当桩间为土钉墙或喷锚支护时，桩间土体应分层开挖、分层加固；当锚固桩上部设有多排锚索（杆）时，应待上一排锚索（杆）施工完成后，方可开挖下一层的桩前土体。

锚索（杆）桩板式路堤挡土墙，应严格控制墙背填土的压实度，压实时不得直接碾压锚索（杆）。

第五章 桥梁上的作用与桥梁总体规划设计

第一节 桥梁上的作用

一、永久作用

永久作用是指在结构设计使用期内，大小和方向不随时间而变化，或变化值与平均值相比可以忽略不计的作用。

结构物自身重力及桥面铺装、附属设施等外加，力均属于结构重力。桥梁结构的自重往往占全部设计荷载的大部分，因此采用轻质高强材料对减轻桥梁自重、增大跨越能力具有重要意义。

预加力在结构正常使用极限状态设计和使用阶段构件应力计算时，应作为永久作用来计算其主、次效应，并计入相应阶段的预应力损失；在结构承载能力极限状态设计时，预加力不作为作用，而将预应力钢筋作为结构抗力的一部分。但在连续梁等超静定结构中，仍需考虑预加力引起的次效应。

对于超静定的混凝土结构、钢－混凝土组合结构等，均应考虑混凝土的收缩和徐变作用的影响，预应力构件还应考虑其预应力损失问题。

当考虑由于地基压密等引起的长期变形影响时，超静定结构应根据最终位移量计算构件的效应。

二、可变作用

（一）光车荷载

公路桥涵设计时，汽车荷载的计算图式、荷载等级及其标准值、加载方法和纵横向折减等应符合下列规定：①汽车荷载分为公路－Ⅰ级和公路－Ⅱ级两个等级。②汽车荷载由车道荷载和车辆荷载组成。车道荷载由均布荷载和集中荷载组成。桥梁结构的整体计算采用车道荷载；桥梁结构的局部加载、涵洞、桥台和挡土墙土压力等的计算采用车辆荷载。车辆荷载与车道荷载的作用不得叠加。

大跨径桥梁上的汽车荷载应考虑纵向折减。当桥梁计算跨径大于 150m 时，应按规定的纵向折减系数进行折减。当为多跨连续结构时，整个结构应按最大的计算跨径考虑汽车荷载效应的纵向折减。

（二）汽车荷载冲击力

汽车以较高速度驶过桥梁时，由于桥面不平整、发动机振动等原因，桥梁结构产生振动，从而造成内力增大，这种动力效应称为冲击作用。在计算中采用静力学的方法，即引入一个竖向动力效应的增大系数——冲击系数，来计算汽车荷载的冲击作用。

（三）人群荷载

1. 当桥梁计算跨径小于等于 50m 时，人群荷载标准值为 3.0kN/㎡；当桥梁计算跨径等于或大于 150m 时，人群荷载标准值为 2.5kN/㎡；当桥梁计算跨径在 50 ～ 150m 之间时，可由线性内插得到人群荷载标准值。对跨径不等的连续结构，以最大计算跨径为准。城镇郊区行人密集地区的公路桥梁，人群荷载标准值取上述规定值的 1.15 倍。专用人行桥梁，人群荷载标准值为 3.5kN/㎡。

2. 人群荷载在横向应布置在人行道的净宽度内。在纵向施加于使结构产生最不利荷载效应的区段内。

3. 人行道板（局部构件）可以一块板为单元，按标准值 4.0kN/㎡ 的均布荷载计算。

4. 计算人行道栏杆时，作用在栏杆立柱顶上的水平推力标准值取 0.75kN/㎡；作用在栏杆扶手上的竖向力标准值取 1.0kN/㎡。

（四）内车荷氧量心力

汽车荷载离心力是车辆在弯道行驶时所伴随产生的惯性力，它以水平力的形式作用于结构上，是弯桥横向受力与抗扭设计计算所要考虑的主要因素。当弯道桥梁的曲线半径等于或小于 250m 时，需考虑汽车荷载的离心力作用。离心力标准值为汽车荷载（不计冲击力）标准值乘以离心力系数C计算。

计算多车道桥梁的汽车荷载离心力时，应考虑横向折减系数；计算曲线长度大于 150m 的桥梁的离心力时，应计入纵向折减系数。离心力的着力点在桥面以下 1.2m 处，为计算简便，也可移至桥面上，不计由此引起的竖向力和力矩。

（五）汽车荷载引起的土侧压力

汽车引起的土压力采用车辆荷载加载。

车辆荷载作用在桥台台背或路堤挡土墙上，将引起台背填土或挡土墙后填土的破坏棱体对桥台或挡土墙的土侧压力。

（六）汽车荷载制动力

汽车荷载制动力是指车辆在减速或制动时，为克服车辆的惯性力而在路面与车辆之间产生的滑动摩擦力。

（七）风力

当风以一定的速度向前运动遇到结构物阻碍时，结构承受了风压。对于大跨径桥梁，特别是斜拉桥和吊桥，风荷载是极为重要的设计荷载，有时甚至起着决定性的作用，即对结构的强度、钢度和稳定性起控制作用。在顺风向，风压常分成平均风压和脉动风压；在横风向，风流经过结构面产生旋涡，因旋涡的特性，横风向还会产生周期风压。一般来说，风对结构作用的计算有三个不同的方面：对于顺风的平均风压，采用静力计算方法；对于顺风的脉动风或横风向的脉动风，则应按随机振动理论计算；对于横风向的周期性风力，产生了横风向振动，偏心时还产生扭转振动，通常作为确定荷载对结构进行动力计算。后两种计算理论是属于研究结构风压和风振理论的一门新学科。

（八）温度作用

温度变化将在结构中产生变形和影响力，它的大小应根据当地的具体情况、结构物所使用的材料和施工条件等因素计算确定。其包括均匀温度和梯度温度两种影响。

三、偶然作用

（一）地震作用

公路桥梁地震作用的计算及结构的设计，应符合现行的规定。

（二）船只或漂流物撞击力

船只或漂流物撞击力在有可能的条件下，应采用实测资料或模拟撞击试验进行计算，并借此进行防撞设施的设计。当缺乏实际调查资料时，可参阅相关规定。

（三）汽车撞击作用

设计桥梁结构，必要时还需考虑汽车的撞击作用。汽车撞击力标准值在车辆行驶方向取 1000kN，在车辆行驶垂直方向取 500kN，两个方向的撞击力不同时考虑，撞击力作用于行车道以上 1 ~ 2m 处，直接分布于撞击涉及的构件上。

四、作用效应组合

公路桥涵结构采用以可靠度理论为基础的概率极限状态设计法设计。该设计体系规定了桥涵结构的两种极限状态：承载能力极限状态和正常使用极限状态。

所谓极限状态，是指整体结构或构件的某一特定状态，超过这一状态界限结构或构件就不能再满足设计规定的某项功能要求。承载能力极限状态设计着重体现桥油结构的安全性，正常使用极限状态设计则体现适用性和耐久性，它们共同反映出设计的基本原则。只有每项设计都符合相关规范的两类极限状态的要求，才能使所设计的桥涵达到其全部预定功能。

同时，根据桥涵在施工和使用过程中面临的不同情况，桥涵结构设计分为持久状况、短暂状况和偶然状况三种设计状况。持久状况是指桥涵建成后承受自车、汽车荷载等持续时间很长的状况；短暂状况为桥涵施工过程中承受临时性作用的状况；偶然状况是在桥涵使用过程中可能偶然出现的状况。其中，持久状况必须进行承载能力和正常使用两种极限状态设计；短暂状况一般只做承载能力极限状态设计，必要时才做正常使用极限状态设计；偶然状况要求做承载能力极限状态设计，不考虑正常使用极限状态设计。

公路桥涵设计时，对不同的作用应采用不同代表值。规定如下：①永久作用应采用标准值作为代表值；②可变作用应根据不同的极限状态分别采用标准值、频遇值或准永久值作为其代表值；③偶然作用取其标准值作为代表值。

有在结构上可能同时出现的作用，才进行其效应的组合。当结构或结构构件需做不同受力方向的验算时，应以不同方向的最不利的作用效应进行组合。

当可变作用的出现对结构或结构构件产生有利影响时，该作用不应参与组合。实际不可能同时出现的作用或同时参与组合概率很小的作用。

施工阶段作用效应的组合，应按计算需要及结构所处条件而定，结构上的施工人员和施工机具设备均应作为临时荷载加以考虑。组合式桥梁，当把底梁作为施工支撑时，作用效应宜分两个阶段组合，底梁受荷为第一个阶段，组合梁受荷为第二个阶段。

多个偶然作用不同时参与组合。

验算结构的抗倾覆、滑动稳定时，稳定系数、各作用的分项系数及摩擦系数，应根据不同结构按各有关桥涵设计规范的规定确定，支座的摩擦系数可按相关规范的规定采用。

第二节 桥梁总体规划设计

一、桥梁设计的基本要求和原则

（一）技术先进

设计人员在工作中必须广泛吸取建桥实践中创造的先进经验，推广各种经济效益好的技术成果，积极采用新结构、新技术、新设备、新材料、新工艺。设计中应结合我国的实际，学习和引进国外最新科学成就，把学习和自主创新结合起来，摒弃原来落后的、不合理的东西。只有这样才能提升我国桥梁建设水平，赶超世界先进水平。

（二）安全可靠

1.所设计的桥梁结构在强度、钢度和稳定性方面具有安全储备。

2.防撞栏应该具有足够的高度和强度，人与车道之间应该做好防护栏，防止车辆撞入人行道或撞坏栏杆而掉至桥下。

3.对于交通繁忙的桥梁，应设计好照明措施并有明确的交通标志，两端引桥坡度不宜太大，以免造成车辆碰撞等而引发车祸。

4.对于修建在地震区的桥梁，应按照抗震要求采取防震措施；对于河床易变迁的河道，应设计好导流设施，防止桥梁基础底部过度冲刷；对于通行大吨位船舶的河道，除按规定加大桥孔跨径外，必要时可设置防撞结构物。

（三）适用耐久

1.应保证桥梁在设计基准期内正常使用。

2.桥面宽度能满足当前及今后交通规划年限内的交通流量。

3.桥梁结构在通过设计荷载时不出现过大的变形和过宽的裂缝。

4.应考虑不同的环境类别对桥梁耐久性的影响，在选择材料、保护层厚度、阻锈等方面满足耐久性的要求。

5.桥跨结构的下面有利于泄洪、通航（跨河桥）或车辆和行人的通行（旱桥）。

6.桥梁的两端方便车辆的进入和疏散，不致产生交通堵塞现象等。

7.考虑综合利用，方便各种管线（水、电气、通信等）的搭载。

（四）经济合理

1.桥梁设计应遵循因地制宜，就地取材和方便施工的原则。

2.经济的桥型应该是造价和使用年限内养护费用综合最省的桥型，设计中应充分考虑维修的方便和维修费用少，维修时尽可能不中断交通或中断交通的时间最短。

3.所选择的桥位应是地质、水文条件好，桥梁长度也较短。

4.桥位应考虑建在能缩短河道两岸的运距，促进该地区的经济发展，产生最大的效益的位置。对于过桥收费的桥梁，应能吸引更多的车辆通过，达到尽快回收投资的目的。

（五）美观

一座桥梁应具有优美的外形，而且这种外形从任何角度看都应该是优美的，结构布置必须精练，并在空间有和谐的比例。桥型应与周围环境相协调，城市桥梁和游览地区的桥梁，可较多地考虑建筑艺术上的要求。合理的结构布局和轮廓是美观的主要因素，结构细部的美学处理也十分重要。另外，施工质量对桥梁美观也有重大影响。

（六）环境保护可持续发展

桥梁设计必须考虑环境保护和可持续发展的要求，包括生态、水、空气、噪声等几方面，应从桥位选择、桥跨布置、基础方案、墩身外形、上部结构施工方法、施工组织设计等多方面全面考虑环境要求，采取必要的工程控制措施，并建立环境监测保护体系，将不利影响减至最小。

桥梁施工完成后，将桥梁两头植被恢复或进一步美化桥梁周边的景观，亦属环境保护的内容。

二、桥梁设计与建设程序

（一）"预可""工可"阶段

"预可""工可"，两者所包含的内容基本一致，但研究的深度各有不同。"预可"阶段着重研究建桥的必要性以及宏观经济上的合理性。"工可"阶段则主要在"预可"被审批确认后，进一步研究工程技术上的可行性和投资上的可行性。

"预可"阶段的主要工作目标是解决建设项目的上报立项问编制几个可能的桥型方案，并对工程造价、资金来源、投资回报等问题也应有初步估算和设想。

在"项目建议书"被审批确认后，着手"工可"阶段的工作，在这一阶段，着重研究和制定桥梁的技术标准，包括设计荷载标准，设计桥面宽度，设计通航标准，设计车速，设计桥面纵坡，设计桥面平、纵曲线半径等。在这一阶段，应与河道、航运、规划等部门共同研究，以共同协商确定相关的技术标准。

（二）初步设计

初步设计应根据批复的可行性研究报告、测设合同和初测、初勘或定测、详勘资料编制。

初步设计的目的是确定设计方案，应通过多个桥型方案的比选，推荐最优方案，报上级审批。在编制各个桥型方案时，应提供平、纵、横布置图，标明主要尺寸，并估算工程数量和主要材料数量，提出施工方案的意见，编制设计概算，提供文字说明和图表资料，初步设计经批复后，则成为施工准备、编制施工图设计文件和控制建设项目投资等的依据。

（三）技术设计

对于技术上复杂的特大桥、互通式立交或新型桥梁结构，需进行技术设计。

技术设计应根据初步设计批复意见、测设合同的要求，对重大、复杂的技术问题通过科学试验、专题研究、加深勘探调查及分析比较，完善批复的桥型方案的总体和细部各种技术问题以及施工方案，并修正工程概算。

（四）施工图设计

两阶段（或三阶段）施工，图设计应根据初步设计（或技术设计）批复意见、测设合同，进一步对所审定的修建原则、设计方案、技术决定加以具体和深化，在此阶段中，必须对桥梁各种构件进行详细的结构计算，并且确保强度、稳定、钢度、裂缝、构造等各种技术指标满足规范要求，绘制出施工详图，提出文字说明及施工组织计划，并编制施工图预算。

国内一般的（常规的）桥梁采用两阶段设计，即初步设计和施工图设计，对于技术简单、方案明确的小桥，也可采用一阶段设计，即施工图设计。

三、桥梁的平、纵、横断面设计

（一）桥梁平面设计

桥梁设计首先要确定桥位，按照规定，小桥和涵洞的位置与线形一般应符合路线的总走向，为满足水文、线路弯道等要求，可设计斜桥和弯桥，对于公路上的特大桥，大、中桥桥位，原则上应服从路线走向，桥、路综合考虑，尽量选择在河道顺直、水流稳定、地质良好的河段上。桥梁的平曲线半径、平曲线超高和加宽、缓和曲线、变速车道设置等，均应满足相应等级线路的规定。

（二）桥梁纵断面设计

1. 桥梁总跨径

对于一般跨河桥梁，总跨径可参照水文计算来确定。桥梁的总跨径必须保证桥下有足够的排洪面积，使河床不致遭受过大的冲刷。同时，根据河床土壤的性质和基础的埋置情形，设计者应视河床的允许冲刷程度，适当缩短桥梁的总长度，以节约总投资。由此可见，桥梁的总跨径应根据具体情况经过全面分析后加以确定。例如，对于在非坚硬岩层上修筑的浅基础桥梁，总跨径应该大一些而不使路堤压缩河床，对于深埋基础，一般允许较大的冲刷，总跨径就可适当减小。山区河流一般河床流速本来已经很大，则应尽可能少压缩或不压缩河床；而对于平原区的宽滩河流虽然可允许较大的压缩，但必须注意壅水对河滩路堤以及附近农田和建筑物可能造成的危害。

2. 桥梁分孔

对于一座较长的桥梁，应当分成若干孔，但孔径划分的大小，不仅影响使用效果和施工难易等，而且在很大程度上影响桥梁的总造价。例如，采用的跨径愈大，孔数就愈少，固然可以降低墩台的造价，但却使上部结构的造价大大增高；反之，则上部结构的造价虽然降低，但墩台的造价却又有所增高。因此，在满足使用和技术要求的前提下，通常采用最经济的分孔方式，即使上、下部结构的总造价趋于最低。这些要求是：①对于通航河流，在分孔时首先应满足桥下的通航要求。桥梁的通航孔应布置在航行最方便的河域。对于变迁性河流，根据具体条件，应多设几个通航孔。②对于平原区宽阔河流上的桥梁，通常在主河槽部分按需要布置较大的通航孔，而在两侧浅滩部分，按经济跨径进行分孔。③对于在山区深谷上及水深流急的江河上，或需在水库上修桥时，为了减少中间桥墩，应加大跨径。如果条件允许的话，甚至可以采用特大跨径的单孔跨越。④对于采用连续体系的多孔桥梁，应从结构的受力特性考虑，使边孔与中孔的跨中弯矩接近相等，合理地确定相邻跨之间的比例。⑤对于河流中存在不利的地质段，例如岩石破碎带、裂隙、溶洞等，在布孔时，为了使桥基避开这些区段，可以适当加大跨径。

总之，大、中桥梁的分孔是一个相当复杂的问题，必须根据使用要求、桥位处的地形和环境、河床地质、水文等具体情况，通过技术经济等方面的分析比较，才能做出比较完美的设计方案。

3. 桥道高程

（1）流水净空

对于梁式桥，梁底一般应高出设计洪水位（包括壅水和浪高）不小于 50cm，高出最高流冰水位 75cm，支座底面应高出设计洪水位不小于 25cm，高出最高流冰水位不小于 50cm，但如果支座部分有围护隔水者可不受此限。

（2）通航净空

为了保证桥下安全通航，通航孔桥跨结构下缘的标高应高出自设计通航水位算起的净空高度。

（3）跨线桥桥下的交通要求

在设计跨线路（铁道或公路）的立体交叉时，桥跨结构底缘的标高应高出规定的车辆净空高度。对于公路所需的净空限界，可参阅相关规定，铁路的净空限界可查阅铁路桥涵设计规范。

综上所述，全桥位于河中各跨的桥道高程均应首先满足流水净空的要求；对于通航或桥下通车的桥孔，还应满足通航净空或建筑净空限界的要求。另外还应考虑桥的两端能够与公路或城市道路顺利衔接等。因此，全桥各跨的桥道高程是不相同的，必须综合考虑和规划，一般将桥梁的纵断面设计成具有单向或双向坡度的桥梁，既利于交通，美观效果好，又便于桥面排水（对于不太长的小桥，可以做成平坡桥，但桥上纵坡不宜大于 4%；桥头引道纵坡不宜大于 5%。对于位于市镇混合交通繁忙处的桥梁，桥上纵坡和桥头引道纵坡均不得大于 3%，并应在纵坡变更的地方按规定设置竖曲线。

（三）栋梁横断面设计

桥梁横断面的设计，主要是决定桥面的宽度和桥跨结构横截面的布置。桥面宽度决定于行车和行人的交通需要。各级公路的净空限界，路面各组成部分的宽度依据设计速度来确定，在建筑限界内，不得有任何部件侵入。

桥上人行道和自行车道的设置，应根据实际需要确定。人行道的宽度为 0.75m 或 1m，大于 1m 时，按 0.5m 的级差增加。一条自行车道的宽度为 1m，当单独设置自行车道时，一般不应低于两条自行车道的宽度。不设人行道和自行车道的桥梁，可根据具体情况，设置栏杆和安全带。与路基同宽的小桥和涵洞，可仅设路缘石或栏杆。漫水桥不设人行道，但可设置护柱。

城市桥梁以及位于大、中城市近郊的公路桥梁的桥面净空尺寸，应结合城市实际交通量和今后发展的要求来确定。在弯道上的桥梁应按路线要求予以加宽。

与行车道平设的人行道，两者间应有安全隔离措施，不然人行道和路缘石最好应高出行车道面 0.25 ~ 0.35m，以确保行人和行车的安全。

公路和城市桥梁，为了利于桥面排水，应根据不同类型的桥面铺装，设置从桥面中央倾向两侧 1.5% ~ 3.0% 的横向坡度。

四、桥梁设计方案比选

（一）明确各种标高的要求

在桥位纵断面图上，先行按比例绘出设计水位、通航水位、堤顶标高、桥面标高、通航净空、堤顶行车净空位置图。

（二）桥梁分孔和初拟桥型方案草图

在上述确定了各种标高的纵断面图上，根据泄洪总跨径的要求，作桥梁分孔和桥型方案草图。作草图时思路要宽广，只要基本可行，尽可能多绘制一些草图，以免遗漏可能的桥型方案。

（三）方案初筛

对草图方案做技术和经济的初步分析和判断，筛去弱势方案，从中选出 2～4 个构思好、各具特点的方案，做进一步详细研究和比较。

（四）详细绘制桥型方案

根据不同桥型、不同跨度、宽度和施工方法，拟定主要尺寸，并尽可能细致地绘制各个桥型方案的尺寸详图。对于新结构，应做初步的力学分析，以准确拟订各方案的主要尺寸。

（五）编制估算或概算

依据编制方案的详图，可以计算出上部结构的主要工程数量，然后依据各省、市或行业的"估算定额"或"概算定额"，编制出各方案的主要材料（钢、木、混凝土等）用量、劳动力数量、全桥总造价。

（六）方案选定和文件汇总

全面考虑建设造价、养护费用、建设工期、营运适用性、美观等因素，综合分析，阐述每个方案的优缺点，最后选定一个最佳的推荐方案。在深入比较过程中，应当及时发现并调整方案中的不尽合理之处，确保最后选定的方案是强中选强的方案。

上述工作全部完成之后，着手编写方案说明书。说明书中应阐明方案编制的依据和标准、各方案的主要特色、施工方法、设计概算以及方案比较的综合性评述。对于推荐方案，应做较详细的说明。各种测量资料、地质勘查和地震烈度复核资料、水文调查与计算资料等应按附件载入。

第六章 桥梁构造形式

第一节 梁式桥

一、梁式桥概述

目前我国的中小跨径公路桥梁或者城市桥梁，大部分是钢筋混凝土或预应力混凝土梁式桥。这两种桥梁具有能就地取材、工业化施工、耐久性好、适应性强、整体性好以及美观等许多优点。预应力混凝土梁桥更兼有节省钢材和跨越能力大的长处。

从承重结构的截面形式上分类，混凝土梁式桥可分为板桥、肋梁桥和箱形梁桥。

从受力特点上看，混凝土梁式桥可分为简支梁桥、连续梁桥和悬臂梁桥。

按施工方法分类，混凝土梁式桥又可分为整体浇筑式梁桥和预制装配式梁桥两类。

二、梁式桥的构造和设计要点

（一）简支梁机构造与设计

1. 板桥构造与设计

因为桥在建成后外形上像一块薄板，习惯上称为板桥。

（1）整体式简支板桥的构造

整体式简支板桥一般使用跨径在 8m 以下，其桥面宽度往往大于跨径。因此，在荷载作用下，桥面板实际上是处于双向受力状态，即除板的纵向中部产生正弯矩外，横向也产生较大的弯矩。因此当桥面板宽较大时，除配置纵向的受力钢筋外，尚应计算配置板的横向受力钢筋。

整体式板桥行车道的主钢筋直径应不小于 12mm，间距应不大于

20cm，一般也不宜小于7cm；两侧边缘板带的主钢筋数量宜较中间板带（板宽2/3范围内）增加15%；分布钢筋直径不小于6mm，间距不应大于25cm，并且在单位板长的截面面积一般不应少于主钢筋面积的15%。

为保证混凝土结构在设计年陈内具有足够的耐久性，决定性因素是混凝土内的钢筋不被腐蚀。理论和实践均表明，钢筋腐蚀与混凝土保护层厚度和密实性有很大的关系。板的主钢筋与板缘间的净距（保护层厚度）应不小于2cm；设置钢筋网时，上、下层钢筋的混凝土保护层厚度不得小于1.5cm。

（2）装配式简支板桥的构造

装配式简支板桥的横截面形式主要有实心板和空心板两种。

①矩形实心板桥

矩形实心板具有形状简单、施工方便、建筑高度小等优点，一般使用跨径为1.5～8m，板高为0.16～0.36m，常用的桥面净空有净-7m，净-9m两种。

②空心板桥

当跨径增大时，宜采用空心板截面，它不仅能减轻自重，而且能充分利用材料。

我国交通行业标准中，对钢筋混凝土空心板桥，采用的标准跨径为8～13m，板厚为0.4～0.8m；对预应力混凝土空心板，采用的标准跨径为8～16m，板厚为0.4～0.7m。空心板横截面的最薄处不得小于7cm，以保证施工质量和承载的需要。

③装配式板桥的横向连接

装配式板桥板块之间必须采用横向连接构造，以保证板块共同承担荷载作用。常用的横向连接方式有企口混凝土钗连接和钢板焊接连接。

企口混凝土钗连接形式有圆形、菱形和漏斗形三种。它是在块件安装就位后，在钗缝内用C25到C40细集料混凝土填实而成；如果要使桥面铺装层也参与受力，也可以将预制板中的钢筋伸出与相邻板的同样钢筋互相绑扎，再浇筑在铺装层内。

实践证明：企口式混凝土钗能保证传递横向剪力，使各块板共同受力。

由于企口缝内的混凝土需要养护一段时间才能通车，当需要加快工程进度、提前通车时，也可采用钢板连接。连接构造的纵向中距通常为

80 ~ 150cm，跨中部分布置较密，向两端支点处逐渐减疏。

2.肋梁桥构造与设计

（1）整体式简支 T 形梁桥

整体式梁桥在城市立交桥中应用较广泛，具有整体性好、钢度大、易于做成复杂形状等优点，多数在桥孔支架模板上现场浇筑，个别也有整体预制、整孔架设的情况。

常用的整体式简支 T 形梁桥，在保证抗剪、稳定的条件下，主梁的肋宽为梁高的 1/7 ~ 1/6，但不宜小于 14cm，以利于浇筑混凝土；当肋宽有变化时，其过渡段长度不小于 12 倍肋宽差。主梁高度通常为跨径的 1/16 ~ 1/8。为了减小桥面板的跨径（一般限制在 2 ~ 3m），还可以在两根主梁之间设置次纵梁。为了合理布置主钢筋，梁肋底部可做成马蹄形。

整体式简支梁桥桥面板的跨中板厚不应小于 10cm。桥面板与梁肋衔接处一般都设置承托结构，承托长高比一般不大于 3。

（2）预制装配式简支 T 形梁桥

①主梁

主梁梁肋厚度在满足抗剪要求下可适当减薄，但梁肋太薄，混凝土不易振捣密实。当主梁间距小于 2m 时，梁肋一般做成全长等厚度；主梁间距大于 2m 时，梁肋端部在 2.0 ~ 5.0m 范围内可逐渐加宽，以满足抗剪和安放支座要求。对于预应力混凝土主梁梁肋，端部宽度尚应满足预应力锚具布置的要求。

当吊装重量允许时，主梁间距采用 1.8 ~ 2.2m 为宜。过去，我国较多采用主梁间距为 1.6m，现已编制了主梁间距为 2.2m 的标准图，其预制宽度为 1.6m，吊装后钐缝宽为 60cm。

②桥面板及横向连接构造

装配式简支梁桥桥面板（翼缘板）一般采用变厚式，其厚度主梁间距而定，翼缘根部与梁肋衔接处的厚度应不小于梁高的 1/12，边缘厚度不宜小于 6cm。

主梁间距小于 2.0m 的钐接梁桥，板边缘厚度可采用 8cm（桥面铺装不参与受力）或 6cm（桥面铺装通过预埋的连接钢筋与翼缘板共同受力）；主梁间距大于 2.0m 的钢接梁桥，桥面板的跨中厚度一般不小于 15cm，边缘板边厚度不小于 10cm。

预制 T 形主梁吊装就位后，当设有横隔梁时，必须借助横隔梁和翼缘板的接头将所有主梁连接成整体。对于少横隔梁的主梁，应在翼缘板上加设接头和加强桥面铺装，使其横向连成整体。因此接头应有足够的强度以保证结构的整体性，并使其在营运过程中安全承受荷载的反复作用和冲击作用，而不发生松动。常用的桥面板（翼缘板）横向连接有钢性接头和铆接接头两种。钢性接头既可承受弯矩，也可承受剪力。铆接接头只能承受剪力。

（二）连续梁栋构造与设计

1. 等截面连续梁桥

（1）跨径布置

等截面连续梁桥可选用等跨和不等跨两种布置方式。

长桥、选用顶推法施工或者简支连续施工的桥梁，多采用等跨布置，这样做结构简单，模式统一。等跨布置的跨径大小主要取决于经济分孔和施工的设备条件。当标准跨径不能满足通航或桥下交通要求而需要加大个别跨的跨径时，常常不需改变高度，而是采用增加钢束和调整截面尺寸的方式予以解决，使桥梁外观仍保持等截面布置。这样做既使桥梁的立面协调一致，又能减少构件及模板的规格。

当标准跨径较大时，有时为减少边跨正弯矩，将边跨跨径取小于中跨的结构布置，一般边跨与中跨跨长之比在 0.6 ~ 0.8 之间。

（2）力学特点及构造特点

超静定结构的连续梁在恒载和活载作用下，支点截面设计负弯矩一般比跨中截面设计正弯矩大，但在跨径不大时这个差值不是很大，可以考虑采用等截面形式，并采取一定的构造措施予以调节，从而简化了主梁的构造。

边跨与中跨之比应不小于 0.6，高跨比一般为 1/25 ~ 1/15；在顶推施工的等截面连续梁桥中，梁高与顶推跨径 L。之比一般为 1/17 ~ 1/12。

（3）适用范围

等截面连续梁一般适应以下情况：①桥梁一般采用中等跨径，以 40 ~ 60m 为宜（国外也有达到 80m 跨径者）。这样可以使主梁构造简单，施工快捷。②立面布置以等跨径为宜，也可以采用不等跨布置。③适应于有支架施工、逐孔架设施工、移动模架施工及顶推法施工。

当连续梁的跨径较大时，宜采用悬臂法施工，这样主梁支点截面的负弯矩将比跨中截面的正弯矩大得多，若主梁仍采用等截面布置，从受力上讲就显得不太合理，而且不经济，这时，则以采用变截面连续梁桥更为有利。

2. 变截面连续梁桥

（1）跨径布置

主梁采用变截面形式的大跨径预应力混凝土梁桥，立面一般采用不等跨布置，但多于三跨的连续梁桥，除边跨外，其中间各跨一般采用等跨布置。当采用多于两跨的连续梁桥，其边跨一般为中跨的 0.6 ~ 0.8 倍。三跨连续梁用得最为广泛，当采用箱形截面的三跨连续梁时，边孔跨径甚至可减少至中孔的 0.5 ~ 0.7。有时为了满足城市桥梁或跨线桥的交通要求而需增大中跨跨径，可将边跨跨径设计成仅为中跨的 0.5 或更小，在此情况下，端支点上将出现较大的负反力，故必须在该位置设置能抵抗拉力的支座或压重以消除负反力。

连续梁桥连续超过五跨时的内力情况虽然与五跨的相差不大，但连续过长会增大温度变化的附加影响，造成梁端伸缩量很大，需设置大位移的伸缩缝，因此连续孔数一般不超过五跨。当需要在宽阔的河流或旱谷上修建很多孔连续梁时，通常可按 3 ~ 5 孔为一联分联布置，联与联的衔接处，像简支梁桥一样，通过两排支座支撑在一个桥墩上口。为了使边跨与中跨的梁高和配筋接近协调一致，连续梁桥各孔跨径的划分，通常按照边跨与中跨跨中最大弯短趋近于相等原则来确定，因此要布置成对称于中央孔的不等跨径。

（2）力学特点及构造特点

主跨跨径接近或大于 70m 的大跨径预应力混凝土梁桥一般采用变截面形式。原因是大跨度桥梁在恒载和活载作用下，支点截面设计负弯矩一般比跨中截面的设计正弯矩大，因此主梁采用变截面形式才符合受力要求，高度变化基本上与内力变化相适应。当加大靠近支点附近的梁高（加大了截面惯性矩）做成变截面梁时，还能进一步降低跨中的设计弯矩。在满布均布荷载虬的作用下，三种不同的支点梁高所对应的跨中弯矩分别为 800kN-m、460kN-m 和 330kN-m。也就是说，将支点梁高局部地从 1.50m 加大至 3.50m 时，跨中最大弯矩比等高梁降低一半多。一般来说，加大支点附近梁高是合理的，因为这样做既对恒载引起的截面内力影响不大，也对桥下通航的净空要求没有什么妨害，并且还能适应抵抗支点处很大剪力的要求。这也是连续体系梁桥比简支梁桥，甚至比悬臂梁能跨越更大跨度的原因。

梁底立面曲线可采用折线、圆弧线和抛物线等，用得较多的是二次抛物线，因为二次抛物线的变化规律与连续梁的弯矩变化规律基本接近。采用折线形截面变化布置可使桥梁的构造简单，施工方便。在大跨度预应力混凝土连续梁桥中，除截面高度变化外，还可将截面的底板、顶板和腹板改变厚度，以满足主梁内各截面的不同受力要求。

变截面连续梁中，支点截面梁高与最大跨径之比一般为 1/18 ~ 1/16。跨中截面梁高通常为支点截面梁高的 1/2.5 ~ 1.5。

（3）适用范围

①当连续梁的主跨跨径达到 70m 及其以上时，从结构受力和经济的角度出发，主梁采用变截面布置符合梁的内力变化规律。

②采用变截面布置适合悬臂法施工（悬臂浇筑和悬臂拼装两种），施工阶段的主梁内力与运营阶段的主梁内力基本一致。

③采用变截面结构外形美观，可节省材料并增大桥下净空高度。

大跨度预应力混凝土连续梁桥采用悬臂法施工时，存在墩梁临时固结和体系转换的工序，结构稳定性应加以重视，施工较为复杂；此外，主墩需要布置大型橡胶支座，存在养护上甚至更换上的麻烦。

（三）悬臂梁栋构造

1.结构体系

悬臂梁桥分为双悬臂梁桥和单悬臂梁桥，与简支梁桥相比较，悬臂梁桥由于支点负弯矩的存在，跨中正弯矩显著减小，故可以减小跨度内主梁的高度，从而可降低钢筋混凝土用量和结构自重，而这本身又导致了恒载内力的减小。

2.适用范围

悬臂梁桥和简支梁桥一样，都属于静定体系，它们的内力不受基础不均匀沉降的影响。

悬臂梁桥与多孔简支梁桥相比较，另一个重要特点是：从桥的立面上看，在桥墩上只需设置一排沿墩中心布置的支座，从而可相应地减小桥墩尺寸。

从运营条件来看，悬臂梁桥和简支梁桥均不是很理想，简支梁桥在梁与梁衔接处以及悬臂梁桥在悬臂端与挂梁衔接处的挠曲线都会发生不利于行车的折点，并且伸缩缝装置需经常更换。

钢筋混凝土的悬臂梁桥和连续梁桥在支点附近负弯矩区段内，梁的上翼缘受拉，不可避免要出现裂缝，雨水易于浸入梁体，而且其构造也较简支梁复杂。鉴于上述缺点，这种桥型目前在我国已不太采用。

（四）连续梁与悬臂梁常用截面形式

当连续梁桥的跨径超过 30m 或更大时，主梁多采用箱形截面，构造布置灵活，适用于有支架现浇施工、逐孔施工、悬臂施工等多种施工方式，常用的箱形截面有单箱单室、单箱双室和分离式双箱单室等几种，以第一种应用得较多。单箱单室截面的顶板宽度一般小于 20m；单箱双室的约为 25m；双箱单室的可达 40m 左右。一般地，等高度箱梁可采用直腹板或斜腹板，变高度箱梁宜采用直腹板。单箱单室截面 b：a：b 之比为 1：（2.5 ～ 3.0）：1 时横向受力状态较好。纵向负弯矩区受压底板的厚度对改善全桥受力状态、减小徐变下挠十分重要，因而大跨度连续体系梁桥中，应确保承受负弯矩的内支点区域的箱梁底板有足够的厚度，一般底板厚度与主跨之比宜为 1/160 ～ 1/130，跨中区域底板厚度则可按构造要求设计，一般为 0.22 ～ 0.28m，箱梁其余尺寸的拟定可参考其他文献。

三、梁式桥的施工方法

（一）简支梁桥施工方法

1. 简支梁桥制造工艺

（1）基本施工工艺流程

无论采用哪一种施工方法进行施工，对于混凝土简支梁结构本身来说，都必须经过下列的基本施工、工艺流程才能成型。

①支立模板

常用的构件模板材料有木模和钢模两种。前者多用于就地浇筑或者非等跨结构的场合；后者多用于预先制作的装配式标准构件，以利成批生产，降低成本。

②钢筋骨架成型

混凝土内的钢筋骨架是由主筋、架立筋、箍筋、斜筋、分布钢筋以及附加钢件构成，并且均要通过钢筋整直→切断→除锈→弯曲→焊接或者绑扎等工序以后才能成型。

③浇筑及振捣混凝土

该施工过程包括混凝土搅拌→混凝土运输→浇筑混凝土→振捣密实四个工序。

④养护及拆除模板

混凝土浇筑完毕后，应在收浆后尽快用草袋、麻袋或稻草等物予以覆盖和洒水养护。混凝土构件经过养护后，达到了设计强度的25%～50%时，即可拆除侧模；达到了设计吊装强度并不低于设计强度的80%时，就可起吊主梁。

（2）预应力施工工艺

①后张法预应力混凝土简支梁的制造工艺特点

普通钢筋混凝土简支梁构件的预制较为简单，这就是在地面专门的场地上按照基本施工工艺流程来完成构件的制作，然后堆放在场地的一侧，等待运到桥孔处进行安装。后张法预应力混凝土简支梁构件的预制过程也基本相同，所不同的主要有两点：第一，在钢筋成型这个施工过程，要按照设计图中的位置布设制孔器，即在混凝土构件中预留孔道，供以后预应力筋的穿入；第二，当完成混凝土养护和拆除模板后，按照设计图中所规定的混凝土龄期强度，将制备好的预应力筋穿入孔道中，完成张拉过程。由于它是在完成混凝土构件的制作之后再施加预应力，故把这种构件称作后张法预应力混凝土预制构件。

②先张法预应力混凝土简支板的制造工艺特点

先张法预制板梁的工艺是在浇筑混凝土之前先进行预应力筋的张拉，并将其临时固定在张拉台座上，然后完成图16-12中的基本施工工艺流程，待混凝土达到规定强度（但不得低于设计强度的80%）时，逐渐将预应力筋松弛，利用预应力筋回缩与混凝土之间的黏结作用，使构件获得预应力。

2. 就地浇筑法施工工艺

它是通过直接在桥跨下面搭设的支架作为工作平台，然后在其上面制造梁体结构。这种方法适用于两岸桥墩不太高的引桥和城市高架桥，或靠岸边水不太深且无通航要求的小跨径桥梁。

就地浇筑法施工工艺就是把基本施工工艺流程搬到工程现场的桥孔处

来完成，也就是说，在桥孔下面先搭设好支架，立模浇筑混凝土构件且达到设计强度后，便可拆除支架，即：搭设施工支架→完成基本施工工艺流程→拆除或转移施工支架。

3. 预制安装法

当同类桥梁跨数较多，桥墩又较高，河水又较深且有通航要求时，通常将桥跨结构用纵向竖缝划分成若干根独立的构件，放在桥位附近专门的预制场地或者工厂进行成批制作，然后将这些构件适时地运到桥孔处进行安装就位。通常把这种施工方法称为预制安装法。

为了把在预制构件厂或桥梁施工现场预制的简支梁或板安放到设计位置，还需要完成两个重要的施工过程，即构件的水平运输和构件的垂直向安装。构件的安装按机械设备的不同可采用自行式吊车架梁、浮吊船架梁、跨墩龙门式吊车架梁、宽穿巷式架桥机架梁、联合架桥机架梁等方法。

（二）连续梁与悬臂梁桥施工方法

1. 逐孔施工法

它又可分为落地支架施工和移动模架施工两种。

2. 节段施工法（悬臂施工法）

它是将每一跨结构划分成若干个节段，采用悬臂浇筑或者悬臂拼装（预制节段）逐段地接长，然后进行体系转换。

3. 顶推施工法

它是在桥的一岸或两岸开辟预制场地，分节段地预制梁身，并用纵向预应力筋将各节段连成整体，然后应用水平液压千斤顶施力，将梁段向对岸推进。

第二节 拱桥

一、拱桥概述

（一）拱桥的组成

拱桥和其他桥梁一样，也是由桥跨结构（上部结构）和下部结构两部分组成。主拱圈是主要承重构件，承受桥上的全部荷载，并通过它把荷载传递给墩台及基础。由于主拱圈是曲线形，车辆无法直接在其上行驶，所以对实腹拱桥，需在水平桥面与主拱圈之间布置填充物；对空腹拱桥，需在主拱圈之间布置填充物，在行车道系与主拱圈之间布置传力构件。这些主拱圈以上的行车道系和传力构件或填充物统称为拱上建筑。

拱上建筑相应地称为实腹拱桥或空腹拱桥。实腹拱桥为传统形式，其构造简单，自重大，适用于小跨度，空腹拱桥结构合理，自重较小，利于泄洪，是大、中跨度拱桥的常用形式。

拱桥的下部结构包括桥墩、桥台和基础，用以支撑桥跨结构，将桥跨结构的全部荷载传至地基。桥台还起与两岸路堤相连接的作用，使路桥形成一个协调的整体。

（二）拱标的分类

1. 按行车道的位置分类

根据行车道的位置，拱桥的桥跨结构可以做成上承式、中承式和下承式三种类型。就构造来讲，上承式拱桥较为简单，广为采用，其上部结构是由主拱圈（拱肋或拱箱，简称主拱）及拱上建筑（又称拱上结构）组成。

2. 按结构体系分类

（1）简单体系拱桥

在简单体系的拱桥中，上承式拱桥的拱上建筑或中承式、下承式拱桥的拱下悬吊结构，不参与主拱一起承受荷载。桥上的全部荷载由主拱单独承受，它是桥跨结构的主要承重构件。拱的水平推力直接由墩台或基础承受。

简单体系的拱桥又可以分成三铰拱桥、双铰拱桥、无铰拱桥三种。

（2）组合体系拱桥

①无推力的组合体系拱桥

一般拱端的水平推力主要由地基承担。当地基不可以在拱的两拱脚之间加一系杆，这时水平力由系杆承担。

②有推力的组合体系拱桥

此种组合体系拱中不设系杆，由行车道梁和拱共同受力，拱的推力仍由墩台承受。

3. 按主拱圈截面分类

拱桥的主拱圈沿拱轴线可以做成等截面或变截面形式。等截面拱构造简单，施工方便，使用普遍。

主拱的横截面形式很多，常见有板拱、肋拱和箱拱。

如果主拱圈的横截面采用整块的实体矩形截面，就称为板拱。其特点是构造简单，施工方便，但截面抗弯惯性矩不大，适用于中、小跨度的砌体拱桥。

为了节省材料，减轻结构自重，可将整块的矩形实体截面划分为两条（或多条）分离式的肋，以加大拱圈高度，提高截面的抵抗矩，这样就形成了由几条肋组成的拱桥，称为肋拱。肋拱桥的材料用量：一般比板拱桥少，多用于较大跨度的拱桥。因拱肋是受压构件，就需要考虑其稳定问题。当两拱肋都是位于竖向平面时，可以在两肋之间沿拱设置横向连接系。当两拱肋分别位于向内倾斜的面时，两拱肋的拱顶部分相互靠近，使连接系更易设置，对增进稳定有益，这时，因拱肋很像提篮的把手，故称其为提篮拱。

若拱圈为箱形截面，则称之为箱拱。由于截面挖空，箱拱的截面抗弯惯性矩远大于相同截面面积的板拱，从而能大大减小弯曲应力并节省材料。另外，闭口箱形截面的抗扭钢度大，结构的整体性和稳定性均较好。它是国内外大跨度钢筋混凝土拱桥主拱圈截面的基本形式。

二、拱桥的设计

（一）拱桥的总体布置

1. 确定桥梁的设计标高和矢跨比

拱桥的标高主要有四个，即桥面标高、拱顶底面标高、起拱线标高、基础底面标高。这几项标高的合理确定对拱桥的设计有直接的影响。

拱桥桥面标高是指桥面与路缘石相接处的高程。一方面由两岸线路的纵断面设计来控制。另一方面还要保证桥下净空能满足泄洪及通航的要求。设计时应按规定，综合考虑有关素，并与有关部门（如航运、防洪、水利等）商定。

桥面标高确定之后，由桥面标高减去拱顶处的建筑高度即可得到拱顶底面的标高。拱顶处的建筑高度包括拱顶填料厚度（30～50cm）及拱圈厚度。

拟定起拱线标高时，为了减小墩台基础底面的弯矩，节省墩台的砌筑数量，一般宜选择低拱脚设计方案。但具体设计时，拱脚的位置往往又受到通航净空、排洪、流水等条件的限制，并要符合有关规定。

至于基础底面的标高，主要根据冲刷深度、地质情况及地基承载能力等因素确定。

矢跨比的确定：当拱顶、拱脚的标高确定后，根据分孔时拟定的跨径，即可确定拱的矢跨比。拱桥主拱圈的矢跨比是拱桥设计的主要参数之一。它不仅影响拱圈内力，还影响拱桥施工方法的选择。同时，对拱桥的外形能否与周围景物相协调也有很大关系。

对于石、混凝土板拱桥，其矢跨比一般为 1/8 ~ 1/4；钢筋混凝土箱拱桥的矢跨比一般为 1/10 ~ 1/6。拱桥的矢跨比不宜小于 1/12。矢跨比大于或等于 1/5 的拱桥称为陡拱；矢跨比小于 1/5 的称为坦拱。

2. 不等跨连续拱桥的处理方法

（1）采用不同的矢跨比

在跨径一定时，推力的大小与矢跨比成反比。在相邻两孔中，大跨径孔采用较陡的拱（矢跨比较大），小跨径孔采用较坦的拱（矢跨比较小），以便使相邻孔在恒载作用下的不平衡推力尽量减小。

（2）采用不同的拱脚高程

由于采用了不同的矢跨比，两相邻孔的拱脚标高不在同一水平线上。因大跨径孔的矢跨比较大，拱脚降低，减小了拱脚水平推力对基底的力臂，这样可以使大跨与小跨的恒载水平推力对基底所产生的弯矩得到平衡；但因拱脚不在同一水平面，桥梁外形欠美观，构造也稍复杂。

（3）调整拱上建筑的恒载大小

在相邻两孔中，大跨径采用轻质的拱上填料或空腹式拱上建筑，小跨径采用重质拱上填料或实腹式拱上建筑，以改变恒载重量来调整拱桥的恒载水平推力。

（4）采用不同类型的拱跨结构

小跨径孔采用板拱结构，大跨径则采用分离式肋拱结构，以减轻大跨径孔的恒载重量来减小恒载的水平推力。有时，为了进一步减小大跨径孔的恒载推力，可加大跨径拱肋的矢高，而做成中承式肋拱桥。

在具体设计时，可采用上述措施中的任意一种或同时采用几种。如果仍不能达到完全平衡恒载推力的目的，则需设计成体型不对称的或加大尺寸的桥墩和基础来解决。

（二）拱轴系数的选择和拱上建筑的布置

1. 圆弧线

圆弧拱线形简单，全拱曲率相等，施工放样方便，易于掌握。

但在一般情况下，圆弧拱轴线与恒载压力线有偏离，当矢跨比较小时，两者偏离不大，随着矢跨比的增大，偏离逐渐增大，当矢跨比接近 1/2 时，恒载压力线的两端将位于拱脚截面中心线以上相当远，实际中，常在拱脚处设置护拱，以帮助拱圈受力。荷载会在截面上产生较大的弯矩，且使各截面受力不均匀。因此弧拱轴线一般常用于 20m 以下的小跨径拱桥。

有些大跨径钢筋混凝土拱桥，为了方便各拱节段的预制拼装，简化施工，也有采用圆弧线作为拱轴线的。

2. 抛物线

在均布荷载作用下，拱的合理拱轴线是二次抛物线。故对于恒载分布比较接近均匀的拱桥，例如矢跨比较小的空腹式钢筋混凝土拱桥、钢筋混凝土桁架拱和刚架桥等，可以采用二次抛物线作为拱轴线。

3. 悬链线

空腹式拱桥的恒载从拱顶到拱脚不再是连续分布的，其空腹部分的荷载由两部分组成，即拱圈自重分布恒载和拱上立柱（横墙）传来的集中恒载。实腹式拱桥，其恒载集度（单位长度上的恒载重力）是由拱顶向拱脚连续分布、逐渐增大的，这种荷载分布的拱圈的压力线是一条悬链线。因此，实腹式拱桥采用悬链线作为拱轴线，在恒载作用下，当不计拱圈由恒载弹性压缩产生的影响时，拱圈将只承受中心压力而无弯矩，即不计弹性压缩时，实腹式拱的合理拱轴线为悬链线。一般情况下，实腹式拱以选择悬仪线作为拱轴线为宜。

因此，其相应的恒载压力线不再是平滑的悬链线，而是一条在腹孔墩处有转折点的多段曲线。在实际设计中一般采用与恒载压力线相近的悬链线作为拱轴线。使拱轴线与恒载床力线在拱顶、跨径四分之一和拱脚五个截面相重合（称为五点重合法）。这时恒载压力线与拱轴线将存在一定的偏离。理论分析证明，这种偏离对拱圈控制截面的内力是有利的，它可以减小由于弹性压缩在控制截面上产生的弯矩。同时，用悬链线作为拱轴线，对各种空腹式的拱上建筑适应性较强，并且已有现成和完备的计算图表可以简化计算。因此，为了设计方便起见，空腹式拱桥也广泛采用悬链线作为拱轴线。所以悬链线是目前我国大、中跨径拱桥采用最普遍的拱轴线形。

由此可见，拱上建筑的形式及其布置，与拱轴线形的选择是否合理是有密切联系的。在一般情况下，小跨径拱桥可采用实腹式圆弧拱或实腹式悬链线拱；大、中跨径拱桥可采用空腹式悬链线拱；轻型拱桥或矢跨比较小的大跨径钢筋混凝土拱桥，可以采用抛物线拱。

对于无支架施工的拱桥（如双曲拱、箱拱），布置拱上建筑时，应使恒载强度的分布尽可能接近均布荷载，以便改善施工阶段裸拱肋与裸拱圈的受力状态，简化施工临时措施，保证施工的质量和安全。

（三）拱圈截面变化规律和截面尺寸的拟定

1. 拱圈截面变化规律

拱桥的主拱圈有等截面和变截面两种形式。所谓等截面拱，就是拱圈任一法向截面的横截面形状和尺寸是相同的。而变截面拱的法向截面，从拱顶到拱脚是逐渐变化的。变截面拱圈的做法通常有两种：一种是拱圈沿拱轴方向不变宽度而只变厚度；另一种是厚度不变而改变拱圈的宽度。

拱圈横截面沿跨径变化的规律，要能适应主拱圈内力变化的情况，有利于充分发挥主拱圈每个截面的材料强度。同时，截面变化的形式，还应考虑到使其构造简单、便于设计和施工。

在一般情况下，为了方便施工，拱桥宜采用等截面形式。目前在无铰拱桥设计中，对于跨径小于50m的石板拱桥，跨径小于100m的双曲拱、箱拱或钢筋混凝土箱肋拱桥，均可采用等截面形式。只有在更大跨径或很陡的砌筑拱桥中，为了节省砌筑工程减轻拱圈自重，可考虑采用拱圈截面由拱顶向拱脚增厚的变截面形式。

2. 截面尺寸的拟定

（1）拱圈宽度的确定

拱圈的宽度取决于桥面的宽度（行车道宽度和人行道宽度之和）。中、小跨径拱桥的栏杆（宽15～25cm），一般布置在帽石的悬出部分上。这样，拱圈的宽度就接近桥宽。

在大跨径拱桥中，为了减小主拱圈的宽度，可将人行道布置在钢筋混凝土悬臂上。钢筋混凝土人行道悬臂的做法大致有两种：一种是设置单独的人行道悬臂构件。另一种是采用横贯全桥的钢筋混凝土横挑梁，在挑梁上再安设钢筋混凝土人行道板。

采用悬臂式人行道结构，虽然用钢量较不设悬臂多，但减小了主拱圈宽度及墩台尺寸，节省了较多的砌筑量，从而能获得更大的经济效益，因此使用广泛。但悬出长度也不宜太大，一般以 1.0 ~ 2.0m 为宜，否则将增加悬臂的钢筋用量。同时，为了确保拱的横向稳定性，拱圈宽度一般不宜小于跨径的 1/20。否则，应验算拱圈的横向稳定性。

（2）主拱圈高度及主要构造的尺寸拟定

①实体板拱

大跨径石拱桥，其拱圈厚度可参照已建成拱桥的设计资料或参照其他经验公式进行估算。

②箱拱

拱圈的高度主要取决于拱的跨度，还与拱圈所用混凝土强度有很大关系，一般通过试算确定。

箱拱主拱圈截面形式有单室箱和多室箱两种。对于多室箱的截面，拱圈宽度确定之后，再横向划分成几个箱，主要取决于所采用的施工方法。箱形截面的挖空率可取 50% ~ 70%。拱箱由底板、腹板及顶板组成，其中腹板和顶板可由预制构件和现浇混凝土层组合构成。底板厚度、预制腹板厚度及预制顶板厚度均应不小于 100mm。腹板的现浇混凝土厚度（相邻板壁间净距）及顶板的现浇混凝土厚度应不小于 100mm。箱预制边外壁应适当加厚。

箱拱的拱箱内应每隔 2.5 ~ 5.0m 设置一道横隔板，横隔板厚度可为 100 ~ 150mm，在腹孔墩下面以及分段吊装接头附近均应设置横隔板，在 3/8 拱跨长度至拱顶段的横隔板，应取较大厚度并适当加密。箱形板拱的拱上建筑采用柱式墩时，立柱下面应设横向通长的垫梁，其高度不宜小于立柱净距的 1/5。

箱拱采用预制吊装成拱时，除按现浇混凝土要求处理接合面外，尚应设置必要的连接钢筋。

三、拱桥的施工

（一）有支架施工

有支架施工主要工序包括材料准备、拱圈放样、拱架制作与安装、拱圈与拱上建筑的砌筑等。

第一，拱架的种类很多，按使用材料可分为钢拱架、木拱架、竹拱架及"土牛拱胎"等形式。

钢拱架有多种类型，目前常采用常备式构件（又称万能杆件），在现场拼装，适应性强，运输安装方便，我国已在跨径170m的钢筋混凝土箱拱桥施工中成功地采用了钢桁拱架。木、竹拱架在材料产地，供应充足地区的中小跨径的拱桥施工中应用也很普遍，它一次性投资小，制作方便。在少雨地区以及施工期间可以改流的地方，也可用就地取材、简单经济的"土牛拱胎"代替拱架，即先在桥下用土或砂、卵石填筑一个"土胎"（俗称"土牛"），然后在上面砌筑拱圈，砌成之后再将填土撤除即可。

第二，拱架按其构造类型可分为满布式拱架、拱式拱架、混合拱架等，下面介绍前两种：①满布式拱架。满布式拱架的优点是施工可靠、技术简单、对木材和铁件规格要求较低。缺点是材料用量大、受洪水威胁大。在水深流急、漂流物较多及要求通航的河流上不能采用。满布式拱架通常有拱盔（拱架上部）、卸架设备、支架（拱架下部）三部分组成，一般常用形式有立柱式和撑架式。②拱式拱架。与满布式拱架相比，拱式拱架不需下部支架，因此不受洪水、漂流物的影响。

在施工期间能维持通航，适应于墩高、水深，流急或要求通航的河流。

（二）拱圈及拱上建筑的施工

1. 拱圈的施工

修建拱圈时，为保证整个施工过程中拱架受力均匀，变形最小，使拱圈的质量达到设计要求，砌筑拱圈前，应根据拱圈跨径、矢高、厚度及拱架的情况，设计拱圈砌筑程序，一般根据跨径大小、构造形式等分别采用不同繁简程度的施工方法：①跨径 < 10m 的拱圈，当用满布式拱架砌筑时，可从两端拱脚起向拱顶方向对称、均衡砌筑，最后砌拱顶石。当用拱式拱架砌筑时，宜分段、对称地先砌拱脚段和拱顶段，后砌 1/4 跨径段。②跨径 13 ~ 20m 的拱圈，不论用何种拱架，每半跨均应分成三段砌筑，先砌拱脚段和拱顶段，后砌 1/4 跨径段，两半跨应同时对称进行。③跨径 N25m 的拱圈，砌筑程序应符合设计规定。一般采用分段砌筑或分环分段相结合的方法砌筑，必要时应对拱架预加一定的压力。分环砌筑时，应待下环砌筑合龙、

砌缝砂浆强度达到设计强度的 85% 以上时，再砌筑上环。

分段的位置与拱架的受力和结构形式有关，一般应设置在拱架挠曲线有转折及拱圈弯矩比较大的地方，如拱顶、拱脚及拱架的节点上。对于石拱桥，分段间应预留 0.03 ~ 0.04m 的空缝，待拱圈砌筑砂浆强度达设计强度 85% 以上后再用 1∶1 的半干硬砂浆填塞空隙，填塞时应分层捣实。拱顶处封拱（如石拱桥拱顶石的砌筑）必须在所有空缝填塞并达到设计强度后才能进行。另外，还需注意封拱（合龙）时的大气温度是否符合设计要求，如设计无明确要求，宜在气温较低时（凌晨）进行。混凝土拱圈则应在分段间预留间隔槽，其宽度一般为 0.5 ~ 1.0m。

各段的接缝面应与拱轴线垂直，待各分段浇筑完成且混凝土强度达到 85% 设计强度，接合面按施工缝处理后，由拱脚到拱顶对称浇筑间隔槽混凝土。

当跨径大、拱圈厚度较大，由多层拱石或预制混凝土块等组成时，可将拱圈全厚分层（分环）施工，按分段施工法修建好一环合龙成拱，待砂浆或混凝土强度达到设计要求后，再浇筑（或砌筑）上面的一环。这样，第一环拱圈就能起拱的作用，参与拱架共同承受第二环拱圈结构（如拱石）的垂力，以后各环均照此进行。这样可以大大减小拱架的设计荷载（一般可按拱圈总重的 60% ~ 75% 计算石拱桥的拱架）。同时，分环施工合龙快，能保证施工安全，节省拱架材料。

2. 拱上建筑的施工

拱上建筑的施工，应在拱圈合龙、间隔槽混凝土或填缝砂浆达到设计要求后进行，设计无明确要求时按设计强度 30% 以上控制。对于石拱桥，一般不小于合龙后三昼夜。

拱上建筑的施工，应避免使主拱圈产生过大的不均匀变形。实腹式拱上建筑，应由拱脚向拱顶对称地砌筑。当侧墙砌筑好以后，再填筑拱腹填料及修建桥面结构等。

空腹式拱桥一般是在腹孔墩砌完后就卸落拱架，然后再对称均衡地砌筑腹拱圈，以免由于主拱圈的不均匀下沉而使腹拱圈开裂。

在多孔连续拱桥中，当桥墩不是按施工单向受力墩设计时，仍应注意相邻孔间的对称均衡施工，避免桥墩承受过大的单向推力，尤其是在裸拱圈上修筑拱上结构的多孔连拱更应注意，以免影响拱圈的质量和安全。

（三）缆索吊装施工

1.吊装方法

采用缆索吊装施工的拱桥，其吊装方法应根据桥的跨径大小，桥的总长及桥的宽度等具体情况而定。

拱桥的构件一般在河滩上或桥头岸边预制和预拼后，送至缆索下面，由起重机起吊牵引至指定位置安装。为了使端段基肋在合龙前保持在一定位置，在其上用扣索临时系住，然后才能松开吊索。吊装应自一孔桥的两端向中间对称进行。在最后一节构件吊装就位并将各接头位置调整到规定标高以后，才能放松吊索并将各接头接整合龙。最后将所有扣索撤去。

基肋（拱箱、拱肋或桁架拱片）吊装合龙要拟定正确的施工程序和施工细则并坚决按照执行。

拱桥跨径较大时，最好采用双基肋或多基肋合龙。基肋之间必须紧随拱段的拼装及时焊接（或临时连接）。端段拱箱（肋）就位后，除上端用扣索拉住外，应在左右两侧用一对称缆风索牵住，以免左右摇摆。中段拱箱（肋）就位时，宜缓慢放松吊索，务必使各接头顶紧，应避免简支搁置和冲击作用。

2.加载程序

对于中、小跨径拱桥，当拱肋的截面尺寸满足一定的要求时，可不做施工加载程序设计。按有支架施工方法对拱上结构做对称、均衡的施工。

对于大、中跨径的箱拱桥或双曲拱桥，一般多按分环、分段、均衡对称加载的总原则进行设计，即在拱的两个半跨上，按需要分成若干段，并在相应部位同时进行相等数量的施工加载。

但对于坡拱桥，必须注意其特点，一般应使低拱脚半跨的加载量稍大于高拱脚半跨的加载量。

在多孔拱桥的两个邻孔之间，也须均衡加载。两孔的施工进度不能相差太远，以免桥墩承受过大的单向推力而产生过大的位移，造成施工进度快的一孔的拱顶下沉，邻孔的拱顶上冒，而导致拱圈开裂。

一座连续多孔等跨径 85m 的箱拱桥的施工加载程序（拱箱吊装为闭口箱）。其程序如下：①先将各片拱箱逐一吊装合龙，形成一孔裸拱圈，然后将全部纵、横接头处理完毕，即浇筑接头混凝土，完成第一阶段加载。②浇筑拱箱间的纵缝混凝土。纵缝应分为两层浇筑，先只浇到大约箱高一半处，等其初凝后再浇满全高与箱顶齐平。横桥向各缝齐头并进。注意：下层纵缝应分段浇筑。③拱上各横墙加载。先砌筑 1 号、2 号横墙至 3 号横墙底面高度，再砌筑 1 号、2 号、3 号横墙至 4 号横墙底面高度；最后全部横墙（包括小拱拱座）同时砌筑完毕（左、右两半拱对称、均衡、同时进行）。④安砌腹拱圈及主拱圈拱顶实腹段侧墙。由于拱上横墙断面单薄，只能承受一片预制腹拱圈块件的单向推力，因此，安砌腹拱圈时，应沿纵向逐条对应安砌，直至完毕。⑤以后各步骤（包括拱顶填料、腹拱顶填料、桥面系等）按常规工艺要求进行，可不做加载验算。

第三节 斜拉桥

一、斜拉桥的受力特点及分类

（一）斜拉桥概述

斜拉桥指用锚固在塔、梁上的若干拉索吊住梁跨结构的桥，也叫斜张桥。其主要组成部分为主梁、拉索和索塔。与一般梁式桥相比，主梁除支撑于墩身上外，还支承在由索塔引出的拉干拉索将梁吊起，相当于使主梁在跨内增加了若干弹性支点，从而大大减少了梁内弯矩，使梁高降低并减轻重量，提高了梁的跨越能力。当然，拉索对梁的这种弹性支撑作用，只有在拉索处于拉紧状态时才能得到充分发挥。因此必须在桥梁承受活载之前对拉索进行张拉。这种体系的优点是：梁体尺寸较小，桥梁的跨越能力增大；受桥下净空和桥面高程的限制少；抗风稳定性比悬索桥好；不需悬索桥那样的集中锚碇构造；便于采用悬臂施工等。另外，由于它是多次超静定结构，设计计算复杂；索与梁或塔的连接构造比较复杂；施工中高空作业较多，且施工控制等技术要求严格。

（二）斜拉桥布置

1. 按孔跨布置分类

斜拉桥最典型的孔跨布置形式为双塔三跨式与独塔双跨式。在特殊情况下，斜拉桥也可以布置成独塔单跨式及多塔多跨式等。

双塔三跨式是一种最常见的斜拉桥孔跨布置方式。由于它的主孔跨度较大，一般可适用于跨越较大的河流、河口和海面。在跨越河流时，可用主孔一跨跨越，将两个桥塔设在河滩浅水处，两个边跨设在靠岸边；也可以将两个桥塔设在河中，用三孔来跨越整个河道或主航道。

双塔三跨式斜拉桥可以布置成两个边跨跨度相等的对称形式，也可以布置成两个边跨跨度不等的非对称形式。根据需要在构边跨内布置数量相等或不等的中间辅助墩，以提高结构体系的钢度。

独塔双跨式斜拉桥也是一种较为常见的孔跨布置方式，由于它的主孔跨径一般比双塔三跨式的主孔跨径小，故特别适用于跨越中等宽度的河流、谷地及交通道路。当采用双塔不经济时，可采用独塔跨越较宽河流的主航道部分，例如美国东亨丁顿桥、四川宜宾金沙江中坝大桥等。采用独塔双跨式时，根据河道情况，可以用两跨跨越河流，将桥塔设在河道中适当位置；也可以用主跨跨越河流，将桥塔及边跨设在河流的岸边。

独塔双跨式斜拉桥可以布置成两跨不对称的形式，即分为主跨与边跨；也可以布置成两跨对称即等跨形式。其中以两跨不对称形式较多，也较合理。

为增加主跨跨度，可将独塔双跨式斜拉桥的主跨梁端与连续梁（钢构）相连，形成带协体系的斜拉桥，如广东西江金马大桥。另外，在适宜的地形条件下，有时也可采用独塔单跨式斜拉桥，此时边跨跨度很小甚至没有边跨，靠岸边的斜拉索（背索）直接锚固在地面锚碇上。

在跨越宽阔水面或谷地时，由于桥梁长度大，必要时也可采用三塔或多塔斜拉桥，如宜昌夷陵氏江大桥（三塔），香港汀九大桥（三塔，塔高不同），希腊里奥安托里恩桥（四塔）和法国米约高架桥等。由于中间桥塔没有端锚索来有效地限制塔顶的水平变位，多塔斜拉桥的结构柔性会有所增大。

2.按主梁的支撑体系分类

斜拉桥在索塔处及墩（含辅助墩）处的支撑形式对主梁的受力及结构的使用性能影响较大。

按主梁支撑条件不同，其可分为连续梁式和连续钢架式等。连续梁式往往在墩台支撑处仅用一个固定钗支座，其余为活动支座，梁的温度变位、水平变位等则由斜索予以约束。主梁采用连续梁式可以获得连续梁桥的主要优点，如行车顺畅、伸缩缝少，便于采用连续梁桥的各种施工方法等。目前广泛采用的形式，称为半漂浮体系。若将中间支点的支撑改为吊索，就形成漂浮体系，它可以减少索塔支点处梁的负弯矩，但梁的横向变位应加以约束。连续钢架式与一般钢架不同之处在于梁、墩与塔在支点处连成整体，形成十字固结，此处要抵抗很大的负弯矩，因此主梁截面要足够强劲，构造也较复杂。这类形式有利于简化平衡对称施工，且抵抗中跨变形的钢度较大。

3.按拉索布置形式分类

（1）拉索的索面位置

拉索按其所组成的平面，通常分为单索面和双索面，双索面又可分为双平行索面和双斜索面。

双斜索面的拉索可以提高梁的抗扭能力，抗风动力性能较好。

单索面设置在桥梁纵轴线上，这对于设置分车带的桥梁特别合适，基本上不需要增加桥面宽度，具有最小的桥墩尺寸和简洁的视觉效果。但是，单平面拉索只能支撑竖向荷载，由于竖向不对称活载或横向荷载（如风力）的作用而使主梁受扭，主梁横截面宜采用闭合箱梁。

对特殊情况，可能采用三索面，如正在建造的武汉天兴洲公铁两用桥，为突出桥梁造型，只在主跨内布置斜索，而取消边跨内或岸侧的斜索。具有这样索面布置的斜拉桥称为"无背索斜拉桥"，多在倾斜独塔斜拉桥中采用。

（2）拉索的索面形状

①辐射形

这种布置方法是将全部拉索汇集到塔顶，使各根拉索都具有可能的最大倾角。由于索力主要由其垂直分力的需要而定，因此索的拉力及截面可较小；而且辐射索使结构形成几何不变体系，对变形及内力分布都有利。这种做法的不足是：有较多数量的拉索汇集到塔顶，将使锚头拥挤，构造处理较困难；塔身从顶到底都受最大压力，自由长度较大，塔身钢度需保证压曲稳定的要求。

②扇形

扇形是介于辐射形和平行形之间的形式，一般在塔上和梁上分别按不同的等间距布置，兼顾了以上两种形式优点而弥补了其不足，因此应用广泛。

③平行形

平行形中各拉索彼此平行，各索倾角相同。各对拉索分别锚固在塔的不同高度上，于是索与塔的连接构造易于处理；由于倾角相同，各索的锚固构造相同，塔中压力逐段向下加大，有利于塔的稳定性。但是索的用钢量较大；由于各对索力的差别，将在塔身各段产生较大的弯矩；由于是几何可变体系，对内力及变形的分布较不利，不过可以通过采用在边跨内设置辅助墩的办法来加以改善。

除此以外，还有星形（索在塔上分散锚固，在梁上汇集于一处），混合形（中跨为扇形，边跨为平行形或其他形状，多配合独塔斜拉桥采用），曲面形（索面形成空间曲面状，可用于讲究桥梁造型的城市桥梁和人行桥）等。正常情况下，所有斜拉索的下端均锚固于梁体。特殊情况下，也可将边跨靠外的部分长索（锚索）锚固于地面。

（3）索距的选择

根据拉索在主梁上的间距，有稀索斜拉桥（对于钢梁，间距为30 ~ 60m，对于混凝土梁，为15 ~ 30m）与密索斜拉桥（6 ~ 8m）之分。早期斜拉桥多采用稀索，目前则多用密索。密索斜拉桥有下述优点：索间距较短，主梁弯矩可减小，每根索的拉力较小，锚固点的构造简单；悬臂施工时所需辅助支撑较少，甚至可以不要；每根拉索截面及受力较小，易于更换。

（4）索塔的布置形式

斜拉桥索塔的布置形式分为沿桥纵向的布置形式和沿桥横向的布置形式，其中后者又因索面的布置位置不同而有所差异。索塔的纵向形式一般为单柱形。当需索塔的纵向钢度较大，或者需要有2或4根塔柱来分散索塔的内力时，常常做成倒V形、倒Y形等。倒V形也可增设一道中间横梁变为A形。

索塔的部分横向布置形式适用于单索面的形式有单柱形、倒V形或A形、倒Y形，适用于双索面的形式有双柱式、门式（两根塔柱可以竖直，也可以略带倾斜）、H形（两根塔柱可以是如图所示的折线形，也可以布置成竖直形或倾斜形）、倒V形、倒Y形。

在斜拉桥的总体布置中，索塔高度与拉索的倾角有关，故其选取也是涉及工程技术经济指标的一个重要参数。塔的有效高度一般从桥面以上算起。桥塔越高，拉索的倾角越大，斜拉索垂直分力对主梁的支撑效果也越好，但桥塔与拉索的材料用量也要增加。因此，桥塔的适宜高度要由经济比较来决定。根据实桥资料分析，对于双塔斜拉桥，塔高与主跨之比约1/7 ~ 1/4；其中钢斜拉桥多为1/5；对于独塔斜拉桥，该值为1/4.7 ~ 1/2.7。

二、斜拉桥的构造

（一）主梁截面

斜拉桥的主梁截面形式根据所用材料（混凝土、钢或两者）及索面的布置方式有所不同。一般来说，在主梁的横截面形式方面，梁式桥主梁的不少横截面形式都可用于斜拉桥，但需注意到由于梁在跨间支撑在一排或两排拉索支点上，因此要求横截面的抗扭钢度比较好，而且便于拉索与主梁连接。

混凝土主梁常用横截面形式结构最简单，为锚固斜索，板边时常需要加厚。它的建筑高度小，在索距较密而桥宽不大的情况下，尚能满足一定的抗扭能力要求，因此在条件适合时可采用。经过风洞试验分析得到的一种风动力性能良好的半封闭箱形截面。此截面两侧为三角形封闭箱，端部加厚以锚固斜索。两三角形间为整体桥面板，除个别需要的梁段外，不设底板。此种截面在满足抗弯、抗扭钢度的要求下，有良好的抗风动力性能，适合于索距较密的宽桥。板式边主梁截面，为常用双主梁截面的一种改进形式。双主梁可靠边布置，也可向里布置（外侧形成人行道悬臂板）；视桥面宽度，可设（或不设）横梁以及两主梁之间的小纵梁。这种截面形式构造简单，施工方便，用料较省。闭合箱形截面有极大的抗弯和抗扭能力，尤其适用于斜索为单平面布置的斜拉桥。将外侧腹板做成倾斜式，既可改善风动力性能，又可减小墩台宽度。其缺点是节段重量较大，若采用悬臂浇筑，内模装拆较麻烦。较典型的单索面单室箱形截面，箱室内沿纵向设置一对预应力加劲斜杆，借以将索力有效地传至整个截面。将中间腹板改为斜撑并增设横撑，可以减轻梁体重量。倒三角形截面，对抗风特别有利。

钢梁的常用横截面形式主要有双主梁、钢箱梁、桁架梁等。双主梁一般采用两根"工"字形钢主梁或钢箱梁，上置钢桥面板，主梁之间用钢横梁连接。钢箱梁截面的形式多样，有单箱单室、多箱单室、多箱多室等布置；为提高抗风稳定性，大跨度钢斜拉桥往往采用扁平钢箱梁。斜拉桥采用钢桁梁则主要是为了满足布置双层桥面（公铁两用）的需要。

钢斜拉桥（以及后述悬索桥的加劲梁）的桥面往往采用正交异性板。它是指在钢桥面板（或钢箱梁上翼缘）下布置纵向及横向的、开口或闭口的加劲肋而形成的一种桥面构造。因加劲肋在平面纵横两个方向上正交且桥面板在两个方向的抗弯惯性矩不同，故此得名。

结合梁（钢梁与混凝土桥面板）斜拉桥在 20 世纪 80 年代才得到发展。与混凝土主梁相比，结合梁自重较小、施工方便；与正交异性钢桥面板相比，混凝土桥面板耐磨耗、造价低。由于构件的工厂制造化程度较高、易于组装，结合梁斜拉桥的建造费用较低。

斜拉桥索塔的主要构件是以承受压力为主的塔柱。塔柱可竖直或倾斜布置，可取单根或多根。当采用多根时，各塔柱之间需布置横梁。混凝土斜拉桥常用的花瓶形索塔，整个塔柱由上、中、下三段组成；为简化设计和施工，拉索锚固区可集中布置在上塔柱内。主梁的中间支座布置在下横梁上，该横梁不仅为主梁提供支撑，还得承受塔柱因转折而产生的拉力。上横梁主要起联系作用，有必要时，也可在塔顶增设横梁。

根据材料划分，索塔有混凝土塔、钢塔和钢混结合的索塔。

混凝土斜拉桥和一部分钢斜拉桥采用混凝土塔，其优点表现在：塔身钢度较大，造价较低，易于成形，养护简单。索塔或塔柱的基本截面形状是矩形，在此基础上，可变化为五角形（矩形靠桥外侧的一边形成转折）、六角形（矩形靠桥上、下游侧的两边均形成转折）、八角形（去掉矩形的四个角）等。对中小跨度的斜拉桥，多采用实心截面；对大跨度斜拉桥，宜采用空心截面。

当塔柱为空心截面时，横梁也多如此。沿塔柱高度，可保持截面不变（对中小跨度）或有所变化（尤其对下塔柱）。另外，在拉索锚固区，应水平设置井字形或双"U"形预应力钢筋，以保证传力可靠，避免混凝土受拉沿塔柱竖向开裂。

钢斜拉桥可采用钢塔。钢塔柱的基本截面是带竖向加劲肋和水平横隔板的箱形。国外（如日本、德国等）采用钢索塔的实例较多，近年来我国也开始尝试。

（二）拉索

拉索对斜拉桥的工作状态影响很大，而且造价占全桥的 25% ~ 30%，因此对其构造要予以高度重视。

斜拉桥的拉索材料一般沿用悬索桥的大缆所采用的材料或预应力钢筋所用材料。目前在世界范围内用得较多的有平行钢丝索、钢绞线索和封闭式钢索等，在某些斜拉桥上也用过高强钢筋和型钢。

用平行排列的粗钢筋作为拉索，在少数斜拉桥中有过成功的运用。粗钢筋抗锈蚀能力好，便于锚固，但强度较低，材料长度较短（有时需要接长），运用有一定困难，故在斜拉桥中用得较少。

平行钢丝索在工厂制造，通常配合具有良好抗疲劳性能的冷铸墩头锚使用。它是先在锚板上钻孔（孔径稍大于钢丝直径），然后穿过钢丝，使用墩头机在钢丝端头锹头，最后进行整体张拉锚固，锻头就被支撑在锚板上。平行钢绞线索在工厂制成半成品（对每股钢绞线均进行防护处理），在现场装配成整索，需配合夹片锚使用。拉索用夹片锚为群锚体系，挂索张拉时，需先对每股钢绞线单独施锚，并采取措施保证各股钢绞线受力均匀、保证夹片在低应力状态下不松脱，然后按要求进行整体张拉。

三、斜拉桥的施工

一般来说，梁桥施工中可采用支架上拼装或现浇、悬臂拼装或浇筑、顶推法和平转法等。由于斜拉桥梁体尺寸较小，各节段间有拉索，索塔还可以用来架设辅助钢索，因此对各种无支架施工法更为有利。采用何种施工方法，要根据桥梁的构造特点、施工技术及设备、现场环境条件等因素，由设计部门与施工部门研究决定。

在支架或临时支墩（墩间设托架）上修建的方法最简单方便，但这类方法只有当桥面不高、桥下容许搭设支架或支墩时才有可能。混凝土斜拉桥边跨端部一定长度梁段，因需要配重而无法悬臂施工，多采用支架施工方法。

顶推法施工，只适用于塔梁固结、梁墩分离的斜拉桥体系，可分为纵移和横移两种情况。纵移与连续梁所用顶推法大致相同。横移指在平行于桥轴线的桥位一侧修建上部结构，然后横向顶推到桥轴位置。因为能使交通中断时间减少，这种方法最适用于替换旧桥。

平转法与拱桥中所采用的转体法相似，即将上部结构分为两半，分别沿两岸顺河流方向的较矮支架上制作，然后以索塔为圆心旋转到桥位合龙。采用此法修建的斜拉桥不多，跨径也不大。

悬臂施工法是斜拉桥普遍采用的方法。它可以是在支架（或支墩）上建造边跨，然后中跨采用悬臂施工的单悬臂法，也可以是对称平衡施工的双悬臂法。悬臂施工法的工序大致分为，修建索塔→吊装主梁节段（悬臂拼装法）或现浇混凝土主梁节段（悬臂浇筑法）→安装并张拉斜索→两者交替进行直至合龙。

悬臂浇筑法可采用常规挂篮施工，也可充分利用拉索，配合牵索式挂篮（也称为前支点挂篮）施工。这种挂篮的特点是，在浇筑梁段之前，将位于这一梁段内的拉索预先与挂篮前端相连并张拉，作为挂篮的"前支点"。随着恒载的增加，视情况分次张拉拉索；梁段施工完成后，再将索力从挂篮上转换到梁段上。牵索式挂篮的重量较小，适于施工阶段对梁的混凝土应力变化要求较严的斜拉桥。

索塔需在梁部施工前完成，塔柱可采用翻模技术施工，对横梁，则只能在支架上现浇施工。

第四节 悬索桥

一、悬索桥概述

悬索桥，又名吊桥（Suspension Bridge）指的是以通过索塔悬挂并锚固于两岸（或桥两端）的缆索（或钢链）作为上部结构主要承重构件的桥梁。其缆索几何形状由力的平衡条件决定，一般接近抛物线。从缆索垂下许多吊杆，把桥面吊住，在桥面和吊杆之间常设置加劲梁，同缆索形成组合体系，以减小荷载所引起的挠度变形。

二、原理

悬索桥中最大的力是悬索中的张力和塔架中的压力。由于塔架基本上不受侧向的力，它的结构可以做得相当纤细，此外悬索对塔架还有一定的稳定作用。假如在计算时忽视悬索的重量的话，那么悬索形成一个抛物线。这样计算悬索桥的过程就变得非常简单了。老的悬索桥的悬索一般是铁链或连在一起的铁棍。现代的悬索一般是多股的高强钢丝。

三、性能

按照桥面系的钢度大小，悬索桥可分为柔性悬索桥和钢性悬索桥。柔性悬索桥的桥面系一般不设加劲梁，因而钢度较小，在车辆荷载作用下，桥面将随悬索形状的改变而产生 S 形的变形，对行车不利，但它的构造简单，一般用作临时性桥梁。钢性悬索桥的桥面用加劲梁加强，钢度较大。加劲梁能同桥梁整体结构承受竖向荷载。除以上形式外，为增强悬索桥钢度，还可采用双链式悬索桥和斜吊杆式悬索桥等形式，但构造较复杂。

桥面支承在悬索（通常称大揽）上的桥称为悬索桥。英文为 Suspension Bridge，是"悬挂的桥梁"之意，故也有译作"吊桥"的。"吊桥"的悬挂系统大部分情况下用"索"做成，故译作"悬索桥"，但个别情况下，"索"也有用钢性杆或键杆做成的，故译作"悬索桥"不能涵盖这一类用桥。和拱肋相反，悬索的截面只承受拉力。简陋的只供人、畜行走用的悬索桥常把桥面直接铺在悬索上。通行现代交通工具的悬索桥则不行，为了保持桥面具有一定的平直度，是将桥面用吊索挂在悬索上。与拱桥用钢性的拱肋作为承重结构不同，其采用的是柔性的悬索作为承重结构。为了避免在车辆驶过时，桥面随着悬索一起变形，现代悬索桥一般均设有钢性梁（又称加劲梁）。桥面铺在钢性梁上，钢性梁吊在悬索上。现代悬索桥的悬索一般均支承在两个塔柱上。塔顶设有支承悬索的鞍形支座。承受很大拉力的悬索的端部通过锚碇固定在地基中，也有个别固定在钢性梁的端部者，称为自锚式悬索桥。

四、特点

相对于其他桥梁结构悬索桥可以使用比较少的物质来跨越比较长的距离。悬索桥可以造得比较高，容许船在下面通过，在造桥时没有必要在桥中心建立暂时的桥墩，因此悬索桥可以在比较深的或比较急的水流上建造。

悬索桥比较灵活，因此它适合大风和地震区的需要，比较稳定的桥在这些地区必须更加坚固和沉重。

悬索桥的坚固性不强，在大风情况下交通必须暂时被中断。

悬索桥不宜作为重型铁路桥梁。

悬索桥的塔架对地面施加非常大的力，因此假如地面本身比较软的话，塔架的地基必须非常大和相当昂贵。

悬索桥的悬索锈蚀后不容易更换。

五、建造方法

假如塔架要建在水上的话，在塔架要站立的地方首先要使用沉箱来排挤软的地层，来建立一个固定的地基。假如下面的岩石层非常深无法用沉箱达到的话，那么要使用深钻的方式达到岩石层或建立非常大的人造的混凝土地基。这个地基一直要延伸出水面。假如塔架要建在陆地上，它的地基必须非常深，在地基上用混凝土、巨石和钢结构建立桥墩。有些桥的桥墩是桥面的一部分，在这种情况下桥墩的高度至少要达到桥面的高度。

在塔架的顶部有一个被称为鞍的光滑的结构。桥完成后这个鞍可能要被固定住。锚锭被固定在岩石中，沿着未来悬索的路径纤起一根或一组暂时的绳或线。另一股绳被悬挂在第一股绳的上方，在这股绳上一个滑车可以运行。这个滑车可以从一端的锚碇运行到另一端的锚碇。每股悬索需要一个这样的滑车，一股一般直径小于1cm的高强度钢丝的一段被固定在一个锚碇中，另一端被固定在滑车上并被这样牵引到另一端的锚碇，然后被固定在这个锚碇上，然后滑车回到它开始的锚碇上去牵引下一股高强度钢丝或从它正所在的方向开始牵引下一股高强度钢丝。

钢丝被牵引后要进行防锈处理，这样多股高强度钢丝被牵引，连接两端的锚碇。一般这些钢丝的横截面是六角形的，它们被暂时地绑在一起，所有钢丝被牵引后它们被一个高压液压机构和其他钢丝挤压到一起，这样形成的悬索的横截面是圆形的。

在悬索上在等距离的位置上要加上索夹，事先计算好长度的悬挂索被架在索夹上。这些悬挂索的另一端将来要固定桥面，使用专门的起重机，桥面被一块接着一块地挂在悬挂索上。这个起重机可以自己挂在悬索上或挂在特别的临时的索上。桥面可以从桥下的船上吊起或从桥的两端运到它们应该放到的地方。当所有桥面被挂上后，通过调节悬索可以使桥面达到计划的曲线。一般水面上的桥的桥面呈拱形，以便桥下船只通行。陆上的悬索桥的桥面一般是平的。桥面完成后可以进行其他细节工作，比如排水防水系统、伸缩缝、装灯、栏杆、涂漆、铺路等等。

六、受力分析

（一）受力原理

自锚式悬索桥的上部结构包括：主梁、主缆、吊杆、主塔四部分。传力路径为：桥面重量、车辆荷载等竖向荷载通过吊杆传至主缆承受，主缆承受拉力，而主缆锚固在梁端，将水平力传递给主梁。由于悬索桥水平力的大小与主缆的矢跨比有关，所以可以通过矢跨比的调整来调节主梁内水平力的大小。一般来讲，跨度较大时，可以适当增加其矢跨比，以减小主梁内的压力；跨度较小时，可以适当减小其矢跨比，使混凝土主梁内的预压力适当提高。

由于主缆在塔顶锚固，为了尽量减少主塔承受的水平力，必须保证边跨主缆内的水平力与中跨主缆产生的水平力基本相等，这可以通过合理的跨径比来调节，也可以通过改变主缆的线形来调节。

另外，自锚式悬索桥中的恒载由主缆来承受，而活载还需要由主梁来承受，所以主梁必须有一定的抗弯钢度，主梁的形式以采用具有一定抗弯钢度的箱形断面较为合适。

（二）结构特点

采用自锚式结构体系，和地锚式相比可以不考虑地质条件的影响，而且由于免去了巨大的锚锭，降低了工程造价。采用自锚，将主缆锚固于加劲梁之上，相比同等跨径的其他桥型，更有其特有的曲线线形，外观优雅，而且现代桥梁除了满足自身的结构要求外，也越来越注重景观设计，其发展前途很大。

自锚式悬索桥采用混凝土加劲梁，虽然增加了体系的自重，但也增加了体系的刚度，在一定的跨度允许范围内，使桥梁的安全性指标、适用性指标、经济性指标、美观性指标得到了完美的统一。对结构受力而言，由于采用了自锚体系，将索锚固于主梁上，利用主梁来抵抗水平轴力，对于混凝土这种抗压性能好的材料来说无疑是相当于提供了免费的预应力。因此采用的是普通钢筋混凝土结构，节省了大量的预应力器具，而且又由于混凝土材料相对于钢材料的经济性，工程造价大大减少。但是由于混凝土的抗拉、弯的性能较差，所以对其进行受力分析时应综合考虑这个特点。

由于自锚式悬索桥的主缆拉力是传递给桥梁本身，而不是锚锭体，主缆拉力的水平分力在桥梁的上部结构中产生压力，如果两端不受约束的话，其垂直分力将使桥梁的两端产生上拔力。例如金石滩悬索桥桥采用了两种办法来抵抗这种上拔力：一是在锚块处设置拉压支座；二是在主桥和引桥的交接处设置牛腿，从而将引桥的重量压在主梁上。

由于主梁采用混凝土材料，设计和计算时必须计入混凝土的收缩等因素的影响，这就使得混凝土自锚式悬索桥的设计较钢桥更为复杂。

七、施工工艺

（一）主塔施工

悬索桥一般主塔较高，塔身大多采用翻模法分段浇筑，在主塔联结板的部位要注意预留钢筋及模板支撑预埋件。对于索鞍孔道顶部的混凝土要在主缆架设完成后浇筑，以方便索鞍及缆索的施工。主塔的施工控制主要是垂直度监控，每段混凝土施工完毕后，在第二天早晨 8：00 至 9：00 间温度相对稳定时，利用全站仪对塔身垂直度进行监控，以便调整塔身混凝土施工，应避免在温度变化剧烈时段进行测试，同时随时观测混凝土质量，及时对混凝土配比进行调整。

（二）鞍部施工

检查钢板顶面标高，符合设计要求后清理表面和四周的销孔，吊装就位，对齐销孔使底座与钢板销接。在底座表面进行涂油处理，安装索鞍主体。索鞍由索座、底板、索盖部分组成，索鞍整体吊装和就位困难；可用吊车或卷扬设备分块吊运组装。索鞍安装误差控制在横向轴线误差最大值 3mm 标高误差最大值 3mm。吊装入座后，穿入销钉定位，要求鞍体底面与底座密贴，四周缝隙用黄油填实。

（三）主梁浇筑

主梁混凝土的浇筑同普通桥一样，首先，梁体标高的控制必须准确，要通过精确的计算预留支架的沉降变形；其次，梁体预埋件的预理要求有较高的精度，特别是拉杆的预留孔道要有准确的位置及良好的垂直度，以保证在正常的张拉过程中拉杆始终位于孔道的正中心。

主梁浇筑顺序应从两端对称向中间施工，防止偏载产生的支架偏移，施工时以水准仪观测支架沉降值，并详细记录。待成型后立即复测梁体线型，将实际线型与设计线型进行比较，及时反馈信息，以调整下一步施工。

（四）索部施工

1. 主缆架设

缆索的支撑：为避免形成绞，将成圈索放在可以旋转的支架上。在桥面每 4 ~ 5m，设置索托辊（或敷设草包等柔性材料），以保证索纵向移动时不会与桥面直接摩擦造成索护套损坏。因锚端重量较大，在牵引过程中采用小车承载索锚端。

缆索的牵引：牵引采用卷扬机，为避免牵钢丝绳过长，索的纵向移动可分段进行，索的移动分三段，分别在二桥塔和索终点共设三台卷扬机。

缆索的起吊：在塔的两侧设置导向滑车，卷扬机固定在引桥桥面上主桥索塔附近，卷扬机配合放索器将索在桥面上展开。主要用吊车起吊，提升时避免索与桥塔侧面相摩擦。当索提升到塔尖时将索吊入索鞍。在主索安装时，在桥侧配置了 3 台吊机，即锚固区提升吊机、主索塔顶就位吊机和提升倒链。

当拉索锚固端牵引到位时，用锚固区提升吊机安装主索锚具，并一次锚固到设计位置，吊机起重力在 5t 以上；主索塔顶就位吊机是在两座塔的两侧安置提升高度大于 25m 时起重力大于 45t 的汽车吊，用于将主索直接吊上塔顶索鞍就位，在吊装过程中为避免索的损伤，索上吊点采用专用索夹保护；主索在提升到塔顶时，由于主跨的索段比较长，为确保吊机稳定，可在适当的时候用塔上提升倒链协助吊装。

2. 主缆调整

在制作过程中要在缆上进行准确标记。标记点包括锚固点、索夹、索鞍及跨中位置等。安装前按设计要求核对各项控制值，经设计单位同意后进行调整，按照调整后的控制值进行安装，调整一般在夜间温度比较稳定的时间进行。调整工作包括测定跨长、索鞍标高、索鞍预偏量、主索垂直度标高、索鞍位移量以及外界温度，然后计算出各控制点标高。

主缆的调整采用 75t 千斤顶在锚固区张拉。先调整主跨跨中缆的垂直标高，完成索鞍处固定。调整时应参照主缆上的标记以保证索的调整范围。主跨调整完毕后，边跨根据设计提供的索力将主缆张拉到位。

3. 索夹安装

为避免索夹的扭转，索夹在主索安装完成后进行。首先复核工厂所标示的索夹安装位置，确认后将该处的 PE 护套剥除。索夹安装采用工作篮作为工作平台，将工作篮安装在主缆上（或同普通悬索桥一样搭设猫道），承载安装人员在其上进行操作。索夹起吊采用汽吊，索夹安装的关键是螺栓的坚固，要分二次进行）索夹安装就位时用扳手预紧，然后用扭力扳手第一次坚固，吊杆索力加载完毕后用扭力扳手第二次紧固。索夹安装顺序是中跨从跨中向塔顶进行，边跨从锚固点附近向塔顶进行。

4. 吊杆安装及加载

吊杆在索夹安装完成后立即安装。小型吊杆采用人工安装，大型吊杆采用吊车配合安装。

由于自锚式悬索桥在荷载的作用下呈现出明显的几何非线性，因此吊杆的加载是一个复杂的过程。主缆相对于主梁而言钢度很小。如果吊杆一次直接锚固到位，无论是张拉设备的行程还是张拉力都很难控制，而全桥吊杆同时张拉调整在经济上是不可行的。为了解决这个问题，就必须根据主梁和主缆的钢度、自重采用计算机模拟的办法，得出最佳加载程序。并在施工过程中，通过观测，对张拉力加以修正。

吊索张拉自塔柱和锚头处开始使用 8 台千斤顶对称张拉。吊索底端冷铸锚具，其锚杯铸有内外螺纹，内螺纹用于连接张拉时的连接杆以便千斤顶作用，外螺纹用螺母连接后将吊杆固定于锚垫板上。由于主缆在自重状态标高较高，导致吊杆在加载之前下锚头处于主梁梁体之内，因此在张拉时需配备临时工作撑脚和连接杆。

第一次张拉施加 1/4 的设计力将每一根吊杆临时锁定；第二次顺序与第一次相同，按设计力张拉完，然后检测每一根吊杆的实际荷载，最后根据设计力具体对每一根吊杆进行微调。在吊索的张拉过程中，塔顶与鞍座一起发生位移；塔根承受弯矩，这样有可能产生塔根应力超限的危险，为了不让塔根应力超限，张拉一定程度后，根据实际观测及计算分析，进行索鞍顶推，使塔顶回到原来无水平位移时的状态。如此反复后，将每根吊索的张拉力调整至设计值。

施工过程的控制对于自锚式混凝土悬索桥每一道工序的施工均非常重要，尤其在索部施工过程中每一阶段每一根吊索的索力都要及时准确的反馈。吊索张拉时千斤顶的油表读数是一个直观反映，另外利用智能信号采集处理分析仪通过对吊索的振动测出其所受的拉力，两种方法互相检验，确保张拉时每一根吊索的索力与设计相吻合。

七、主要问题

（1）更优越的施工方法的研究。例如将中跨主缆锚固在主梁的底部，用转体施工，从而可以在一定程度上克服施工上的困难，但在跨径较大的情况下，如何保证转体施工时的稳定性，还需要做进一步的研究。

（2）主缆锚固点锚下应力的分布研究。

（3）当主缆外包钢管混凝土时，吊杆在主缆上的锚固方式研究。

（4）吊杆及主缆的合理张拉顺序研究。

（5）新型材料的研究和开发。

（6）受力体系及理论的进一步完善。

八、影响分析

（1）通过国内工程时间证明，钢筋混凝土自锚式悬索桥在中小跨径上是一种既经济又美观的桥型，结构的钢度也相对较大，对于中小跨径的公路桥梁和人行桥都适合建造。

（2）对于钢筋混凝土结构的自锚式悬索桥，锚块的设计是一个关键环节，它不但影响结构的整体工作性能，也是影响桥梁的经济效益和美观要求，应给予足够的重视。

（3）自锚式悬索桥主缆的锚固形式是与地锚式的最大不同之处，根据受力大小和锚块构造要求的不同，可采取直接锚固、散开锚固和环绕式锚固等方式。

（4）由于主缆非线性的影响而使吊索张拉时的施工控制变得尤为关键。

（5）加劲梁采用钢材造价较贵，并且钢结构容易在轴力作用下压屈。而采用钢筋混凝土材料恰好可以克服这两个缺点。

尽管自锚式悬索桥有着自身的缺点和局限，但在中小跨径上是一种很有竞争力的方案。这种在20世纪曾被忽视很长一段时间的桥型随着社会的进步又得到了人们的重新认识，自锚式悬索桥的设计理论和施工方法也将趋于完善，跨越能力也会不断提高，相信在以后会有越来越多的方案倾向于这种桥型。

第七章 桥梁基础施工技术

第一节 明挖扩大基础施工

一、基础定位放样

在基坑开挖前，先进行基础的定位放样工作，以便将设计图上的基础位置准确地设置到桥址上。放样工作系根据桥梁中心线与墩台的纵横轴线，推出基础边线的定位点，再放线画出基坑的开挖范围。基坑各定位点的高程及开挖过程中高程检查，一般用水准测量的方法进行。

二、基坑开挖

（一）土方边坡及其稳定

1. 土方边坡

为了防止塌方，保证施工安全，在开挖深度超过一定限度时，均应在其边沿做成一定坡度的边坡。

2. 边坡的稳定

基坑边坡的稳定，主要是由于土体内土颗粒之间存在摩擦阻力和内聚力，使土体具有一定的抗滑力来保持稳定。当土体的下滑力大于抗滑力，边坡就会失去稳定而发生滑动，这种滑动一般是在一定范围内整体沿某一滑动面向下和向外移动。一旦土体失去平衡，土体就会塌方，不仅会造成人身安全事故，影响工期，有时还会危及邻近建筑物的安全。

基坑边坡的失稳往往是在外界不利因素影响下触发和加剧的。这些外界不利因素往往会导致土体剪应力的增加或抗剪强度的降低。

引起土体剪应力增加的因素主要如下。

坡顶上堆积物、行车等荷载；雨水或地面水渗入土中使土中的含水量增加而造成土的自重增加；地下水的渗流产生一定的动水压力；土体的竖向裂缝中的积水产生侧向静水压力；边坡过陡，土体本身稳定性不够。

引起土体抗剪强度降低的因素主要有：土质本身较差或因气候影响使土质松软；体内含水量增加使土体内聚力降低、产生润滑作用；饱和的细砂、粉砂因受震动而液化等。

（二）基坑开挖的方式

1.陆地基坑开挖

（1）坑壁不加支撑的基坑

对于在干涸无水河滩、河沟中，或有水经改河或筑堤能排除地表水的河沟中；在地下水位低于基底，或渗透量少，不影响坑壁稳定；以及基础埋至不深（一般在 5 m 以内），施工期较短，挖基坑时不影响临近建筑安全的施工场所，可考虑选用坑壁不加支撑的基坑。

不加支护的基坑开挖时，坑壁依靠土体本身的抗剪强度，或采取适量放坡的方式来解决边坡的稳定问题。

基坑开挖时，坑壁的形式有直坡式、斜坡式和踏步式等。

直坡坑壁基坑：当基础土质均匀，地下水位低于基坑，基坑顶边缘无荷载，土体处于半干硬或硬塑状态时，可采用坑壁不加支护而垂直开挖的方法。如果坑壁垂直开挖超过挖深限值时，可采取踏步式坑壁开挖法或考虑放坡开挖以及做成直立壁加支撑。

斜坡坑壁基坑：在天然土层上挖基坑，若深度在 5 m 以内，施工期较短，基底处于地下水位以下，且土的湿度正常，构造均匀时，可采用放坡开挖。如果基坑开挖通过不同的土层时，可按土层分层选定边坡坡度，并留出至少0.5 m 宽的台阶。若土的湿度过大，可能引起坑壁坍塌时，坑壁坡度应采用该湿度下土的天然坡度。

（2）坑壁有支撑的基坑

当基坑壁坡不易稳定并有地下水渗入，或放坡开挖场地受到限制，或基坑较深、放坡开挖工程数量较大，不符技术经济要求时，可视具体情况，采用以下的加固坑壁措施，如挡板支撑、钢木结合支撑、混凝土护壁及锚杆支护等。常用的坑壁支撑形式有：直衬板式坑壁支撑、横衬板式坑壁支撑、框架式支撑及其他形式的支撑（如锚桩式、锚杆式、锚锭板式、斜撑式等）。

2. 水中基础的基坑开挖

桥梁墩台基础大多位于地表水位以下，有时水流还比较大，施工时都希望在无水或静止水条件下进行。桥梁水中基础最常用的施工方法是围堰法。围堰的作用主要是防水和围水，有时还起着支撑施工平台和基坑坑壁的作用。公路桥梁常用的围堰的类型有：土石围堰、木笼围堰或竹笼围堰、钢板桩围堰、套箱围堰。

围堰必须满足以下的要求：①围堰顶高宜高出施工期间最高水位 700 mm，最低不应小于 500 mm，用于防御地下水的围堰宜高出水位或地面 200 ~ 400 mm。②围堰的外形应适应水流排泄，大小不应压缩流水断面过多，以免壅水过高危害围堰安全，以及影响通航、导流等。围堰内形应适应基础施工的要求，并留有适当的工作面积。堰身断面尺寸应保证有足够的强度和稳定性，使基坑开挖后，围堰不致发生破裂，滑动或倾覆。③围堰要求防水严密，应尽量采取措施防止或减少渗漏，以减轻排水工作。对围堰外围边坡的冲刷和筑围堰后引起的河床的冲刷均应有防护措施。④围堰施工一般应安排在枯水期间进行。

三、基坑排水

（一）集水坑排水法

除严重流沙外，一般情况下均可采用。基坑坑底一般多位于地下水位以下，而地下水会经常渗进坑内，因此必须设法将坑内的水排除，以便于施工。集水坑（沟）的大小，主要根据渗水量的大小而定，排水沟底宽不小于 0.3 m，纵坡为 1% ~ 5%。如排水时间较长或土质较差时，沟壁可用木板或荆篱支撑。

（二）其他排水法

对于土质渗透较大、挖掘较深的基坑可采用板桩法或沉井法。此外，视现场条件、工程特点及工期等因素，还可采用帷幕法，即将基坑周围土用硅化法、水泥灌浆法、沥青灌浆法以及冻结法等处理成封闭的不透水的帷幕。这种方法除自然冻结法外，其余均因设备多、费用大，在桥涵基础施工时较少采用。

四、基底处理

（一）基底检验

1.检验内容

（1）检查基坑的平面位置、坑底尺寸、高程是否符合设计要求，偏差是否在现行有关规定允许范围以内。

（2）检验基坑底面土质及其均匀性、稳定性，坑壁坡面是否平顺稳定，有无排水措施，容许承载力能否满足设计要求。

（3）检查基坑和地基加固、处理过程中的有关施工记录和试验等资料。

（4）检查基底地基经加固、处理后的效果是否达到设计要求。

2.检验方法

（1）小桥和涵洞基底的地基检验

一般经过直观或触探器确定土质与设计要求符合时，即可签认进行浇砌基础。

经过直观或触探对土质有疑问时，应取土样做土的物理力学性能试验，如颗粒分析、天然密度、天然含水量、天然孔隙比、液限、塑限、密度、可塑性、压缩性和抗剪强度等，以鉴定土的容许承载力，或钻探 2 ~ 4 m 以上，检查下卧层土质。

特殊设计的小桥涵洞对地基沉降有严格要求，当属于下列不良土质情况时，宜进行载荷试验。

风化颇重的岩层：松散砂类土的相对密实度 ≤ 0.33；黏质土的天然孔隙比超过下列限度时：黏土质砂（SC）> 0.7，低液限黏土（CL）> 1，高液限黏土（CL）> 1.1；含有大量有机物的吹填土或砂土、黏土；含有大块杂质（尤其是多量碎砖瓦等）的填筑土。对经过加固处理的地基，应根据不同加固方法的质量要求采用相应的检验方法，包括量测加固范围、桩位偏差和桩体垂直度偏差；用环刀法取样或灌砂法测定压实度或干密度；用静力触探或动力触探检验加固处理后的效果。

（2）大、中桥和填土在 12 m 以上涵洞基底的地基检验

一般由检验人员用直观、触探、挖试坑或钻探（钻探至少 4 m 以上）试验等方法确定土质容许承载力，确认符合设计要求后，即可进行基础施工。

在地质特别复杂，或在设计文件中有特殊要求必须做载荷试验时，才

做载荷试验。必要时还应做土工试验，与载荷试验核对。

在特殊地基上已经加固处理又经触探、密实度检验后，尚有疑问时，则应再做载荷试验。确认符合设计要求后，才能进行基础圬工的施工。

（3）检验注意事项

地基经检验后，需要做大的加固处理时，应由施工单位邀请建设单位及设计单位共同研究确定。加固处理完毕，应再经检验合格后，方可进行基础施工。

桥涵地基检验，除了进行平面尺寸和地基变形观测外，检验方法主要有静力触探、动力触探、标准贯入试验，土压力、孔隙水压力及土位移测试、载荷试验、旁（横）压试验，排水固结法加固的地基有时还需做十字板剪切试验。无论何种测试方法都有一定的局限性，故宜采用多种方法进行综合评价。现场测试要辅以取样，做室内土工试验，如加固设计已规定有检验项目和检验方法的，按设计规定办理。

为了有较好的可比性，加固前后两次的测试项目应力求对应，甚至最好由同一组织、用同一仪器按同一标准进行。

（二）基底处理

1. 未风化岩石基底

对未风化岩层开挖至岩层面后，应清除岩面松碎石块，凿出新鲜岩面，并用水冲洗干净，岩面不得存有淤泥、苔藓等表面附着物。岩面倾斜时，应将岩面基本凿平或凿成台阶。对基坑内岩面有部分破碎带时，应会同设计人员研究处理，采用混凝土封填或设混凝土拱等方法进行处理，以满足承载力的要求。

2. 风化岩层基底

岩石的风化程度对其承载力影响很大。在开挖至风化岩层时，应会同设计人员认真观察其风化程度，检查基底是否符合设计承载力要求。按设计要求适当凿去风化表层，或清理到新鲜岩面，将基坑填满封闭，防止岩层继续风化。

3. 碎石或砂类土层

将基底修理平整并夯实，砌筑基础混凝土时，应先铺一层 20 mm 厚水泥砂浆。

4. 黏土基底

基坑开挖时，留 200～300 mm 深度不挖，以防止地面、地下水渗流至基面，浸泡基面，降低强度。砌筑前，再用铁锹加以铲平。如基底原状土含水量较大或在施工中浸水泡软，可在基坑中夯入 100 mm 以上厚度的碎石，但碎石顶面不得高于设计高程。当基底土质不均，部分软土层厚度不大时，可挖除后换填砂土，并分层夯实。

5. 湿陷性黄土

湿陷性黄土地基开挖时，必须保持基坑不受水浸泡，并尽量避免在雨期施工，否则应有专门的防洪排降水设施，并应按设计要求采用重锤夯实、换填或挤密桩法进行加固。

6. 软土层

软土地基应按设计要求进行加固，可采用换土、砂井、砂桩或其他软土地基处理方法。在软土地基上修建桥梁时，应按设计预留沉降量。采用砂井加固的软土地基，按设计要求采取预压。桥涵主体必须分期均匀施工。在砌筑墩台、填土和架梁工程中，随时观测软土地基的沉降量，用以控制施工进度，使软土地基缓慢平均受载，防止发生剧烈变化或不均匀下沉。

7. 泉眼

对于泉眼，应用堵塞或导流的方法处理。泉眼水流较小时，可用木塞、速凝水泥砂浆、带螺帽钢管等堵塞泉眼。堵眼有困难时，采用竹管、塑料管或钢管引流，待基础均工灌注完后，向管内压浆将其封闭，也可在基底以下设置暗沟或盲沟，将水引至基础施工以外的汇水井中抽排，施工完后用水泥砂浆封闭。

8. 溶洞地基处理

在地基下出现溶洞时，应会同设计部门研究处理，一般采取以下加固措施进行处理：①首先用勘测方法探明溶洞的形态、深度和范围，以便采取相应的处理方法。②当溶洞埋深较浅时，可用高压射水清除溶洞中的淤泥，灌注混凝土进行填充；当溶洞较深且狭窄、洞内土壤不易清除时，可在洞内打入混凝土桩。③当洞处在基础底面，溶洞窄且深时，可用钢筋混凝土板盖在溶洞上面，跨越溶洞。④当埋藏较深，溶洞内有部分软黏土时，可用钻机钻孔，从孔中灌入砂石混合料，并压灌水泥砂浆封闭。

五、基础浇筑

基础施工分为无水浇筑、排水浇筑和水下浇筑三种情况。

排水施工的要点是：确保在无水状态下砌筑坊工；禁止带水作业及用混凝土将水赶出模板外灌注方法；基础边缘部分应严密隔水；水下部分坊工必须待水泥砂浆或混凝土终凝后才允许浸水。

水下浇筑混凝土只有在排水困难时采用。基础坊工的水下灌注分为水下封底和水下直接灌筑基础两种。前者封底后仍要排水再砌筑基础，封底只是起封闭渗水的作用，其混凝土只作为地基而不作为基础本身，适用于板桩围堰开挖的基坑。浇筑基础时，应做好与台身、墩身的接缝连接，一般要求是：①混凝土基础与混凝土墩台身的接缝，周边应预埋直径不小于 16 mm 的钢筋或其他铁件，埋入与露出的长度不应小于钢筋直径的 20 倍。②混凝土或浆砌片石墩台身的接缝，应预埋片石，片石厚度不应小于 150 mm，片石的强度要求不低于基础或墩台身混凝土或砌体的强度。

第二节 沉入桩基础施工

一、施工方法

沉井法施工就是在墩台位置上，按照基础的外形尺寸，用钢筋混凝土或混凝土预先制成一段井筒，然后在井筒内挖土，随着挖土，井筒借助于自重逐渐下沉，沉完一段，接筑一段，一直下沉到设计高程为止。

若为陆地基础，它在地表建造，由取土井排土以减少刃脚土的阻力，一般借自重下沉；若为水中基础，可用筑岛法，或浮运法建造。在下沉过程中，如侧摩阻力过大，可采用高压射水法、泥浆套法或空气幕等加速下沉。

泥浆套法是把拌制好的泥浆，用高压泥浆泵（压力 150 ~ 500 kN/cm²），通过预埋在井壁中的压浆管，直送井筒下部，喷向井壁外部，在井壁外周形成一圈厚度为 10 ~ 20 mm 的泥浆润滑套，使沉井下沉得又快又稳。

空气幕法则是向预埋在井壁四周的气管中压入高压气流，气流由喷气孔喷出壁外，沿沉井外壁上升，在井壁外周形成一圈压气层（亦称空气幕），使周围的土松动或激化，减少摩擦力，促使沉井顺利下沉。

当水很深，筑岛困难时，一般采用浮运法下沉沉井。通过对不同空孔的灌注，可以调节井筒的下沉。井壁用钢筋网和铁丝网组成壁体，抹以强度等级不低于 M40 的水泥砂浆，使之充满网眼，并具有 1～3 cm 的保护层，就形成了井筒的两壁。

沉井下沉到达基底设计高程后，把井底清理干净，灌注一层封底混凝土，然后用混凝土或砂石填实井筒（也有留成空心的），再在筒顶灌注混凝土盖板，桥梁墩身和台身就是建立在盖板上的。

二、排除障碍

（一）施工过程中遇孤石

可采取潜水员水下排除、爆破等方法。在水下爆破时，每次总药量不应超过 0.2 kg 炸药当量。井内无水时，通过计算后，可适当加大药量。

（二）施工过程中遇铁件

可采取水下切割排除。

（三）施工前已经查明在沉井通过的地层中夹有胶结硬层

可采取钻孔投放炸药爆破的办法预先破碎硬层。

第三节 钻孔桩基础施工

一、场地准备

钻孔前要进行准备工作，其内容包括：

场地为旱地时，应除杂物，换除软土，整平夯实；

场地为陡坡时，可用枕木、型钢等搭设工作平台；

场地为浅水时，宜采用筑岛施工，筑岛面积应根据钻孔方法、设备大小等要求确定；

场地为深水或淤泥较厚时，可搭设工作平台，平台必须牢固稳定，能承受工作时所有静、动荷载，并考虑施工机械能安全进出。

二、设备准备

根据地质资料，确定科学合理的钻孔方法和钻孔设备，架设好电力线路，配备适合的变压器。若用柴油机提供动力，则应购置与设备动力相匹配的柴油机和充足的燃油。混凝土拌和机、电焊机、钢筋切割机，以及水泥、砂石材料均要在钻孔开始前准备妥当。

三、埋设护筒

可以采用钢护筒，也可以采用现场预制的钢筋混凝土护筒，在放样好的桩位处，开挖一个圆形基坑将护筒埋入。护筒应坚实、不漏水，护筒内径应比桩径大 20 ~ 30 cm。采用反循环钻时应使护筒顶高程高出地下水位 2.0 m；采用正循环钻时应高出地下水位 1.0 ~ 1.5 m；处于旱地时，护筒在满足上述条件的基础上还应高出地面 0.3 m。

四、泥浆制备

钻孔泥浆由水、黏土（膨润土）和添加剂组成。具有浮悬钻渣、冷却钻头、润滑钻具、增大静水压力，并有在孔壁形成泥膜、隔断孔内外渗流、防止坍孔的作用。调制的钻孔泥浆及经过循环净化的泥浆，应根据钻孔方法和地层情况采用不同的性能指标。泥浆稠度应视地层变化或操作要求，灵活掌握。泥浆太稀，排渣能力小，护壁效果差；泥浆太稠，会削弱钻头冲击功能，降低钻进速度。

通常采用塑性指数大于 25、粒径小于 0.002 mm、颗粒含量大于 500% 的黏土，通过泥浆搅料机或人工调和，储存在泥浆池内，再用泥浆泵输入钻孔内。泥浆泵应有足够的流量，以免影响钻进速度。大直径深孔采用正循环旋转法施工时，泥浆泵应经过流量和泵压计算来选择。对孔深百米以内的钻孔，一般可采用不小于 2 MPa 的泵压。

五、施工方法

（一）基础施工

1. 冲击法

用冲击钻机或卷扬机带动冲锥，借助锥头自重下落产生的冲击力，反复冲击破碎土石或把土石挤入孔壁中，用泥浆浮起钻渣，或用抽渣筒或空气吸泥机排出而形成钻孔。

2. 冲抓法

用冲抓锥靠自重产生冲击力，切入土层或破碎土层，叶瓣抓土、弃土以形成钻孔。

3. 旋转法

用钻机通过钻杆带动锥或钻头旋转切削土，用泥浆浮起并排出钻渣形成钻孔。

（二）钻孔

一般采用螺旋钻头或冲击锥等成孔，或用旋转机具辅以高压水冲成孔。根据井孔中土（钻渣）的取出方法不同，常用的方法是：螺旋钻孔、正循环回转钻孔、反循环回转钻孔、潜水钻机钻孔、冲抓钻孔、冲击钻孔、旋挖钻机钻孔。

正循环回转钻孔：系利用钻具旋转切削土体钻进，泥浆泵将泥浆压进泥浆龙头，通过钻杆中心从钻头喷入钻孔内，泥浆挟带钻渣沿钻孔上升，从护筒顶部排浆孔排出至沉淀池，钻渣在此沉淀而泥浆流入泥浆池循环使用。其特点是钻进与排渣同时连续进行，在适用的土层中钻进速度较快，但需设置泥浆槽、沉淀池等，施工占地较多，且机具设备较复杂。

反循环回转钻孔：与正循环法不同的是泥浆输入钻孔内，然后从钻头的钻杆下口吸进，通过钻杆中心排出至沉淀池内。其钻进与排渣效率较高，但接长钻杆时装卸麻烦，钻渣容易堵塞管路。另外，因泥浆是从上向下流动，孔壁坍塌的可能性较正循环法的大，为此需用较高质量的泥浆。

旋挖钻机钻孔：旋挖钻机是一种高度集成的桩基施工机械，采用一体化设计、履带式 360 度回转底盘及桅杆式钻杆，一般为全液压系统。旋挖钻机采用筒式钻斗，钻机就位后，调整钻杆垂直度，注入调制好的泥浆，然后进行钻孔。当钻头下降到预定深度后，旋转钻斗并施加压力，将土挤入钻斗内，仪表自动显示筒满时，钻斗底部关闭，提升钻斗将土卸于堆放地点。钻进施工过程中应保证泥浆面始终不得低于护筒底部，保证孔壁稳定性。通过钻斗的旋转、削土、提升、卸土和泥浆撑护孔壁，反复循环直至成孔。

旋挖钻机特殊的桶型钻头直接取土出渣，不需接长钻杆，钻孔时孔口注浆以保持孔内泥浆高度即可，因而能大大缩短成孔时间，提高施工效率。由于带有自动垂直度控制和自动回位控制，成孔垂直度和孔位等能得到保证。桶钻取土上提过程中对孔壁扰动较小，桶钻周边设有溢浆孔，溢出泥浆可起到护壁作用。

旋挖钻机一般适用黏土、粉土、砂土、淤泥质土、人工回填土及含有部分卵石、碎石的地层。对于具有大扭矩动力头和自动内锁式伸缩钻杆的钻机，可适用微风化岩层的钻孔施工。

（三）孔径检查与清孔

钻孔的直径、深度和孔形直接关系到成桩质量，是钻孔桩成败的关键。为此，除了钻孔过程中严谨操作、密切观测监督外，在钻孔达到设计要求深度后，应采用适当器具对孔深、孔径、孔形等认真检查，符合设计要求后，填写终孔检查表。

清孔的方法有抽浆法、换浆法、掏渣法、喷射清孔法以及用砂浆置换钻渣清孔法等，应根据设计要求、钻孔方法、机具设备和土质条件决定。其中抽浆法清孔较为彻底，适用于各种钻孔方法的灌注桩。对孔壁易坍塌的钻孔，清孔时操作要细心，防止坍孔。

清孔后的泥浆性能指标，含砂率为 4% ~ 8%，相对密度为 1.10 ~ 1.25，黏度为 18 ~ 20 s。对支承桩（柱桩、嵌岩桩），宜用抽浆法清孔，并宜清理至吸泥管出清水为止。灌注混凝土前，孔底沉淀土厚度不得大于 50 mm。若孔壁易坍塌，必须在泥浆中灌注混凝土时，建议采用砂浆置换钻渣清孔法，清孔后的泥浆含砂率不大于 4%。其他泥浆性能指标同摩擦桩要求。对于沉淀土厚度的测量，用冲击、冲抓锤时，沉淀土厚度从锥头或抓锥底部所到达的孔底平面算起。沉淀土厚度测量方法可在清孔后用取样盒（开口铁盒）吊到孔底，待到灌注混凝土前取出，直接测量沉淀在盒内的沉渣厚度。

（四）钢筋笼制作与吊装

钢筋笼的制作应符合设计和规范要求，长桩骨架宜分段制作，分段长度应根据吊装条件确定；后场制作时应在固定胎架上进行，以保证钢筋笼的顺直；注意在钢筋笼外侧设置控制保护层厚度的垫块；钢筋笼起吊入孔一般用吊机，无吊机时，可采用钻机钻架、灌注塔架。

（五）灌注混凝土

1. 灌注普通混凝土

在土中形成一定直径的井孔，达到设计标高后，将钢筋骨架（笼）吊入井孔中，灌注混凝土形成桩基础。每根灌注桩应留取混凝土抗压强度试件不少于 2 组。同时应以钻取芯样法或超声波法、机械阻抗法、水电效应法等无破损检测法对桩的匀质性进行检测。检测应符合下列规定：其一，宜对各墩台有代表性的桩用无破损法进行检测，重要工程或重要部位的桩宜逐根检测。其二，对质量有怀疑的桩及因灌注故障处理过的桩，均应进行检测。

2. 灌注水下混凝土

灌注水下混凝土时配备的搅拌机等设备，应能满足桩孔在规定时间内灌注完毕。灌注时间不得长于首批混凝土初凝时间。若估计灌注时间长于首批混凝土初凝时间，则应掺入缓凝剂。

水下混凝土一般用钢导管灌注，导管内径为 200 ～ 350 mm，视桩径大小而定。导管使用前应进行水密承压和接头抗拉试验，严禁用压气试压。

混凝土拌和物运至灌注地点时，应检查其均匀性和坍落度等，如不符合要求，应进行第二次拌和，二次拌和后仍不符合要求时，不得使用。

首批灌注混凝土的数量应能满足导管首次埋置深度和填充导管底部的需要。首批混凝土拌和物下落后，混凝土应连续灌注。

在灌注过程中，导管的埋置深度宜控制在 2 ～ 6 m，在灌注过程中，应经常测探井孔内混凝土面的位置，及时地调整导管埋深。

为防止钢筋骨架上浮，当灌注的混凝土顶面距钢筋骨架底部 1 m 左右时，应降低混凝土的灌注速度。当混凝土拌和物上升到骨架底口 4 m 以上时，提升导管，使其底口高于骨架底部 2 m 以上，即可恢复正常灌注速度。

在灌注过程中，特别是潮汐地区和有承压水地区，应注意保持孔内水头。

在灌注过程中，应将孔内溢出的水或泥浆引流至适当地点处理，不得随意排放，污染环境及河流。

灌注中发生故障时，应查明原因，确定合理处理方案，及时处理。

混凝土应连续灌注直至灌注到设计的混凝土顶面，以保证截切面以下的全部混凝土具有优良质量。

第四节 沉井与沉箱基础施工

一、筑岛沉井

（一）风险分析

1. 筑岛围堰不牢固，其地基承载力不满足设计要求，可能使围堰在施工时受水流冲刷造成塌陷，增加施工难度，还可能导致透水事故。

2. 制作底节沉井时，脚手架平台未搭设牢固，若脚手架在使用过程中失稳，可能导致高处坠落和物体打击事故。

3. 拆除沉井垫木不符合相关规定，可能使沉井偏斜，导致物体打击事故。

4. 沉井下沉时，先挖沉井外圈土，在刃脚处掘进速度不均匀，可能使沉井偏斜，导致物体打击事故。

5. 井下操作人员未配齐安全防护用品，例如，井内无安全照明设施，各室未挂钢梯及安全绳等，当出现沉井偏斜，井内大量涌水、涌砂等意外情况时，井内施工人员无法及时撤离，导致物体打击和透水事故。

6. 井上搭设的抽水机台座（架）未安装牢靠，可能出现台座（架）倒塌，导致物体打击事故；电路未使用防水胶线，可能出现漏电，导致触电事故。

7. 沉井顶面未设安全防护围栏，可能发生高处坠落事故。

8. 垂直运输土方时，未检查吊斗绳索、挂钩和机具等的牢固性，若吊斗坠落，则导致物体打击和窒息事故；吊斗升降时，坑内作业人员未躲离吊斗升降移动范围，可能发生物体打击和窒息事故。

（二）风险控制重点

1. 筑岛围堰应牢固，其地基承载力须满足设计要求，以防发生透水事故。

2. 脚手架平台和井上搭设的抽水机台座（架）须搭设安装牢固，以防发生高处坠落和物体打击伤害。

3. 拆除沉井垫木须符合规定，以防沉井偏斜，发生物体打击伤害。

4. 沉井下沉时，不得先挖沉井外圈土，须在刃脚处均匀掘进，保持沉井均衡下沉，以防沉井偏斜，发生物体打击伤害。

5. 井下操作人员须配齐安全防护用品，以防发生物体打击和透水等伤害。

6. 吊斗出土时，斗梁与吊钩须封绑牢固，若发现损伤部位应及时更换或加固；吊斗升降时，井顶指挥人员应通知井下人员暂时避开，躲离吊斗升降移动范围，以防发生物体打击和窒息伤害。

（三）风险控制技术

1. 筑岛围堰应修筑牢固，其地基承载力应满足设计要求。

2. 制作底节沉井时，脚手架平台应搭设牢固，模板支撑应牢固。

3. 拆除沉井垫木应符合下列规定：①混凝土强度应能满足设计规定的沉井抽垫受力的要求。②拆除垫木应分区、依次、对称、同步地进行；拆除垫木后，应随即用砂土回填捣实，拆除垫木时应防止沉井偏斜。③定位支垫处垫木，应最后同时抽出。④拆除沉井模板及垫木时，应派专人在沉井外观察和指挥。

4. 沉井下沉时，不得先挖沉井外圈土，应在刃脚处均匀掘进，保持沉井均衡下沉。

5. 井下操作人员必须配齐安全防护用品，井内要有充足的安全照明设施。沉井各室均应悬挂钢梯及安全绳等。当出现沉井偏斜，井内大量涌水、涌砂等意外情况时，井内施工人员应及时撤离。

6. 井上搭设的抽水机台座（架）须安装牢靠，电路应使用防水胶线。

7. 沉井顶面应设安全防护围栏。

8. 吊斗出土时，斗梁与吊钩应封绑牢固，并应经常检查斗梁、斗门等磨损情况，发现损伤部位应及时更换或加固；吊斗升降时，井顶指挥人员应通知井下人员暂时避开，躲离吊斗升降移动范围。

二、浮式沉井

（一）风险分析

1. 浮式沉井在下水前，沉井各节以及临时性井底水密性试验检查不合格或者未做水密性检查试验就下水，可能使沉井在浮运过程中进水，导致沉井不能浮运至指点作业地点，减缓施工进度。

2. 当采用起吊下水时，未对起重设备合理配置，沉井在下水过程中，可能使起重设备受力不均匀，导致设备和沉井倾覆，坠入水中，从而发生淹溺事故。

3. 当河岸有适合坡度，采用滑移、牵引等措施下水时，下滑速度过快，沉井后侧溜绳控制不得当，会导致沉井倾覆。

4. 导向船、定位船连接时发生剧烈碰撞，可使沉井倾覆以及船上的设备倒塌，导致物体打击和淹溺事故。

5. 浮式沉井在悬浮状态下的接高和下沉不符合相关规定，例如沉井在悬浮状态下的施工各阶段，未随时观测沉井的稳定性和出水高度；接高时，未均匀对称加载；浮式沉井定位落床前，未考虑潮水涨落的影响；沉井落床后，未采取措施，使其尽快下沉达到保持稳定的深度，这些均可能导致沉井偏斜甚至倾覆等事故。

6. 施工人员未穿好救生衣、戴好安全帽等防护用品，可能发生淹溺事故和物体打击事故。

（二）风险控制重点

1.当采用起吊下水时，须对起重设备合理配置，使起重设备受力均匀，以防设备和沉井倾覆，发生淹溺伤害。

2.当河岸有适合坡度，采用滑移、牵引等措施下水时，下滑速度应缓慢，沉井后侧应始终以溜绳控制，以防沉井倾覆。

3.导向船、定位船连接时，严禁剧烈碰撞，以防发生物体打击伤害和淹溺伤害。

4.浮式沉井在悬浮状态下的接高和下沉须符合相关规定，例如沉井在悬浮状态下的施工各阶段，应随时观测沉井的稳定性和出水高度；接高时，应均匀对称加载，以防沉井偏斜和倾覆。

（三）风险控制技术

1.浮式沉井在下水前，沉井各节以及临时性井底应做水密性试验检查，合格后方可下水。

2.浮式沉井下水前，应制订下水方案；当采用起吊下水时，应对起重设备合理配置使其受力均匀；当河岸有适合坡度，采用滑移、牵引等措施下水时，下滑速度应缓慢，沉井后侧应始终以溜绳控制。

3.船上（或支架平台上）制造完成的浮式沉井，下水应在水面波浪较小时进行，当有船只驶过时，应暂缓入水。

4.导向船、定位船连接时，不得发生剧烈碰撞，汛期应经常检查锚碇系统。

5.浮式沉井在悬浮状态下的接高和下沉应符合下列规定：①沉井在悬浮状态下的施工各阶段，应随时观测沉井的稳定性和出水高度。②接高时，必须均匀对称加载，沉井顶面应高出施工时水位1.5 m以上。③带气筒的浮式沉井，气筒应加强防护。④浮式沉井定位落床前，应考虑潮水涨落的影响；沉井落床后，应采取措施，使其尽快下沉，并使沉井达到保持稳定的深度。

三、沉井清理、封底及填充

（一）风险分析

1.清理基底时，基底面未整平，可能使基底面距离隔墙底面的高度及刃脚斜面露出的高度不满足设计要求，导致浇筑的封底混凝土不均匀，从而影响整个沉井基础的承载力和稳定性。

2.基底浮泥或岩面残留物未清理，基底和封底混凝土间有有害夹层，可能导致整个沉井基础的承载力和稳定性不足。

3.封底混凝土强度未满足受力要求就进行抽水填充，可能导致封底混凝土破坏，使整个沉井基础的承载力和稳定性不足。

4.水下浇筑混凝土时，未搭设浇筑工作平台，可使料斗倾覆，导致物体打击伤害。

5.水下浇筑混凝土时，未设置井口防护，可能引起高处坠落事故。

6.采用人工抬运导管时，无防滑措施，可能出现导管坠落，损坏导管，同时导致物体打击事故。

（二）风险控制重点

1.清理基底时，基底面须整平，以防沉井基础的承载力和稳定性不足。

2.基底浮泥或岩面残留物须清理，基底和封底混凝土间不得有有害夹层，以防沉井基础的承载力和稳定性不足。

3.封底混凝土强度须在满足受力要求后进行抽水填充，以防沉井基础的承载力和稳定性不足。

4.水下浇筑混凝土时，须搭设浇筑工作平台，以防料斗倾覆，发生物体打击伤害。

5.水下浇筑混凝土时，应设置井口防护，以防高处坠落事故发生。

6.人工抬运导管时，应有防滑措施，以防损坏导管，同时导致物体打击事故。

（三）风险控制技术

1.需要进行水下作业清理基底时，基底面应整平，整平后的基底面距离隔墙底面的高度及刃脚斜面露出的高度，应满足设计要求。

2.基底浮泥或岩面残留物均应清理，基底和封底混凝土间不得产生有害夹层，清理后的有效面积不得小于设计要求。

3.沉井应待封底混凝土强度满足受力要求后进行抽水填充和井盖板。

4.水下浇筑混凝土时，应搭设浇筑工作平台，并设井口防护。

5.拆卸导管时，应在导管完全松开后，方可起吊移开；采用人工抬运导管时，应有防滑措施。

6. 采用水下混凝土封底时，固定导管和料斗的井架应搭设牢固，料斗应采用起重机悬吊或其他措施加固。

7. 安装、拆卸导管或漏斗过程中，应有专人指挥。

第五节 地下连续墙基础施工

一、导墙施工

（一）风险分析

1. 安装预制块导墙时，块件连接处不严密，可能出现泥浆渗漏，导致槽壁失稳坍塌。

2. 导墙混凝土强度未达到设计标准就开挖该导墙槽段下的土方，可能出现导墙破坏或变形。

3. 混凝土导墙浇筑和养护时，重型机械、车辆在其附近作业，使导墙受到周围动荷载的影响，导致导墙变形或破坏。

4. 导墙土方开挖后，直至导墙混凝土浇筑前，未在导墙槽边设围挡或护栏和安全标志，这种情况下很容易使作业人员不慎坠入槽孔内。

5. 未在两导墙间按相关规定设置支撑，可能导致导墙变形或破坏。

6. 导墙的平面轴线与地下连续墙轴线不平行，两导墙的内侧间距比地下连续墙体厚度小，可能导致钢筋笼难以放入槽孔内。

7. 导墙底端埋入土内深度过小且基底土层未夯实，可能出现导墙失稳破坏。

8. 导墙顶面未高出地面，可能导致侧向土石坍塌事故。

9. 遇地下水位较高时，导墙顶端未高出地下水位，可能出现地下水进入槽孔，导致槽壁坍塌。

10. 内墙面未保持垂直，可能导致钢筋笼难以放入槽孔内。

（二）风险控制重点

1. 导墙混凝土强度达到设计规定后，方可开挖该导墙槽段下的土方，以防导墙变形或破坏。

2. 混凝土导墙浇筑和养护时，重型机械、车辆不得在其附近作业，以防导墙变形或破坏。

3.导墙支撑应每隔 1～1.5m 距离设置，以防导墙变形或破坏。

4.导墙的平面轴线须与地下连续墙轴线平行，两导墙的内侧间距宜比地下连续墙体厚度大 40～60 mm，以防钢筋笼难以放入槽孔内。

5.导墙底端埋入土内深度宜大于 1 m，基底土层须夯实，遇特殊情况应妥善处理，以防导墙破坏。

6.导墙顶面应高出地面，遇地下水位较高时，导墙顶端应高出地下水位，以防槽壁坍塌。

7.内墙面须保持垂直，以防钢筋笼难以放入槽孔内。

（三）风险控制技术

1.安装预制块导墙时，块件连接处应严密，防止渗漏。

2.导墙混凝土强度达到设计规定后，方可开挖该导墙槽段下的土方。

3.混凝土导墙浇筑和养护时，重型机械、车辆不得在其附近作业。

4.导墙土方开挖后，直至导墙混凝土浇筑前，必须在导墙槽边设围挡或护栏和安全标志。

5.导墙模板拆除后，应及时在两导墙间每隔 1 m 设型号为 φ100 mm 圆木横撑 3 根，防止导墙变形失稳。

6.导墙支撑应每隔 1～1.5 m 距离设置。

7.导墙的平面轴线应与地下连续墙轴线平行，两导墙的内侧间距宜比地下连续墙体厚度大 40～60 mm。

8.导墙底端埋入土内深度宜大于 1 m，基底土层应夯实，遇特殊情况应妥善处理。

9.导墙顶面应高出地面，遇地下水位较高时，导墙顶端应高出地下水位。

10.墙后应填土，并与墙顶平齐，全部导墙顶面应保持水平，内墙面应保持垂直。

二、成槽施工

（一）风险分析

1.挖槽时，抓斗中心平面未与导墙中心平面相吻合，可能引起挖出的槽段偏斜，从而导致钢筋笼难以放入槽孔内。

2.成槽机、起重机工作时，吊臂下站人，极可能发生机械伤害事故。

3.挖槽未采用间隔式开挖，可能导致槽壁坍塌。

4.挖槽过程中，未观测槽壁变形、垂直度、泥浆液面高度，可能出现槽壁坍塌。

5.挖槽过程中，未控制抓斗上下运行速度，使泥浆在槽内产生动压、掀起波浪，破坏了槽壁土体的稳定，导致槽壁坍塌。

6.槽段挖至设计高程，未对成槽质量（例如：槽宽、槽深和垂直度等）进行检查，可能出现槽壁坍塌和钢筋笼难以放入槽孔内。

7.泥浆浓度不满足槽壁稳定的需要，重复使用的泥浆如果性能发生变化，未进行再生处理，可能使泥浆达不到护壁的要求，导致槽壁坍塌。

8.成槽机械开挖到一定深度时，未立即输入调好的泥浆，泥浆不能及时起到护壁的作用，可能导致槽壁坍塌。

9.泥浆沉淀池周围未设防护栏杆，作业人员不慎坠入泥浆池导致窒息事故。

10.在保护设施不齐全的情况下，作业人员下槽内清理障碍物，若槽壁坍塌，极可能导致窒息事故。

11.槽段距离邻近建筑物较小或在槽段邻近堆放土方、钢筋等重物，使槽壁受到附加的侧向土压力，导致槽壁坍塌。

（二）风险控制重点

1.严禁在槽段两侧堆放土方、钢筋等重物，槽段与邻近建筑物的距离应保持在安全距离以内，以防槽壁坍塌。

2.成槽机、起重机工作时，吊臂下严禁站人，以防发生机械伤害。

3.挖槽须采用间隔式开挖，以防槽壁坍塌。

4.挖槽过程中，应观测槽壁变形、垂直度、泥浆液面高度，以防出现槽壁坍塌。

5.挖槽过程中，应控制抓斗上下运行速度，以防槽壁坍塌。

6.槽段挖至设计高程，应对成槽质量（例如：槽宽、槽深和垂直度等）进行检查，以防出现槽壁坍塌以及钢筋笼难以放入槽孔内。

7.泥浆浓度须满足槽壁稳定的需要，重复使用的泥浆如果性能发生变化，应进行再生处理。

8.成槽机械开挖到一定深度时，应立即输入调好的泥浆，以防槽壁坍塌。

9.在保护设施不齐全、监护人员不到位的情况下，严禁作业人员下槽内清理障碍物，以防槽壁坍塌导致窒息事故。

（三）风险控制技术

1. 挖槽时，抓斗中心平面应与导墙中心平面相吻合。

2. 成槽机、起重机工作时，吊臂下严禁站人。

3. 单元槽段长度应符合设计规定，并采用间隔式开挖，一般地质应间隔一个单元槽段。

4. 挖槽过程中，应观测槽壁变形、垂直度、泥浆液面高度，并应控制抓斗上下运行速度。

5. 槽段挖至设计高程后应及时检查槽位、槽深、槽宽和垂直度，并做好记录，然后进行清底。

6. 现场应设泥浆沉淀池，周围应设防护栏杆；废弃泥浆和钻渣应妥善处理，不得污染环境。

7. 成槽机械开挖一定深度后，应立即输入调好的泥浆，泥浆浓度应满足槽壁稳定的要求，泥浆液面高度不低于导墙底面，若重复使用的泥浆性能发生变化，应进行再生处理。

8. 准备一定数量黏土，出现塌孔情况时应立即回填黏土，避免槽壁坍塌范围扩大。

9. 挖槽时应加强观测，遇槽壁发生坍塌、沟槽偏斜等事故时，应立即停止作业，查明原因，采取相应的安全技术措施，待确认安全后，方可继续作业。

10. 在保护设施不齐全、监护人员不到位的情况下，严禁人员下槽内清理障碍物。

11. 严禁在槽段两侧堆放土方、钢筋等重物，或停置和通行起重机等重型施工机械；槽段与邻近建筑物的距离须保持在安全距离之内。

三、连续墙施工

（一）风险分析

1. 地下连续墙施工前未平整场地，起重机在作业过程中可能发生起重伤害。

2. 两台起重机同时起吊，未注意负荷的分配，可能使其中一台负荷过大而倒塌，导致起重伤害。

3.钢筋笼起吊时，未对两台起重机进行统一指挥，可能出现两台起重机动作不协调，发生倒塌，导致起重伤害。

4.钢筋笼下放过程中，遇到阻碍不能下放时，仍强行下放，可能导致槽壁坍塌。

5.吊钢筋笼时，未检查起重机的稳定性、制动器的可靠性、吊点和钢筋笼的牢固程度，可能出现起重机倒塌，钢筋笼坠落，导致槽壁坍塌、起重伤害和物体打击事故。

6.各类钢筋笼未设置纵向抗弯桁架，可能使钢筋在吊装过程中产生变形，产生不必要的施工步骤，减缓施工进度。

7.吊装好钢筋笼后未能及时灌注混凝土，施工槽段因闲置时间过长而引起槽壁坍塌，混凝土灌注后有可能出现夹泥现象，导致地下连续墙渗漏。

8.混凝土灌注时，未控制好导管的埋管深度，可能出现导管拔空，使墙体混凝土夹泥，导致地下连续墙渗漏。

9.灌注地下连续墙的混凝土供料不及时，难以保持浇筑的连续性，混凝土在槽内上升速度慢，流动性差，使土渣夹入墙体之中，导致地下连续墙渗漏。

（二）风险控制重点

1.地下连续墙施工前，应平整场地，清除成槽范围内的地面、地下障碍物，以防发生起重伤害。

2.两台起重机同时起吊，应注意负荷的分配，以防发生起重伤害。

3.钢筋笼起吊时，应对两台起重机进行统一指挥，以防两台起重机动作不协调，发生起重伤害。

4.钢筋笼下放过程中，遇到阻碍不能下放时，禁止强行下放，以防槽壁坍塌。

5.吊钢筋笼时，须检查起重机的稳定性、制动器的可靠性、吊点和钢筋笼的牢固程度，以防槽壁坍塌以及发生起重伤害和物体打击伤害。

6.吊装好钢筋笼后，应立即灌注混凝土，以防地下连续墙局部夹泥渗漏。

7.混凝土灌注时，须控制好导管的埋管深度，以防地下连续墙局部夹泥渗漏。

8.灌注地下墙的混凝土供料应及时，同时保持灌注的连续性，以防地下连续墙局部夹泥渗漏。

（三）风险控制技术

1. 地下连续墙施工前，应平整场地，清除成槽范围内的地面、地下障碍物。

2. 钢筋笼下放前必须对槽壁垂直度、平整度、清孔质量及槽底高程进行严格检查。

3. 下放过程中，遇到阻碍，钢筋笼放不下去时，严禁强行下放。

4. 若发现槽壁土体局部突出或坍落至槽底，则必须整修槽壁，清除槽底坍土后，方可下放钢筋笼。

5. 严禁割短或割小钢筋笼。

6. 起重机吊钢筋笼时，应先吊离地面 0.2 ~ 0.5 m，检查起重机的稳定性、制动器的可靠性、吊点和钢筋笼的牢固程度确认可靠后，方能继续起吊。

7. 两台起重机同时起吊，须注意负荷的分配，每台起重机分担的负荷不得超过该机允许负荷的 80%。

8. 钢筋笼起吊时，须对两台起重机进行统一指挥，使两台起重机动作协调相互配合。

9. 各类钢筋笼均设置纵向抗弯桁架，拐角钢筋笼增设定位斜拉杆。

10. 钢筋笼就位后，应立即进行灌注混凝土，间隔时间不得超过 4 h。

11. 须保证开始灌注混凝土时埋管深度不小于 500 mm。

12. 须保证均匀连续灌注混凝土，因故中断灌注时间不得超过 30 min。

13. 导管随混凝土灌注应逐步提升，其埋入混凝土深度应为 1.5 ~ 3.0 m，相邻两导管内混凝土高差不应大于 0.5 m。

14. 混凝土灌注应高出设计高程 300 ~ 500 mm。

第八章 桥架结构施工技术

第一节 简支梁桥施工

一、概述

简支转连续梁桥作为连续梁桥中的一种，综合了简支梁桥与连续梁桥的优点，具有造价低、整体性好、桥面接缝少、工期短、便于维护等优点，已在我国高速公路上得到广泛使用。近年来，随着预应力体系的不断更新，以及新技术的发明和应用、新的施工工艺的完善及吊装能力的不断提高，使得简支转连续梁桥更为经济适用。该结构较之于简支梁桥具有变形小、钢度大、伸缩缝少、行车平顺等优点，能适应高速公路的行车要求，支座的设置形式较为灵活，既可以采用单排支座，也可以选择双排支座，结构中的钢束数基本相当；较之于现浇连续梁具有受力明确以及受混凝土收缩徐变、支座沉陷等影响较小的特点，施工非常简便，不需全桥搭设满堂支架，施工质量容易控制，而且可以不妨碍桥下的车辆通行。可以在下部结构施工的同时进行主梁的预制和成批生产，缩短了施工周期，有效地提高建桥速度。因此，采用简支转连续施工的桥梁在高速公路中等跨径的桥梁中得到了广泛的应用，其结构的合理性和施工的快速性已得到工程界的普遍认可。国内采用此方法的时间与国外相差并不长，但是由于高等级公路的发展滞后，因而先简支后连续结构体系的设计和施工水平都与国外有很大的差距，造成了国内对该种体系研究的落后现状，近年来讨论此问题的文献才见报道。"先简支后连续"的含义也在不断扩展，不仅包含了早期的桥面连续、桥面板连续、普通钢筋实现结构本身的连续、使用预应力使结构实现结构本身的连续等内容，而且涵盖了利用钢梁或混凝土梁作为简支构件，在现浇混凝土板内利用预应力实现结构连续的钢混凝土组合梁桥的后连续问题；"后连续"的内容也从早的纵向连续扩展到横向上桥面板的连续问题（使用普通钢筋或预应力筋）。

简支转连续梁桥常用跨径为 20 ~ 50 m，国内如杭州湾跨海大桥采用了 70 m 箱梁先简支后连续结构，国外最大跨径也有达到 80 m，如葡萄牙里兹本的伽马桥的引桥采用 80 m 跨径的简支转连续箱梁桥。此外，为使连续梁的内力分布更加合理，边中跨径之比一般为 0.6 ~ 0.8。但考虑到预制、安装的方便也可采用等跨度。

二、施工特点

其施工特点是先按简支梁规模化预制安装施工，后通过浇筑连续段、张拉负弯矩预应力筋以及拆除临时支座，实现由简支梁到连续梁的转换，从而得到连续梁优越的使用效果。

第一，施工与简支梁的预制施工相同，先简支后连续梁的主梁采用在预制场内批量、标准化的生产，这样一则有利于强化标准化作业、提高产品质量；二则便于形成流水化作业，节省了大量模板、设备以及人工费用，有利于最大化地节约成本；三则可以在下部构造施工的同时即开始梁片的预制，极大地缩短了施工工期。

第二，施工与简支梁的安装施工相同，先简支后连续梁的梁片为装配式，预制梁在安装就位时对吊装设备要求低，有利于节约成本；如采用桥头预制、纵向跨墩安装施工，则安装作业不用考虑桥下地形，因此在修建跨越河流、山谷的桥梁以及跨越公路、铁路的立交桥时特别适用。

第三，施工与简支梁的施工作业相同，先简支后连续梁在梁片预制时工人在地面施工，在梁片安装后工人在桥面施工。其良好的施工作业环境有利于保证安全生产，避免了在现浇连续梁的支架作业和悬浇连续梁的梁端作业中易出现的安全隐患。

第四，施工拥有连续梁优良的力学性能和桥面线形。先简支后连续梁的主梁是按照施工时先期恒载简支、运营时总荷载连续来进行受力计算的，较简支梁减少了构件高度，因此在修建城市立交桥时更具优势；先简支后连续梁的伸缩缝数量少、变形小，有利于提高车速，使行车更加舒适。

第五，施工与现浇或悬浇的连续梁相比，先简支后连续梁在结构连续施工时,主梁混凝土的龄期较长(一般超过两个月),因而减少了混凝土收缩、徐变对连续结构体系的不利影响,同时主梁纵向预应力筋对结构不产生次力矩,使结构设计更为简便。

第六,施工与现浇或悬浇的连续梁相比,先简支后连续梁对基础沉降的要求较低。由于主梁(先期恒载占总荷载的比重较大)安装就位时按简支梁受力,基础的沉降变形对结构不产生影响,而在结构连续后施加的后期恒载(桥面铺装、栏杆、安全带等)和活载所占比重较小,其引发的基础沉降变形也较小,因此相对较适合在软土上建造。

第七,施工与其他简支桥面连续梁相比,先简支后连续梁通过对墩顶负弯矩筋施加预应力,抵消了主梁受荷后在墩顶桥面处产生的拉应力,避免了桥面裂缝的产生以及引发的进一步破坏,提高了桥梁的耐久性和安全性。

第八,施工与所有简支梁和连续梁一样,先简支后连续梁适用所有的混凝土梁板类型,包括 T 形梁、I 形梁、箱梁、空心板梁和 U 形组合梁,现在其应用范围又扩展到混凝土桥面板 – 钢梁结构混合梁。

由于先简支后连续梁桥的优势明显,在国内高速公路的建设中必将得到越来越广泛的应用,从而收到良好的经济效益和社会效益。

经济效益主要表现为:先简支后连续梁既保持了简支梁施工简便和节省模板支架的优点,又拥有连续梁减小活载弯矩的长处,同时其结构钢度有了很大的提高。一般来说,先简支后连续梁的跨中正弯矩比简支梁小(其中恒载作用下约小 55%,恒载 + 汽车荷载作用下约小 40%),而支点负弯矩也比整体现浇连续梁小,因此在设计时可减小简支梁高度,降低自重,这本身又将导致恒载内力的减小。采用先简支后连续梁结构可以大大节省钢筋混凝土材料,较简支梁可节约 20% 左右,明显提高了经济效益,同时也为施工带来方便。

社会效益主要表现为:先简支后连续梁桥拥有与连续梁桥相同的桥面连续性能,使上方行车顺适,从而使公路特别是高速公路满足快捷、安全、可靠、顺适的营运性能,提高服务水平,为经济建设提供良好的运输通道。

三、施工流程

(一)施工准备

先简支后连续梁桥是通过将简支梁在墩顶进行结构后连续而成,所以,简支梁体是基础，墩顶结构连续是关键工序，施工中都必须高度重视。因此需强化施工设计，明确施工工序，制订精细化的施工方案，做好施工的各项准备工作。

（二）梁预制与安装

预制台座要求稳定性好，顶面光滑，易于脱模。严格按照设计图纸要求，制作强度、钢度、稳定性均满足精品预制梁需要的模板系统。同时，模板必须能根据预制梁顶横坡、锚固齿板等需要使其具有可调整功能。从控制混凝土原材料、配比、几何尺寸、一期预应力体系建立精度、养护等方面入手，采取行之有效的措施，确保预制梁预拱度符合设计要求。临时支座必须满足强度、钢度、稳定性要求。建议采用沙筒等方便拆除的结构形式。注意事先设置的永久支座的安装精度和稳定性。

（三）墩顶湿接段浇筑

混凝土需作专门配比，以保证高强度、低收缩、高韧性的设计要求。对于简支结构连续梁桥，墩顶湿接头混凝土浇筑前，主梁端面、主梁端横隔板以及端横隔板靠墩侧面以外的主梁端与接头相接面应按要求做凿毛，或刷净水泥浆，或刷专用黏结剂等来增加新老混凝土连接性能。墩顶湿接头浇筑应严格按设计要求执行，一般设计墩顶连续应在一天中温度最低且变化最小的时间段（一般为凌晨 1 ~ 6 时）内进行，同时保证在温度升高时，混凝土已有 20% 以上的强度。如遇昼夜温差大于 15℃时，建议在墩顶湿接头内设置劲性骨架，以避免因温度升高过大而对混凝土结构产生不利影响。墩顶湿接头混凝土应有专门的养护方案，确保此类间隙混凝土强度的成长。

（四）建立二次预应力体系

按照设计要求，严格控制预制梁中预应力管道、锚固齿板的几何精度。采用专门的塑料波纹管，确保预应力管道畅通。在二次预应力施工前，必须对预应力管道（特别是管口）借助衬管等实施特别保护。二次预应力张拉时混凝土强度必须满足设计要求，张拉时间、顺序应符合设计规定，应有专门设计的管道压浆配合比，采用真空压浆。

（五）结构体系转换

在满足强度、钢度、稳定性及拆除方便的要求下，对临时支座构造、安装、拆除方案进行研究，提出实施方案。严格按照设计要求的时间、顺序进行结构体系转换。在完成体系转换后，桥梁从简支状态转换为连续梁受力状态，湿接头也作为连续梁的一部分参与工作。整个施工过程还需特别注意的有新老混凝土连接面处理和结构性现浇层与梁端湿接头浇筑顺序的选择。

新老混凝土连接面处理时，湿接头部位新老混凝土接合最易成为结构的薄弱环节，新老混凝土强度必须达到一致以连成整体，所以湿接头部位老混凝土去皮相当重要。试验资料表明，新老混凝土连接面的抗拉强度与施工时的处理方法有关，经凿毛处理的新老混凝土面的弯曲抗拉强度均有所增加。所以，对现浇接头部位的梁顶面应做去皮处理，对有周边接触面的（如空心板铰缝）也应在预制场内凿毛洗净，以减少高空作业并保证新老混凝土辞结质量。同时由于该部位钢筋、波纹管较密集，湿接头混凝土一般用小石子混凝土分层浇筑，层层仔细振捣。梁板预制时湿接头预埋钢筋位置一定要准确，板端钢筋预留长度要一致，避免当梁板全部安装完毕后处理接头钢筋造成的操作环境差、工人劳动强度大而无法保证接头钢筋连接质量情况的出现。梁体上老混凝土的去皮凿毛工作必须提前进行，当预制的梁板钢刚拆模后即开始施作。除对梁板端部接头老混凝土凿毛外，还必须重视铰缝混凝土和梁上部负弯矩区的梁顶凿毛，避免梁板全部安装完毕。钢筋接头接好后再做此道工序，费时、费工，残渣、杂质飞落湿接头缝隙内，用高压风或高压水枪均无法彻底清除，影响湿接头混凝土浇筑质量，给今后桥梁运营带来安全隐患。

结构性现浇层与梁端湿接头浇筑顺序的选择，先简支后结构连续梁桥靠梁端湿接头和墩顶连续段预应力筋来实现体系转换。墩顶连续段预应力筋一方面为结构性现浇层提供预压应力，另一方面为桥梁提供支点正弯矩，以抵抗桥梁运营时的支点负弯矩。结构性现浇层与梁端湿接头的施工顺序、施工时间间隔，会对桥梁受力状态产生比较大的影响。因此，选择合理的施工顺序，可令桥梁成桥时达到更好的受力状态。

四、施工方法（针对某连续 T 梁）

（一）T 梁运输、安装

T 梁混凝土达到要求强度，张拉、压浆完毕，且管道压浆强度达到规范要求后，利用龙门吊将待安装梁自预制场移至运梁轨道平车上，然后运梁平车通过轨道移动至安装位置旁，用架桥机起吊 T 梁安装就位，使其支承在临时支座上。相邻两跨 T 梁的中线误差不得超过 3 mm，自安装第 2 片梁起，每安装 1 片 T 梁即将相邻 2 片 T 梁利用钢板焊接在一起。

T 梁安装自第 1 跨开始，先安装中梁，再安装边梁，然后再进入第 2 跨安装，直至一联结束，如此循环。

（二）临时支座制作、设置与解除

以下两种方法均简单可行，应根据盖梁（或支座垫石）上的平面可布置程度、材料、自身熟悉程度等各方面条件综合选择。

安装好永久支座后设置临时支座，临时支座设置在纵向，比永久性支座高 3 mm，逐孔将梁安装于临时支座上成为简支状态。需解除临时支座时，接通 36 V 的电源，在 20 min 内硫黄砂浆即可软化，在预制梁的重力作用下变形。为了防止硫黄砂浆软化后流到永久性橡胶支座处，危害永久支座，在硫黄砂浆与永久支座之间填满沙砾并在四周围铺一层石棉瓦。

（三）T 梁简支变连续

每 4 跨 T 梁为一联，每安装好一联，即进行由简支到连续的体系转换。墩顶接头用的钢束共 6 束，其中顶板 4 束，底板 2 束，采用扁锚 M15-5 体系，单根钢绞线张拉力为 195.3 kN。

首先绑扎连接墩顶连续接头处的钢筋，纵向钢筋采用冷挤压连接，安装预应力管道，穿好钢绞线预埋好支座钢板，然后支立接头侧模板，浇筑 C50 微膨胀细石混凝土。每一联墩顶共 3 个接头，待 3 个墩顶接头混凝土全部浇筑完毕，达到设计强度后，即逐孔张拉墩顶连续钢束。按设计要求顺序，张拉墩顶连续预应力，墩顶连续底板钢束采用吊篮进行逐根张拉并压浆。然后解除临时支座，使 T 梁落于永久支座后完成 T 梁由简支变连续的过程。安装 T 梁翼缘板湿接缝底模板，绑扎钢筋，浇筑湿接缝混凝土。湿接缝底模采用竹胶模板制作，以保证混凝土的外观质量。

第二节 预应力混凝土连续梁桥施工

一、预应力混凝土施工

（一）混凝土设计

原理桥梁受弯构件在承受使用荷载前，预先在构件受拉区内，用千斤顶将钢筋进行张拉，利用钢筋张拉后的弹性回缩，对构件受拉区域的混凝土预先施加压力，混凝土受拉区产生预压应力。预压应力首先用来减小或抵消了结构承受的拉应力，随着荷载不断增加，受拉区混凝土才会受拉开裂。预压应力延迟和限制了裂缝的开展，提高了构件的抗裂性能和钢度，使混凝土结构在作用状态下充分发挥钢筋抗拉强度高和混凝土抗压能力强的特点，有效提高了构件的承载能力。

桥梁混凝土梁采用预应力技术，可使梁中支座附近的竖向剪力减小，使荷载作用下的主拉应力也减小。这有利于减小梁的腹板厚度，降低了结构自重，对大跨度和重荷载结构的受力非常有利。同时，由于预应力的作用，受弯构件会产生向上的挠曲变形（反拱），在使用荷载作用下产生的变形要抵消一部分反拱，有效地限制了受弯构件的变形。

（二）原材料的要求

预应力混凝土宜优先选用强度等级不低于 42.5 级的硅酸盐水泥或普通硅酸盐水泥，水泥用量不宜大于 550 kg/m³，胶凝材料总量不宜大于 600 kg/m³。高效减水剂等外加剂应与水泥之间有很好的相容性，要求减水率高、坍落度损失小。预应力混凝土中的氯离子总含量（折合氯化物含量），不宜超过水泥用量的 0.6%。混凝土中粗细骨料应级配良好，粗骨料的压碎值、针片状颗粒含量以及细骨料的含泥量必须符合施工技术规范要求。

混凝土中矿物掺合料宜采用优质粉煤灰、磨细矿渣粉或硅灰等，用以改善其工作性能和抗裂性能，提高其耐久性，具体掺量宜根据混凝土的性能要求通过试验确定，同时要满足预应力混凝土施工技术规范有关要求。

预应力钢筋、锚具、夹具和连接器应保持清洁，不得锈蚀和损伤。锚具、夹具和连接器进场时，必须按规定进行外观检查、硬度检验和静载锚固性能试验。

（三）施工技术要点

桥梁后张法施工，先浇筑梁体混凝土，同时在梁体混凝土中按设计要求位置预埋预应力筋管道。经试压与梁体同条件养护试件，当梁体混凝土强度及弹性模量达到规定值后，在预埋管道中穿入预应力筋进行张拉。预应力筋按设计要求张拉到位后，利用锚具锚固在构件的端部。由于预应力筋的弹性回缩使得预张拉力传递给混凝土，梁体受拉区混凝土产生预压应力。最后在管道中压入水泥浆，使预应力筋与梁体混凝土形成整体。

1. 预应力筋下料及管道布设

预应力筋的下料，应采用切断机或砂轮锯切断，严禁采用电弧切割。预应力筋的下料长度要满足千斤顶张拉工作的需要。预应力筋编束时，应梳理顺直，绑扎牢固，防止相互缠绞。

预应力管道的位置应按设计要求准确布设，采用定位筋牢固定位，管道在浇筑混凝土过程中不得变形，管道接头要连接密封良好，不得漏浆堵塞。排气孔应设置在管道最高点。管道内横截面积必须满足施工技术规范要求。

2. 预应力张拉

在张拉预应力筋对构件施加预应力时，张拉控制应力取值越高，预应力筋对混凝土的预压作用越大，但张拉控制应力取值过高，可能会在张拉时引起破断事故，产生过大应力松弛，高应力也降低了构件的延性。高应力状态可能使构件出现纵向裂缝，并造成构件端部锚具下混凝土局部受压破坏。

后张法施工的预压力是通过梁端锚具及其下面的锚垫板传递给混凝土的，锚头局部承压区，对其长度相当于一倍梁高的端块进行局部抗压强度和局部抗裂性验算，并满足构件受力要求。如果验算不满足要求，则需采取加大局部承压面积、调整锚具位置、提高混凝土强度等级等措施。锚具下应设置厚度不小于 16 mm 的垫板或采用具有喇叭管的锚具垫板，板下螺旋筋圈数的长度不应小于喇叭管长度。锚垫板下除配置间接钢筋外，还应配置封闭式箍筋，以分布这个区域可能出现的裂缝。

3. 孔道压浆

预应力筋张拉锚固后，孔道应按设计要求尽早压浆，避免预应力筋锈蚀。压浆用水泥浆的强度应符合设计及施工技术规范要求。

压浆作业应在孔道最低点设置压浆孔，孔道最高点设置排气孔排气和泌水。压浆应缓慢、均匀进行，不得中断。压浆顺序宜先压注下层孔道。较集中和临近的孔道，宜尽量连续压浆完成，后压浆孔道应采取措施确保通畅。

对截面较大的孔道，为减小收缩，浆体中可掺加一定量的细砂，同时根据实际需要可掺入适量的减水剂、缓凝剂、微膨胀剂等外加剂。外加剂应与水泥具有良好的相容性，且不得含有氯盐、亚硝酸盐或其他对预应力筋有腐蚀作用的成分。减水剂应采用高效减水剂，其减水率应不小于 20%。膨胀剂的各项性能指标必须符合设计及施工技术规范要求，浆体掺入适量膨胀剂后，其自由膨胀率应小于10%。

预应力管道宜采用真空辅助压浆工艺，压浆应使用活塞式压浆泵，压浆时，当孔道最高点设置的排气孔排出与规定稠度相同的水泥浆时，压浆可停止。为确保管道压浆饱满，在关闭孔道出浆口后，应继续保持不少于2 min的稳压期，压力不小于0.5 MPa。

为防止浆液受冻，压浆过程中及压浆完成48 h之内，梁体混凝土的温度应在5℃以上，如温度达不到要求就必须采取一定保温措施。当夏季气温超过35℃时，压浆作业时间应安排在夜间。压浆结束后，应及时对锚头做防锈处理，应对梁端混凝土凿毛并将其周围清理干净，设置钢筋网浇筑封锚混凝土。

二、连续梁桥悬臂浇筑施工

（一）悬臂浇筑预应力混凝土连续梁桥在我国的发展概况

我国预应力混凝土连续梁桥在20世纪70年代首次应用于城市桥梁工程，目前国内最大跨度之一的预应力混凝土连续梁桥是江苏省南京市长江第二大桥北汊桥，主孔跨径165 m，支座吨位达65 000 kN。此前所建成的有湖北三峡乐天溪公路大桥、浙江钱江公路二桥、山西风陵渡黄河公路桥等一系列特大型公路桥梁，以及修建的河北通惠桥、修建的湖北沙洋汉江公路桥。所有桥梁的修建，进一步推动了预应力混凝土桥梁的发展，从我国已建成的大跨度预应力混凝土连续梁桥实践来看，大部分采用的是悬臂浇筑法施工，由此可见悬臂浇筑法在跨径60～150 m范围内具有较强的竞争力和生命力。这是因为悬臂浇筑法已有成熟的经验，且悬臂浇筑预应力混凝土连续梁桥作为无支架施工，有利于公路交通、通航河流建桥、深山峡谷建桥和城市立交建桥。

通过大量的工程实践，施工工艺在不断革新，施工质量在不断提高，如悬臂浇筑的作业循环周期不断缩短，施工效率和混凝土整体质量不断提高，在施工机具、挂篮设备、现浇技术等方面取得了很大的发展和进步。

（二）悬臂浇筑预应力混凝土连续梁桥的特点

目前无论是城市桥梁、高速公路桥、山谷高架栈桥还是跨越宽阔河流的大桥，预应力混凝土连续梁桥较多的发挥了变形小、结构钢度好、行车平顺舒适、抗震能力强，跨越能力大等优势，是国内广泛使用的一种桥型。

预应力混凝土连续梁桥的施工方法很多，常见的有支架现浇法、悬臂浇筑和悬臂拼装法、顶推法、大型浮吊施工和转体施工法等。其中悬臂浇筑的施工方法应用最为广泛，悬臂浇筑法又称无支架平衡伸臂法、挂篮法、吊篮法。

（三）悬臂浇筑施工工序

悬臂浇筑法即是从塔柱两侧用挂篮对称地浇筑混凝土的施工方法。由于梁段的制作和安装均在挂篮上进行，而不是在河道上作业，这样施工时不受河流、水文、地质条件的影响，也不影响通航。悬臂浇筑法不需要重型吊运设备，节省施工场地；模板可多次使用，施工用钢量少；主梁接缝较为密实，整体性能好，施工简便。但缺点是采用该方法施工时主梁标高需考虑挂篮变形、混凝土收缩和徐变等的影响，同时高空作业多，施工周期也较长。

（四）悬臂段浇筑施工主要工序

当挂篮安装就位后，即可在其上进行梁段悬臂浇筑的各项作业，其施工工艺流程是按每一梁段的混凝土分两次浇筑排列的，即先浇筑底板后浇肋板及顶板。

第一，施工模板安装应核准中心位置及高程，上一节段施工的误差应在模板安装时予以调整。

第二，施工安装预应力预留管道时，应与前一段预留管道接头严密对准，并用胶布包贴，防止灰浆渗入管道。管道四周应布置足够的定位钢筋，确保预留管道位置正确、线形平顺。

第三，施工梁段拆模后，应对梁端的混凝土表面进行凿毛处理，以加强接头混凝土的连接。

第四，施工箱梁梁段分次浇筑混凝土时，为了不使后浇混凝土的重力引起挂篮变形，导致先浇混凝土开裂，要有消除后浇混凝土引起挂篮变形的措施。

（五）合龙段施工及体系转换

第一，施工合龙段长度在满足施工操作要求的前提下应尽量缩短，一般多采用 1.4 ～ 2.0 m。

第二，施工合龙宜在低温时进行，遇夏季应在晚上合龙，并用草袋等覆盖，并加强接头混凝土养护。

第三，施工合龙段混凝土中宜加入减水剂、早强剂，以便混凝土尽早达到设计强度，及时张拉预应力筋。

第四，施工合龙段应采用临时锁定措施，采用劲性型钢或预制的混凝土柱安装在合龙段上、下部作支撑，然后张拉部分预应力筋，待混凝土达到要求强度后，张拉其余预应力筋，最后再拆除临时锁定装置。

第五，为保证合龙段施工时混凝土始终处于稳定状态，在浇筑之前各悬臂端应附加与混凝土质量相等的配重（或称压重），加配重量依桥轴线对称加载，按浇筑重量分级卸载。

预应力混凝土连续梁及悬臂梁采用悬臂施工时需进行体系转换，即在悬臂施工时，梁墩采取临时固结，结构为T型钢构；合龙前，撤销梁墩临时固结，结构呈悬臂梁受力状态；待结构合龙后形成连续梁体系。施工时，梁墩临时锚固的放松应均衡对称进行，确保逐渐均匀地释放。在放松前应测量各梁段高程，在放松过程中，注意各梁段的高程变化，如有异常情况，应立即停止作业，找出原因。

在施工中，架设模板、安装钢筋、浇筑混凝土和张拉等全部工作均在挂篮的工作平台上进行。当该节段的全部工序施工完成后，由行走系统将挂篮向前移动，动力常采用导链牵引。行走系统包括向前牵引装置和尾索保护装置。挂篮的主要功能有：支承梁段模板，调整正确位置；吊运材料、机具；浇筑混凝土和在挂篮上张拉预应力筋，挂篮的形式很多，构造也有差异，要求挂篮的构造简单、操作使用方便、安全靠、稳定性好、节省材料、造价低、装拆移动灵活、施工速度快。对于该类型桥梁，我国常采用斜拉式挂篮施工。斜拉式挂篮在构造和力学体系方面的特点是挂篮上部采用斜拉式体系代替梁或桁架式结构的受力，而由此引起的水平分力，通过上下限位承受，主梁的纵向倾覆稳定由后断锚固压力维持。其立模平台后端仍可吊挂或锚固于箱梁底板之上。此方法施工具有主梁受力简单、倾覆力矩小、挂篮的电量轻等特点。采用悬臂浇筑施工，桥墩顶部的扩块，圬工数量大，一般在现场都会采用就地浇筑。为了拼装挂篮，往往对悬臂根部梁段也与扩块一起浇筑，而支承这部分施工重量常采用三角托架，如果桥墩比较低，支架就可置于桥墩基础上或者直接置于地基上；而如果桥墩比较高，施工时可在墩中设置顶埋支撑或悬吊式施工托架。悬臂浇筑施工时钢筋加工，混凝土拌制和运输问题需要周密计划，尽量缩短运输路线，方便施工。至于运输路线通常采用两种：一是从桥位下的拌和站或拌和船供料，竖直吊装或用混凝土泵泵送到挂篮上；二是将预制加工场设置在桥头，当悬臂施工未合龙而路线不通过时，可通过简易支架或缆索吊装设备进行水平运输。

合龙段的施工是悬臂施工的关键，必须在当天温度最低时一次快速施工完成，并注意养生。悬臂浇筑施工的工作周期一般为 6 ~ 10 d，依据节段施工混凝土数量和结构的复杂程度而不同，缩短施工工期。加快施工进程的关键在于混凝土早期强度上升得快，减少混凝土的养生时间，这是现场浇筑施工中存在的共性问题。

第三节 拱桥施工

一、拱桥施工安全技术与风险控制

（一）拱桥施工风险控制总体策略

拱桥施工大致分为有支架施工和无支架施工，有支架施工主要用于中小跨径、石拱桥和钢筋混凝土拱桥，施工方法包括三种形式，即落地支架、拱形支架和移动支架；无支架施工主要应用于大跨径拱桥，施工方法包括转体施工法、缆索吊装施工法和悬臂浇筑施工法。若选址不当、设计不周、施工质量不良、运营维护不到位，极易发生桥毁人亡的重大事故。

拱桥施工风险控制总体策略为：①严防桥位选址不当的严重性错误，以免造成重大经济损失（甚至重建）和人员损失。②严防因缆索吊未按规定进行验收造成的安全事故；杜绝使用缆索吊运送施工人员导致高处坠落事故；严禁因缆索吊操作人员无证上岗错误操作造成的机械伤害事故。③避免支架、拱架的强度、钢度、稳定性和基础承载力不足，以免造成支架塌落。④严防吊装拱肋前不按规定进行试吊导致拱肋坠落，以免造成经济损失甚至砸伤作业人员；避免拱肋吊装时无统一指挥而造成物体打击伤害；防止拱肋及横撑安装时作业料具随手抛掷导致人员受伤。⑤在拱段起吊时，防止拱段未捆扎牢固或不平衡起吊、超载起吊，以免拱段坠落；严禁两层或多层上下交叉作业，以免上层物体坠落打击下层施工人员；防止吊杆张拉时锚头未连接牢固即松除吊钩或张拉顺序不当造成垮塌事故。⑥杜绝因高处作业人员不按规定佩戴劳动防护用品，酒后或疲劳作业引发的安全事故。⑦严禁支架、拱架、墩顶、作业平台等未按规定设置安全防护设施，避免物体和人员坠落。⑧防止跨越公路、铁路施工时无防护措施从而对施工人员造成车辆伤害；避免水上施工无防护和救生措施造成人员伤亡。

（二）钢筋混凝土拱桥施工

1. 风险控制重点

（1）现浇钢筋混凝土拱桥风险控制重点。

①在拱圈混凝土浇筑时，严防不按设计要求顺序进行加载；对称加载时应及时观测拱架的变形，以免拱圈受力不合理发生不可逆转变形，发生垮塌事故。

②拱部混凝土未达到设计要求的卸架强度，严禁拆除拱架，以避免发生垮塌；防止拱架不按规定要求卸落，以免拱架发生塌落引发安全事故。

③采用砂筒卸落拱架时，防止因砂子潮湿或不匀净，泄砂孔及砂筒（箱）与活塞之间的外露面未封闭严密，导致卸落时拱架塌落。

（2）装配式混凝土拱桥风险控制重点。

①采用卧式浇筑拱节时，严防翻转起吊前不检算拱节强度，以免强度不足导致拱节碎裂。

②拱节堆放应防止地面上及两层间的支点不在同一垂直线上、临时支垫不牢固等不安全状态，以免拱节坠落发生物体打击伤害。

③节点支架拼装拱节时，防止拱肋吊装不按设计要求顺序进行；拱节拼装时，防止在装拱节连接不牢固；防止在未设置支撑等安全措施前，就摘除起重吊钩，以免造成起重伤害等事故。

④无支架拼装拱节时，防止索塔锚固不牢固、塔顶未设风缆固定等不安全状态，以免索塔发生垮塌。

2. 风险控制技术

（1）为了保证吊装安全，吊装前必须认真检查吊装设备，不可带病作业。

（2）作业人员必须戴好安全帽、穿好防滑鞋；在吊装区域内严禁非作业人员入内。

（3）严禁酒后作业；严禁人员在工作区嬉戏、打闹、奔跑。

（4）吊装时，应增强安全意识，严禁疲劳作业。

（三）钢筋混凝土系杆拱桥施工

1.风险控制重点

钢筋混凝土系杆拱桥施工，须重点防范起重伤害、机械伤害、物体打击伤害、高处坠落、触电等。

（1）防止系梁不按设计要求张拉预应力就搭设梁上拱肋支架，以免支架垮塌发生物体打击伤害。

（2）现浇混凝土拱肋及横撑、斜撑混凝土施工时，防止拱肋模板未与支架连接固定、支撑不牢导致模板坠落发生物体打击伤害。

（3）防止拱肋两侧不设置操作平台以及上下步梯，以免发生人员高处坠落。

（4）采用混凝土输送泵浇筑时，严防泵送管道未固定在单独的支架或直接与模板相连，以免泵送管道绊倒作业人员或模板。

（5）吊杆张拉时，严防拱肋顶面不设置步梯和栏杆，以免发生高处坠落事故。

2.风险控制技术

（1）拱肋支架采用节点支架时，支架间应增加纵、横向连接。

（2）拱肋顶面应设置步梯和栏杆；雨、雪天施工应有防滑措施。

（3）吊杆初张拉、终张拉必须按设计程序进行。

（4）系梁支架必须在吊杆张拉后方可拆除，拆除应按设计顺序进行，设计没有规定的，应从跨中向两侧进行。

（四）钢管混凝土系杆拱桥施工

1.风险控制重点

（1）拱肋及风撑安装，防止拱肋节段运输时未用弧形垫木垫实，侧面和前后未用钢丝绳、撑木等固定在运输车上，以免拱肋倾倒和滑落。

（2）工地组拼拱肋节段时，应设必要的临时支撑，节段重量应在起重机的额定起吊能力内，防止超载，以免发生起重伤害。

（3）在拱肋采用满堂式脚手架拼装方式时，严防脚手架上未铺设人行走道和操作平台，未挂设安全网等不安全状态，以免作业人员发生高处坠落。

（4）汽车式起重机桥面吊装拱节时，杜绝作业人员站位在系梁的横隔板或纵向腹板处，以免提升钢管拱肋时碰撞支架，撞伤施工人员造成物体打击伤害。

（5）钢管内混凝土压注时，防止混凝土压注达不到要求，混凝土压注顺序不按设计要求执行，以免钢管涨裂。

（6）压注完毕后，严防没有及时关闭倒流截止阀，以免混凝土冲出伤人。

2. 风险控制技术

（1）拱肋采用节点立柱拼装方式时，柱底应与梁顶固结，柱顶设操作平台，柱间设纵、横向连接系，确保支架的稳定和抗风能力。

（2）连接焊缝探伤检测合格后，方可拆除拱肋支架。

（3）压注时应严格控制泵压和泵速，压注完毕后，应及时关闭倒流截止阀。

（五）钢箱系杆拱桥施工

1. 风险控制重点

（1）在搭设梁上钢箱拱肋支架时，防止拆除钢箱系梁支架，以免拱肋支架塌落造成物体打击伤害。

（2）钢箱拱肋节段拼接、风撑安装时，严防桥上不设置消防以及通信设施，以免发生火灾。

（3）杜绝作业人员不戴绝缘手套、不穿绝缘靴（鞋）的不安全行为，以免造成触电伤害。

2. 风险控制技术

（1）搭设梁上钢箱拱肋支架时，钢箱系梁支架不得拆除。

（2）桥上必须设置消防、通信设施，并保证其处于良好状态。

（3）桥上作业人员必须穿戴绝缘鞋和手套。

（六）钢桁架拱桥施工

1. 风险控制重点

（1）对于钢桁架拱跨中的高支架，严防不进行抗横向脉动风速的稳定检算，以免整体抗风稳定性达不到要求，导致支架垮塌，造成物体打击伤害。

（2）在非工作状态时，防止不收拢吊钩，臂杆与钢梁不固定，以免撞伤作业人员发生物体打击事故。

（3）防止上下弦杆平面两侧不设置防护栏杆，以免作业人员高空坠落。

（4）拼装钢梁上平联时，防止不在两桁上弦节点处加设临时连接杆件、钢丝绳和拴结安全带；严防各墩顶不设防护栏杆、网栅等防护设施，以免发生高空坠落事故。

2. 风险控制技术

（1）上下弦杆平面两侧应设置防护栏杆，栏杆应与弦杆卡固。

（2）爬坡式起重机移动前，牵引起重机爬坡的滑车组和钢丝绳状况应良好，传力节点板固定可靠。移动时，左右同步。前行到位后，前支后锚牢固，变坡机构的销轴穿好。非工作状态时应收拢吊钩，臂杆与钢梁固定。

（3）各墩顶应设有防护栏杆、网栅等防护设施，布置好走道及梯子。

第四节 钢桥施工

一、水中临时支架优化

水中临时支架采用钢管桩加贝雷梁支架方案，原计划在江中插打 5 排钢管桩格构柱，中间预留 2 个 2m×35m 的孔做临时通航孔，满足 30m 通航宽度要求。通过计算可知，35m 贝雷支架挠度值达 12cm，竖向位移大大超出规定最大值的要求，同时结构安全及稳定性也是问题。因此，最终将江中支架方案调整为 7 排，并将中间通航压缩为 2m×27m 双向两通航孔，满足海事部门提出的最小净通航孔宽度 22m 要求。由于通航孔净高无法满足 4.0m 限制，所以将通航孔道贝雷梁（高 1.7m）调整为钢箱导梁（高 1.0m），从而满足有关规范和相关部门要求。

二、拖拉法施工关键技术

（一）临时支架平台

拖拉施工的临时支架平台须具有一定的强度、钢度和稳定性，特别是拖拉纵向稳定性须满足设计及施工规范。

（二）滑行系统

滑行系统通常包括上滑道＋滑块（或滑车）＋下滑道，一般以钢桥梁体下底面做上滑道，滑块可采用带橡胶板的聚四氟乙烯板或直接采用自制滑车，下滑道采用钢轨、槽钢或直接利用贝雷支架上表面。滑道有间断、连续设置两种，由于滑道安装精度要求高，梁体拖拉就位后还须拆除，从而增加施工的复杂性和危险性，因此，澄浪桥施工中取消上下专用滑道，直接利用梁底和贝雷梁架的上表面，并在贝雷梁上放置滑车，拖拉过程中最初使用卡口式滚动滑车，因阻力太大，实际很难拖动，改用船形滑车，滑车下直接支垫钢制滚筒，滑车由滑动摩擦变成滚动摩擦，从而大大降低阻力。实践证明，该方法具有极大优越性，不仅装置简单、移动灵活、更换方便，且调差和纠偏形式多样、迅速。

（三）顶升移位系统

支垫、移梁、落梁、梁体标高调整等涉及梁体顶升与移位，钢桥拖拉施工的顶升移位系统常采用几组相同型号的分离式液压千斤顶，其液压系统单独配套设置液压泵，并可设置 PLC 控制室，实现顶升、移位作业的同步控制。为克服钢梁节段顶升、移位施工作业空间狭小的缺点，也为确保作业时的整体稳定与安全，现场多采用薄饼式千斤顶。

第五节 大跨度桥梁施工

一、大跨度桥梁施工关键技术的应用

（一）基础工程施工技术

大跨度桥梁中的渗水桩基础工程要采用钢吊箱以及钢护筒施工技术，来进行钻孔平台的搭建。其中钢护筒是钢吊箱发挥纵向承载作用的重要支撑点，即提高钻孔打桩作业的准确性。由于钻孔平台需建立在钢护筒顶部位置，这就使其适用于承台高程以下的松软土层或是承台较高的河床。此过程中，在应用大型钢吊机械设备时，施工技术人员要采用精确定位技术和水下封堵形式，来控制施工精度和进度。为最大限度地避免桩基础对工程结构造成的影响，相关人员可通过保证钢吊箱下方施工过程的准确性和连续性来实现。在制备泥浆时，施工技术人员要控制好泥浆的比重，以满足钻孔作业对垂直度的要求。技术人员应充分结合工程建设的实际情况，包括：河床冲刷情况、水文地质情况以及气候环境等，来对钢性导向定位系统进行准确定位。

（二）索塔施工技术

大跨度桥梁索塔施工中钢塔是较为常见的设备，但由于其结构件尺寸以及自重较大，使得施工技术人员要进行高空吊装作业，以保证结构的整体

性。以某城市大跨度桥梁工程为例，其钢塔结构本身呈曲线状，这就需要利用金属作为实际接触面。与此同时，施工技术人员还要根据强螺栓以及磨光顶紧来完成统一传力，从而保证每个端口均能实现对准。在进行起吊作业时，采用较大吨位的起重机进行施工操作。

在横梁施工过程中，施工技术人员采用了同步或异步施工技术进行施工，严格按照相关尺寸对索塔各部分结构进行浇筑以及分层施工。在对小于5m的索塔进行施工时，施工技术人员通过设计科学合理的张拉预应力，从而实现一次张拉施工以及一次浇筑施工的质量控制目标。值得注意的是，为防止塔桩出现裂缝，施工技术人员应通过设置水平约束力或是支撑力来进行结构变形控制。例如，大跨度桥梁工程的塔高约为300m，施工技术人员可采用爬模技术来保证其线性作用的科学合理性。此外，这里指的索塔安装施工技术设备主要有塔吊和电梯，大跨度桥梁索塔混凝土施工设备主要有电梯与塔吊。

（三）超长斜拉索施工技术

对于大跨度桥梁的超长斜拉索施工而言，相关人员要根据工程实际情况，即索长、张拉牵引方式，来确定施工工艺。对于张拉位置的选择，大多设置在塔机顶端部位，这是减轻桥面负荷的有效方法。在进行斜拉索施工作业过程中，施工技术人员要利用塔柱附近的大型塔式起重机来提高塔端挂索的稳定性。此外，在利用塔式起重机进行梁面施工和吊机作业时，如果锁盘的自身重量大于50t，那么施工技术人员就要采用斜拉索施工方式，来实现桥面放索。这样一来，就提高了塔顶位置的吊机操作效率。

二、大跨度桥梁施工控制方法

大跨度桥梁施工关键技术的控制方法包括预测控制法、自适应法以及事后控制法。

（一）预测控制法

预测控制法，就是根据施工单位的工作经验以及设计单位的要求，来预测实际施工技术应用过程中可能出现的问题，从而进行有效控制。

（二）自适应法

自适应法，是将施工技术应用过程中出现的问题以及不稳定性的参数信息反馈给系统，进而通过控制中心给出相应问题的解决对策。研究表明，该施工关键技术控制方法，对于逐渐扩大的桥梁工程跨度具有较好的适用性，为此，相关建设人员应将其重视起来，并将其应用于实践。

（三）事后控制法

事后控制法主要是通过对大跨度桥梁各部分结构的维护以及保养，来提高其作用稳定性。具体来说，要想控制大跨度连续桥梁工程的施工过程，预先留下长期的观测点可以为桥梁建筑创造长期安全监测的条件，进而为桥梁运营阶段提供科学、可靠的养护工作数据。

第九章 道路桥梁工程施工环保与安全

第一节 道路桥梁工程施工与环境保护

一、道路与桥梁施工环境保护基本概念

（一）水土保持的基本规定

①水土保持工作的方针。根据我国的水土流失发展状况，确定了"预防为主，全面规划，综合防治，因地制宜，加强管理，注重效益"的水土保持工作方针，把预防保护工作摆到了首位。

②权利义务的规定。防治公路建设造成水土流失的总原则是"谁开发谁保护，谁造成水土流失谁负责治理"。

③水土保持的责任范围。根据水土保持法规规定的"谁开发谁保护，谁造成水土流失谁治理"的原则，按照国家行业标准《开发建设项目水土保持方案技术规范》规定，公路建设水土流失防治责任范围包括项目建设区（一般指公路建设主体工程区、取土场、弃土弃渣场以及临时工程占地等）和直接影响区（一般指由于公路建设行为而造成水土流失危害的直接产生影响区域，如项目区外的拆迁安置区、排水承纳区等）。

④水土流失防治实行分区防治原则。要求县级以上人民政府根据当地水土流失的具体情况，划定水土流失重点防治区，即重点预防保护区、重点监督区、重点治理区，进行分类指导，分区防治。

⑤水土保持的"三同时"制度。根据《中华人民共和国水土保持法》的规定，我国实行水土保持"三同时"制度。水土保持"三同时"制度是指建设项目中的水土保持设施，必须与主体工程同时设计、同时施工、同时投产使用。建设项目设计中要同时编制水土保持方案，并经行政主管部门批准，

施工时要同时按水土保持方案的要求建设水土保持设施，主体工程与相关水土保持设施要同时建成竣工并投入使用。

⑥建立水土保持方案报告制度。凡从事可能引起水土流失的生产建设活动的单位和个人，必须首先编报水土保持方案，经水土行政主管部门批准后方可审批环境影响报告，才能申请计划部门立项。

⑦明确水土保持机构的监督职能。县级以上地方人民政府行政主管部门及其水土保持监督管理机构，地方政府设立的水土保持机构，对水土流失的防治实施监督检查，这是贯彻实施水土保持法的重要保证。

（二）水土保持方案的意义和作用

落实法律规定的水土流失防治义务；

水土保持列入开发建设项目的总体规划；

水土流失防治有科学规划和技术保证；

有利于水土保持执法部门监督实施。

（三）水土保持的原则和目标

1. 水土保持的原则

公路建设水土保持必须按照经济规律和生态规律进行，以保护生态环境为基点来建立水土保持目标，促进经济的发展。公路建设水土保持的原则应当遵守水土保持法规、水土保持技术标准和环境保护总体要求的共同原则，同时还要根据主体工程设计及施工的特点，遵守以下基本原则：①坚持"预防为主、防治结合"的水土保持方针；②水土保持与公路建设相结合；③因地制宜、因害设防，重点治理与一般防护相结合；④公路水土保持管理与地方水土保持管理相结合。

2. 水土保持的预期目标

公路施工及运营过程中，通过布设水土保持工程的生物措施，使新增水土流失得到有效控制，项目区原有的水土流失得到有效措施，减少水土流失造成的危害。恢复和保护公路沿线水土保持设施，加大公路绿化里程，改善生态环境。具体目标如下：①通过采用有效的水土保持措施使边坡稳定，岩石、表土不裸露，为公路安全运行服务，避免水土流失对工程本身的危害；②取土场全部做防护处理，覆土加以利用；③通过对弃土（渣）场进行综合治理，使工程施工过程中产生的弃土、石渣得到有效拦挡或利用；④工程与植物措施相结合，使泥沙不进入下游河道，不影响河流正常行洪；⑤做好公路绿化工程的养护，使生态环境明显改善。

（四）水土保持方案编制内容

方案编制总则，含编制依据、技术标准；

建设项目及其周边地区概况；

生产建设过程中水土流失预测；

水土流失防治措施；

水土保持投资概（估）算及效益分析；

方案实施保证措施。

（五）水土保持方案规定

1. 行业归口管理

各级行政主管部门及地方政府设立的水土保持机构负责审批建设项目的水土保持方案。

2. 分级审批制度

国家审批立项的项目，其方案由水利部审批（含各部委的项目）；

地方审批立项的项目，其方案由相应级别的行政主管部门审批；

乡镇、集体、个体项目的方案，由所在地县级行政主管部门审批；

跨地区项目的方案由上一级行政主管部门审批。

3. 修改申报制度

经审批的水土保持方案，如项目性质、规模、地点等发生变化，应及时修改方案，并报原批准单位审批。

（六）水土保持方案实施规定

1. 投资责任

企事业单位在公路建设和生产过程中造成水土流失，由其负责治理。

2. 组织治理方式

项目建设单位有能力（主要是技术、人员、管理等能力）进行治理的，自行治理；因技术等原因无力自行治理的，可以缴纳防治费，由行政主管部门代为组织治理。

3. 监督实施

工程所在地的行政主管部门有权监督建设单位按批准的水土保持方案

实施，具有法律强制性。

4. 竣工验收

根据水土保持"三同时"制度的要求，建设项目主体工程验收时，应同时验收水土保持设施。

二、环境保护依据

自 20 世纪 80 年代起，按照国家有关环境保护的规定，在公路建设项目的可行性研究阶段执行环境影响评价制度。通过环境影响评价，对项目存在的环境影响问题进行分析、预测，并针对不利环境的影响提出防治措施，要求项目在规划设计阶段和建成运营阶段严格落实执行。涉及亚行和世行贷款项目对环境保护问题尤为重视，要求在环境影响评价报告的基础上编制环境保护行动计划，以指导项目的整个实施过程。因此，在公路施工过程中实行环境保护，是对项目全过程环境保护管理不可缺少的重要环节，也完全符合国家关于环境保护必须与工程主体"同时设计、同时实施、同时交付使用"的三同时原则。为了保护环境，国家制定了很多规定，具体如下：①项目的环境影响评价报告书；②项目的环境行动计划（贷款项目均有此文件）；③国家有关资源环境保护法规；④国家有关文物保护法规；⑤国家有关环境质量法规；⑥地方有关环境质量法规。

三、施工对生态环境的影响及防治

（一）公路施工对生态环境的影响

1. 道路的廊道与分割效应

对于生物来说，尤其是对地面的动物，公路的建设导致自然生境的人为分割，使生境岛屿化，不利于生物多样性的保护。为避免生境岛屿化造成的生物多样性受损，许多自然保护区需要建立与其他自然保护区域、自然地域的通道，这就是经常所说的"生物走廊"。

2. 水文影响

公路建设会改变地表径流的固有态势，从而造成冲、淤、涝等局部影响。

3. 对土地利用的影响

公路建设对土地利用的影响较为显著，将改变沿线被征用土地的利用现状，其中对耕地的占用较为突出。

4.生态敏感地区的影响

交通运输线路长，会穿越各种生态系统，其中不可避免地会涉及一些特殊、敏感的生态能区，如湿地、荒地、自然保护区、天然森林、森林公园、水源保护区、风景名胜区、特殊地质地貌区以及生态脆弱区、自然灾害多发区等。

（二）防治方案

1.充分考虑公路环保措施

严格控制公路占地面积和临时用地规模，减少对耕地和植被的破坏；避开环境敏感性区域，如学校、工厂、医院、名胜古迹、自然保护区、精密食品基地和军事设施等。

2.重视水土资源，减少水土流失

工程设计应充分考虑水土流失预防措施，一是注意填挖平衡，减少土石方量，减少借土弃土；二是做好边坡防护设计工作，确保边坡稳定，以减少将来使用过程中的不良病害发生，并应根据地质情况多采用种草植树的绿化护坡方法；三是做好沿线排水设计；四是合理取土、规范弃土、保护耕地、少占良田，应尽量在荒地或低产耕地集中取土，取土后对取土坑进行后期利用，弃方应集中堆弃，不占农田，堆弃后应上覆表土，播种绿化。

3.注意保持原有的灌溉系统和自然水网体系

桥梁布置尽量避免影响河流水文、水流特征，做到顺应地形和原水体流向；避免改变或堵塞大型河沟；对小型排灌系统如遭破坏应予以恢复或加以调整，合理设置小桥涵位置，必要时对原有排灌体系进行优化合并或改移；做好项目自身的排水系统，增加必要构造设施以防止路基路面排水对农田水利的冲击。

4.做好公路沿线景观设计工作

首先路线要尽量与地形地貌相吻合，减少土石方量，减少对自然风景的破坏，避开受保护的景观空间；还要加强道路沿线绿化，以补充和改善沿线景观，如边坡尽量采用种草植树的护坡方式。

第二节 道路桥梁工程施工安全

一、安全生产原则与方针

政府统一领导，是指国务院以及县级以上地方人民政府有关部门对建设工程安全生产进行的综合和专业的管理，主要是监督有关国家建设工程安全生产法律法规和方针政策的执行情况，预防和纠正违反国家建设工程安全生产法律法规和方针政策的现象。部门依法监管，是指各级政府管理部门要组织贯彻国家关于建设工程安全生产的法律法规和方针政策，依法制定建设行业安全生产的规章制度和标准规范，对建设行业的安全生产工作进行计划、组织、监督检查和考核评价，指导企业搞好建设工程安全生产工作。企业全面负责，是指施工单位、建设单位、勘查单位、设计单位、工程监理单位及其他与建设工程安全生产有关的单位，必须遵守和贯彻执行国家关于安全生产、建设工程安全生产等法律法规和方针政策的规定，建立和落实安全生产管理制度，保证建设工程安全生产，依法承担建设工程安全生产责任。群众参与监督，是指群众组织和劳动者个人对于建设工程安全生产应负的责任。工会是代表群众的主要组织，工会有权对危害职工健康与安全的现象提出意见，进行抵制，有权越级控告，也担负着教育劳动者遵章守纪的责任，群众监督有助于建立企业的安全文化，形成"安全生产，人人有责"的局面。全社会广泛支持，是指提高全社会的安全意识，形成全社会广泛"关注安全、关爱生命"的良好氛围。要做好建设工程安全生产管理工作，提高建设行业安全生产管理的水平，必须有政府、社会各界的广泛参与，就是要通过全社会的共同努力，提高安全意识，增强防范能力，大幅度地防止和减少安全事故，为我国社会经济的全面、协调、可持续发展奠定坚实的基础。

安全与生产的关系是辩证统一的关系，是一个整体。生产必须安全，安全促进生产，不能将二者对立起来。在施工过程中，必须尽一切可能为作业人员创造安全的生产环境和条件，积极消除不安全因素，防止伤亡事故的发生，使作业人员在安全的条件下进行生产；安全工作必须紧紧围绕着生产活动进行，不仅要保障作业人员的生命安全，还要促进生产的发展。离开生产，安全工作就毫无实际意义。

安全管理是施工企业管理的一项重要内容，也是施工现场一时一刻都不能忽视的工作。确保安全施工、防止事故发生，是企业全体职工的重要任务，是各级领导的重要职责。安全管理的基本含义是：劳动者必须在安全的环境中进行生产活动。安全管理是对工作环境、施工各环节采取必要的安全措施，提出一定的安全要求，及时消除人的不安全行为和物的不安全状态，以保证劳动者的健康和生命安全，保证生产的顺利进行。

（一）安全生产的原则

"管生产必须管安全"的原则：是指工程项目各级领导和全体员工在生产工程中必须坚持在抓生产的同时抓好安全工作。它体现了安全和生产的统一，二者是一个有机的整体，不能分割更不能对立起来，应将安全寓于生产之中。

"安全一票否决权"的原则：是指安全生产工作是衡量工程项目管理的一项基本内容，它要求在对工程项目各项指标考核、评优创先时，首先必须考虑安全指标的完成情况。安全指标没有实现，其他指标顺利完成，仍无法实现工程项目的最优化，安全具有一票否决的权利。

职业安全卫生"三同时"的原则：是指一切生产性的基本建设和技术改造工程项目，必须符合国家的职业安全生产的法规和标准，职业安全卫生技术措施及设施应与主体工程同时设计、同时施工、同时投产使用，以确保工程项目投产后符合职业安全卫生要求。

事故处理"四不放过"的原则：国家法律法规要求，在处理事故时必须坚持和实施"四不放过"原则，即：事故原因未查清不放过，事故责任和职工群众没受到教育不放过，安全隐患没有整改预防不放过，事故责任者不处理不放过。

（二）安全生产要处理好的五种关系和要坚持的五项原则

1.安全生产要处理好的五种关系

（1）安全与危险的并存

安全与危险在事物的运动中是相互对立、相互依赖而存在的。因为有危险才要进行安全管理，以防止危险。安全与危险并非是等量并存、平静相处。随着事物的运动变化，安全与危险每时每刻都在变化着，进行着此消彼长的斗争。可见，在事物的运动中，都不会存在绝对的安全和危险。危险因素客观地存在于事物运动之中的，自然是可知的，也是可控的。保持生产的安全状态必须采取多种措施，以预防为主，危险因素是完全可以控制的。

（2）安全与生产的统一

生产是人类社会存在和发展的基础。如果生产中人、物、环境都处于危险状态，则生产无法顺利进行。因此，安全是生产的客观要求。自然地，当生产完全停止，安全也就失去意义。生产有了安全保障，才能持续、稳定发展。生产活动中事故层出不穷，生产势必混乱，直至瘫痪状态。当生产与安全发生矛盾，危及职工生命或国家财产时，生产活动停下来整顿、消除危险因素以后，生产形势会变得更好。

（3）安全与质量的同步

从广义上看，质量包含安全生产质量，安全概念也包含着质量，交互作用、互为因果。安全第一、质量第一两个第一并不矛盾。安全第一是从保护生产因素的角度提出的，质量第一则是从关心产品成果的角度而强调的。安全为质量服务，质量需要安全保证。生产过程舍掉哪一头，都要陷于失控状态。

（4）安全与速度的互促

生产的蛮干、乱干，在侥幸中求得的快，缺乏真实性与可靠性，一旦酿成不幸，非但没有速度可言，反而会延误时间。速度应以安全作保障，追求安全加速度，竭力避免安全减速度。安全与速度成正比例关系，当速度与安全发生矛盾时，暂时减缓速度，保证安全才是正确的做法。

（5）安全与效益的兼顾

安全技术措施的实施，会改善劳动条件，调动职工的积极性，焕发劳动热情，带来经济效益，足以使原投入得以补偿。从这个意义上说，安全促进了效益的增长，安全与效益是一致的。在安全管理中，投入要适度，统筹安排，既要保证安全生产，又要经济合理，还要考虑力所能及。单纯为了省钱而忽视安全生产，或单纯追求安全不惜资金的盲目高标准，都是不可取的。

2.安全生产的六项原则

（1）坚持管生产同时管安全原则

安全寓于生产之中，并对生产发挥促进与保证作用。从安全生产管理的目标、目的，安全与生产表现出高度的一致和完全的统一。安全管理是生产管理的重要组成部分，安全与生产的实施过程中两者存在着密切的联系，存在着进行共同管理的基础。

管生产同时管安全，各级领导人员在管理生产的同时，必须负责管理安全工作，企业中有关专职机构都应该在行业业务范围内，对实现安全生产的要求负责，不仅是对各级领导人员明确安全管理责任，同时，也向一切与生产有关的机构、人员，明确了业务范围内的安全管理责任。可见，一切与生产有关的机构、人员，都必须参与安全管理并在管理中承担责任。认为安全管理只是安全部门的事，是一种片面、错误的认识。各级人员安全生产责任制度的建立、管理责任的落实，体现了管生产同时管理安全。

（2）坚持目标管理原则

安全管理的内容是对生产的人、物、环境因素状态的管理，有效地控制人的不安全行为和物的不安全状态，消除或避免事故，达到保护劳动者的安全与健康的目的。没有明确目标的安全管理是一种盲目行为，只能劳民伤财，危险因素依然存在，而且只能纵容威胁人的安全与健康的状态，向更为严重的方向发展或转化。

（3）坚持预防为主的原则

安全生产的方针是"安全第一，预防为主"。"安全第一"是从保护生产力的角度和高度，表明在生产范围内安全与生产的关系，肯定安全在生产活动中的位置和重要性。进行安全管理是对于生产的特点，对各个因素采取管理措施，有效控制不安全因素的发展与扩大，把可能发生的事故消灭在萌芽状态，以保证生产活动中人的安全与健康。

（4）坚持全方位动态管理

安全管理涉及生产活动的方方面面，涉及从开工到竣工交付的全部生产过程，涉及全部的生产时间，涉及一切变化着的生产因素。因此，安全生产活动中必须坚持全员、全过程、全方位、全天候的全面动态管理。安全管理不是少数人和安全机构的事，而是一切与生产有关的人共同的事。缺乏全员的参与，安全管理不会有生气，不会出好的管理效果，生产组织者在安全管理中的作用固然重要，全员参与管理也十分重要。

（5）坚持全过程控制原则

进行安全管理的目的是预防、消灭事故，防止或消除事故伤害，保护劳动者的安全与健康。在安全管理的主要内容中，虽然都是为了达到安全管理的目的，但是对生产因素状态的控制，即事前控制、事中控制、事后控制，与安全管理的目的关系更直接，显得更为突出。因此，对生产中人的不安全行为和物的不安全状态的控制，必须是动态的安全管理。事故的发生，是由于人的不安全行为运动轨迹与物的不安全状态运动轨迹的交叉。从事故发生的原理，也说明了对生产因素状态的控制，应该作为安全管理的重点。

（6）坚持持续改进原则

建设工程施工安全管理是在变化着的施工生产活动中的管理，是一种动态管理，其管理就意味着是不断变化的，以适应变化的生产活动，消除新的危险因素，更重要的是不间断地摸索新规律，总结管理和控制的办法与经验，持续改进，指导新变化后的管理，从而不断提高建设工程施工安全管理水平。

二、安全生产管理的实施

为了切实加强公路建设安全生产管理，认真贯彻执行国家有关安全生产的法律、法规和"安全第一、预防为主"的方针，规范安全生产行为，保障在生产过程中的安全和健康，预防事故发生，确保国家和人民生命财产的安全，制定如下规定：①建设指挥部是本建设工程安全生产的主管机关，总监办、驻地办负责实施对承包人安全生产监督管理。承包人应按职责和合约对安全生产进行落实。②建设指挥部成立建设安全管理领导小组：建设指挥部指挥长任组长，副指挥长、总工程师、副总工程师、总监理工程师任副组长，成员由建设指挥部相关部门人员组成。领导小组下设办公室，建设指挥部工程部长兼办公室主任。领导小组办公室的主要职责是：检查监督施工安全生产情况，对存在的安全隐患责令承包人限期整改；协调解决施工中的重大安全问题；监督指导和考核创建安全文明标准工地。③驻地办应当审查施工组织设计中的安全技术措施或者专项施工方案是否符合工程建设强制性标准。在实施监理过程中，发现承包人存在安全事故隐患的，应当要求承包人整改；情况严重的，应当要求承包人暂时停止施工，并及时报告建设指挥部。承包人拒不整改或者不停止施工的，驻地办应当及时向建设指挥部和总监办报告。驻地办和监理工程师应当按照法律、法规和工程建设强制性标准实施监理，并对建设工程安全生产承担监理责任。④承包人相应成立安全管理机构，配备专职安全生产管理人员，主要负责人对安全生产工作全面负责。⑤安全保证体系组成。为了全面贯彻落实安全方针和实现安全目标，各单位根据具体情况并结合工程实际，从安全生产管理的思想组织保证、工作保证、制度保证等方面建立和完善安全保证体系。⑥思想组织保证。第一，承包人要建立健全安全管理组织机构和各级机构或部门的安全管理工作人员，明确其安全工作职责范围，将施工经验丰富、安全意识强的人员充实到安全管理的各级机构和部门，项目经理是安全管理的第一责任人，以确保安全管理工作的领导权威。第二，制定严格的安全管理制度和措施，定期分析安全生产形势，研究解决施工中存在的问题，建立健全各级安全生产责任制，责任落实到人。充分发挥各级专职安检人员的检查和监督作用，及时发现和排除安全隐患。第三，安全教育要形成经常化、制度化，对特种作业人员必须经培训合格后持证上岗，对新员工必须进行经理部、项目队和班组三级安全教育和培训。第四，承包人应通过安全生产竞赛、现场安全标语、图片等宣传形式，增强全员安全生产意识和自觉性，把"以人为本、珍惜生命"的安全生产思想落到实处。⑦工作保证。第一，编制实施性施工组织设计的同时必须编制安全组织设计及安全技术措施，必须坚持"三同时"的原则，并下达月、季度、年度安全生产计划及安全保证措施；第二，根据工程特点编制有针对性的安全防护措施，对一些危险点，必须组织设计专项安全防护方案及措施；第三，承包人要对作业层人员进行安全措施及防护方案等安全技术交底；第四，针对工程具体情况，制定相应的安全操作规程、技术措施和安全规则；第五，根据各工点或工序的具体情况，配置与之相适应的机械设备，杜绝因机械设备不符合工程特点而造成的安全事故。施工过程阶段检查内容和要求：各个作业层及操作人员必须熟悉、清楚所从事施工项目的安全设计、安全技术措施及工艺流程安全注意事项，并在实施中严格遵守。坚持安全管理制度，充分发挥安全监督岗的积极作用；实行安全否决制，杜绝违章指挥和违章作业；广泛开展安全的预测预控活动和"三不伤害"活动（即不伤害他人、不伤害自己、不被别人伤害）；认真开展安全大检查，查制度、查违章、查隐患、搞整改，消灭事故隐患，杜绝安全事故的发生。竣工验收阶段：总结施工过程中的安全生产经验，对于好的经验措施和办法在下一项目建设中推广运用。找出施工过程中的安全管理薄弱环节和安全事故的原因，改进或制定具有针对性的措施。⑧制度保证。承包人必须完善安全生产各项管理制度，针对各工序及各工种的特点，制定相应的安全管理制度，建立安全生产责任制，落实各级管理人员和操作人员的安全职责，做到纵向到底，横向到边，人人有责，各自做好本岗位的安全工作。安全工作必须坚持下列管理制度：安全生产责任制，安全会议制度，安全三级教育管理制度，安全技术方案逐级审查制度，安全技术交底制度，特殊工种持证上岗制度，每周一安全活动制和工地班前安全讲话、班后安全活动制度，安全技术操作规程制度，安全生产检查制度（工班每天自检，专职安检员每周专检，项目每月系统检查），安全资金保障制度，安全生产操作挂牌制度，环境保护制度，安全生产事故报告处理制度，安全生产奖惩制度。⑨经济保证。实行安全生产包保责任制，谁主管、谁负责，明确奖惩措施，实行层层包干负责，定期进行考核，并严格兑现奖惩。⑩安全防范重点。严格控制路基土石方爆破，防止飞石伤害事故；预防高空坠落、物体打击事故；土石方开挖、填筑及隧道施工中防止塌方事故；隧道控制爆破中防止爆破伤害事故；加强隧道通风、挖孔桩基通风，防止瓦斯爆炸，防止缺氧窒息事故；防止机械设备伤害、触电事故；规范施工场地交通安全，防止交通伤害事故；防止火灾、洪灾事故；防止压力容器爆炸伤亡事故。⑪安全事故处理。伤亡事故：承包人必须用电话 2 h 内报建设指挥部，并在 12 h 内以书面形式报建设指挥部；发生死亡、重大死亡事故的单位应迅速采取必要措施抢救人员和财产，防止事故扩大，同时保护事故现场；重大伤亡事故由其上级有关主管部门组成事故调查组，报请地方相关部门参加，进行调查；事故采取"四不放过"的原则进行处理；对伤亡事故，在上报本单位上级主管部门的同时，将事故调查报告一并报建设指挥部。

三、应急救援预案

为了更好地适应法律和经济活动的要求，给企业员工的工作和施工场区周围居民提供更好、更安全的环境；保证各种应急反应资源处于良好的备战状态；指导应急反应行动计划有序地进行，防止因应急反应行动组织不足或现场救援工作的无序和混乱而延误事故的应急救援；有效地避免或降低人员伤亡和财产损失；帮助实现应急反应行动的快速、有序、高效；充分体现应急救援的"应急精神"，根据预测危险源、危险目标可能发生事故的类别、危害程度，而制订的事故应急救援方案，要充分考虑现有物资、人员及危险源的具体条件，能及时、有效地统筹指导事故应急救援行动。

（一）应急预案的作用

第一，应急预案确定了应急救援的范围和体系，使应急管理不再无据可依、无章可循，尤其是通过培训和演练，可以使应急人员熟悉自己的任务，具备完成指定任务所需的相应能力，并检验预案和行动程序，评估应急人员的整体协调性。

第二，应急预案有利于做出及时的应急响应，降低事故后果，应急行动对时间要求十分敏感，不允许有任何拖延，应急预案预先明确了应急各方职责和响应程序，在应急资源等方面进行先期准备，可以指导应急救援迅速、高效、有序开展，将事故造成人员伤亡、财产损失和环境破坏降到最低限度。

第三，应急预案是各类突发事故的应急基础，通过编制应急预案，可以对那些事先无法预料到的突发事故起到基本的应急指导作用，成为开展应急救援的"底线"。在此基础上，可以针对特定事故类别编制专项应急预案，并有针对性地制定应急预案，进行专项应急预案准备和演习。

第四，应急预案建立了与上级单位和部门应急救援体系的衔接，通过编制应急预案可以确保当发生超过本级应急能力的重大事故时，与有关应急机构的联系和协调。

第五，应急预案有利于提高风险防范意识，应急预案的编制、评审、发布、宣传、演练、教育和培训，有利于各方了解面临的重大事故及其相应的应急措施，有利于促进各方提高风险防范意识和能力。

（二）应急救援预案的基本要求

1.针对性

应急预案是针对可能发生事故，为迅速、有序地开展应急行动而预先制定的行动方案，因此，应急预案应结合危险分析的结果。

（1）针对重大危险源

重大危险源是指长期或是临时地生产、搬运、使用或储存危险性物品，且危险物品的数据等于或超过临界量的单位。重大危险源历来都是生产经营单位监管的重点对象。

（2）针对可能发生的各类事故

在编制应急预案之初需要对生产经营单位中可能发生的各类事故进行分析和编制，在此基础上编制预案，才能保证应急预案更广范围的覆盖性。

（3）针对关键的岗位和地点

不同的生产经营单位，同一生产经营单位不同生产岗位所存在的风险大小都往往不同，特别是在危险化学品、煤矿开采、建筑等高危行业，都存在一些特殊或关键的工作岗位和地点。

（4）针对薄弱环节

生产经营单位的薄弱环节主要是指生产经营单位为应对重大事故发生而存在的应急能力缺陷或不足方面。企业在编制预案过程中，必须针对生产经营在进行重大事故应急救援过程中，人力、物力、救援装备等资源是否可以满足要求而提出弥补措施。

（5）针对重要工程

重要工程的建设和管理单位应当编制预案，这些重要工程往往关系到国计民生的大局，一旦发生事故，其造成的影响或损失往往不可估量，因此，针对这些重要工程应当编制应急预案。

2.科学性

应急救援工作是一项科学性很强的工作，编制应急预案必须以科学的态度，在全面调查研究的基础上，实行领导和专家结合的方式，开展科学分析和论证，制定出决策程序和处置方案、应急手段先进的应急反应方案，使应急预案真正的具有科学性。

3.可操作性

应急预案应具有实用性和可操作性，即发生重大事故灾害时，有关应急组织、人员可以按照应急预案的规定迅速、有序、有效地开展应急救援行动，降低事故损失。

四、安全教育培训

对新职工、实习人员，必须先进行安全生产的三级教育（即生产单位或班组、生产岗位）才能准其进入操作岗位。对改变工种的工人，必须重新进行安全教育才能上岗。

对从事电气、焊接、车辆驾驶、易燃易爆等特殊工种人员，必须进行专业安全技术培训，经有关部门严格考核并取得合格操作证（执照）后，才能准其独立操作。对特殊工种的在岗人员，必须进行经常性的安全教育。

五、桥梁工程施工全面安全管理保障体系

（一）全面安全管理组织

1.桥梁工程项目安全管理组织参与方关联性分析

要构建多方参与的项目安全管理体系，就需要厘清各参与方相互之间的关系，才能构建出合理的整体框架。

（1）政府与各参与方的关联性分析

①政府与业主的关系

政府与业主虽然都并不直接实施桥梁工程项目的建设，但两者都在项目安全管理中起着核心的宏观管理作用，不同的是业主是具体每个项目的宏观管控者，政府则是为每个建设项目营造一个有利于安全生产的宏观环境。政府与业主之间存在着一定的博弈关系，政府需要业主在项目进行过程中合理地进行安全管理以充分保障公共利益，但业主为了自身利益往往倾向于逃避或者推卸应有的安全责任，这就需要政府通过各种措施去督促业主自发地参与到项目安全管理中。

②政府与施工单位的关系

施工单位作为桥梁工程项目的修建者，受到政府相关法律和机构的直接监督。施工单位虽然会为了自身的利益进行项目安全管理，但由于项目安全效益具有外部性的特点，积极性并不高。同时，由于现阶段施工企业承担了绝大部分安全责任，其中很多本不应由其承担，这就使得施工企业在项目安全管理中显得力不从心。所以政府一方面作为监督者要加强对施工单位安全生产的监督，另一方面也要明确安全责任的划分，并营造宏观环境使得施工单位通过安全生产所取得的效益能够量化。

③政府与设计、监理单位的关系

我国已出台的《建筑安全管理条例》，明确了一部分设计、监理单位的安全责任。但由于相对模糊，可操作性还有待加强，所以政府需要通过各种手段明确设计、监理单位的安全责任，并对设计、监理单位是否履行安全责任进行监督。

（2）业主与各参与方的关联性分析

①业主与施工单位的关系

业主与施工单位的关系是安全管理中的核心关系。一方面，业主总是希望在最少投入的前提下，施工单位能保质保量地完成项目施工。而要选择安全的承包商、投入足够安全款、积极参加施工阶段承包商的安全管理等都会使其面临管理、技术及资金上的难题。另一方面，是施工单位会受到业主以上行为的极大影响，从而产生不同的安全态度，同时，由于业主是施工单位的甲方，总是处于强势的状态，施工单位为了能接到工程项目，在实际工作中很多情况下只能听命于业主，哪怕是很多不合理的要求。当然，施工单位在专业技术上远甚于业主，它们总愿意利用这种信息优势从业主那儿获得更多的工程利润，以致常常出现无视安全、以次充好的情况。

②业主与设计单位的关系

在项目前期业主委托设计单位进行设计，属于设计单位的甲方。设计单位在签订设计合同后，为了获得设计报酬就需要根据业主的要求进行相应设计，这些要求或者合同规定中有无安全设计及安全责任将对设计单位的行为产生直接的影响。

③业主与监理单位的关系

业主委托监理单位在施工现场进行项目管理，希望监理单位能监督施工单位顺利地完成施工。虽然我国法律明确规定了监理单位的责任，其中就包括了安全责任。但监理单位为了能获得监理合同，往往只重视业主重点交代的工作，如保证进度、控制造价、质量监督等。监理单位发现安全隐患时，如果采取相应措施可能就会影响到工程进度，如若受到业主消极安全管理态度的影响，通常会默认地选择不作为，久而久之就会导致监理单位的安全管理能力逐步弱化。总而言之，监理单位的安全态度及安全管理能力很大程度上是由业主的态度所决定的。

（3）施工单位与各参与方的关联性分析

①施工单位与设计单位的关系

施工单位与设计单位是通过业主相联系的，是一种间接的关系。由于工程项目的复杂性与高风险性，只有通过前期合理的安全设计才能消除一些施工阶段的安全隐患，施工单位也需要专业的设计人员在技术上提供必要的帮助。然而，现阶段施工单位只是被动接受方，难以影响到设计单位的行为，从某种意义上还承担了设计单位一些不当行为所产生的安全风险。

②施工单位与监理单位的关系

施工单位与监理单位是一种被监管与监管的关系。监理单位接受业主的委托，根据相关法律及合同规定对施工单位在质量、成本、进度以及安全方面进行监督，虽然法律明确了监理单位在安全监管上的责任和义务，但监理单位针对施工单位监督的侧重点一般受业主态度的影响。

2. 全面安全管理组织结构及各参与方安全管理职责

（1）桥梁工程施工全面安全管理组织结构

桥梁施工安全管理工作的技术性、制度性、群众性都很强，需要各参与方协同配合，设置系统的安全管理组织结构，配备专门的安全管理人员，明确各参与方、各参与方内部的岗位职责，以利于提高安全管理效率，进行全面安全管理。

在施工、咨询服务合同签订后，业主—施工企业、业主—监理之间的委托代理关系成立。施工企业是桥梁工程安全的主要践行方、实施者，业主、监理是监督管理方，政府是宏观监管方。桥梁工程施工过程中，各参与方要积极履行安全责任，相互协调、配合，形成责权明晰的安全管理的组织系统，各参与方内部也要设置安全管理机构，明确安全管理职责，实施全员参与的全面安全管理；企业内部安全管理组织结构有矩阵型组织结构、职能型组织结构、线性组织结构等，施工方安全管理组织多采用线性组织结构。

（2）桥梁工程施工阶段各参与方的安全管理职责

①政府主管部门

政府属于项目安全管理宏观主体，是安全规范的制定者也是的外部监管主体。政府的安全管理职责，一方面是制定并组织贯彻执行安全法律法规、规章制度，指导项目的安全管理，另一方面是政府贩能部门依据国家法律法规、标准规范，通过一系列行政手段对工程项目安全生产进行监督管理。其职责如下。

第一，贯彻执行党和国家的安全生产方针、政策和决议。

第二，监察各工地对国家、建设部、省、市政府公布的安全法规、标准、规章制度、办法和安全技术措施的执行情况。

第三，总结、推广建筑施工安全科学管理、先进安全装置、措施等经验，并及时给予奖励。

第四，制止违章指挥和违章作业行为，对情节严重者按处罚条例给予经济处罚，对隐患严重的现场或机械、电气设备等，及时签发停工指令，并提出改进措施。

第五，参加建筑行业重大伤亡事故的调查处理，对造成死亡1人，重伤3人，直接经济损失5万元以上的重大事故主要负责者，有权向检察院、法院提出控诉，追究刑事责任。

第六，对建筑施工队伍负责人、安全检查员、特种作业人员，进行安全教育培训、考核发证工作。

第七，参加建筑施工企业新建、扩建、改建和挖潜、革新、改造工程项目设计和竣工验收工作，负责安全卫生设施"三同时"（安全卫生设施同时设计同时验收同时使用）的审查工作。

第八，及时召开安全施工或重大伤亡事故现场会议。

②建设单位的安全生产责任

作为建设项目的投资方，业主往往是连接项目参与各方的纽带，业主方的安全意识和管理行为，直接影响其他参与方的态度和行为。根据《建设工程安全生产管理条例》的相关规定，业主方的职责主要包括：

1）建设单位应当向施工单位提供有关资料

建设单位应当向施工单位提供施工现场及毗邻区域内供水、排水、供电、供气、供热、通信、广播电视等地下管线资料，气象和水文观测资料，相邻建筑物和构筑物、地下工程的有关资料，并保证资料的真实、准确、完整。

建设单位因建设工程需要，向有关部门或者单位查询上述规定的资料时，有关部门或者单位应当及时提供。

2）不得向有关单位提出影响安全生产的违法要求

建设单位不得对勘查、设计、施工、工程监理等单位提出不符合建设工程安全生产法律、法规和强制性标准规定的要求，不得压缩合同约定工期。

3）建设单位应当保证安全生产投入

建设单位在编制工程概算时，应当确定建设工程安全作业环境及安全施工措施所需费用。

4）不得明示或暗示施工单位使用不符合安全施工要求的物资

建设单位不得明示或者暗示施工单位购买、租赁、使用不符合安全施工要求的安全防护用具、机械设备、施工机具及配件、消防设施和器材。

5）办理施工许可证或开工报告时应当报送安全施工措施

建设单位在申请领取施工许可证时，应当提供建设工程有关安全施工措施的资料；依法批准开工报告的建设工程，建设单位应当自开工报告批准之日起 15 日内，将保证安全施工的措施报送建设工程所在地的县级以上人民政府建设行政主管部门或者其他有关部门备案。

③桥梁工程施工单位的安全生产责任

施工方是工程项目责任主体，也是安全管理的主要实施者。施工方根据国家有关安全施工的法律法规、安全技术标准与规范等，对施工全过程进行管理。施工方主要的安全管理职责如下：

1）施工单位应当具备的安全生产资质条件

施工单位从事建设工程的新建、扩建和拆除等活动，应当具备国家规定的注册资本、专业技术人员、技术装备和安全生产等条件，依法取得相应等级的资质证书，并在其资质等级许可的范围内承揽工程。

桥梁工程专业承包企业资质分为一级、二级、三级三个资质等级。一级企业可承担各类桥梁工程的施工；二级企业可承担单跨 150m 以下或桥梁总长 1000m 以下桥梁工程的施工；三级企业可承担单跨 40m 及总长 100m 以下桥梁工程的施工。

2）施工总承包单位与分包单位安全责任的划分

建设工程实行施工总承包的，由总承包单位对施工现场的安全生产负总责。总承包单位应当自行完成建设工程主体结构的施工。

总承包单位依法将建设工程分包给其他单位的，分包合同中应当明确各自的安全生产方面的权利、义务。总承包单位和分包单位对分包工程的安全生产承担连带责任。分包单位应当接受总承包单位的安全生产管理，分包单位不服从管理导致生产安全事故的，由分包单位承担主要责任。

3）建立企业内部安全生产责任制度

施工单位主要负责人依法对本单位的安全生产工作全面负责。施工单位应当建立健全安全生产责任制度和安全生产教育培训制度，制定安全生产规章制度和操作规程，保证本单位安全生产条件所需资金的投入，对所承担建设工程进行定期和专项安全检查，并做好安全检查记录。

4）采取安全生产基本保障措施

施工单位对列入建设工程概算的安全作业环境及安全施工措施所需费用，应当用于施工安全防护用具及设施的采购和更新、安全施工措施的落实、安全生产条件的改善，不得挪作他用。

施工单位应当设立安全生产管理机构，配备专职安全生产管理人员。专职安全生产管理人员负责对安全生产进行现场监督检查。发现安全事故隐患，应当及时向项目负责人和安全生产管理机构报告；对违章指挥、违章操作的，应当立即制止。

5）对安全施工技术要求的交底

建设工程施工前，施工单位技术负责任人要对安全施工方案进行详细说明，并由双方签字确认。

6）危险部位安全警示标志的设置。

7）对施工现场生活区、作业环境的要求。

④工程监理单位的安全生产责任

工程监理方属于外部监管主体。它受业主委托，根据法律法规和监理合同，对工程施工全过程进行安全施工监督和管理，其主要职责包括：

1）安全技术措施及专项施工方案审查义务

工程监理单位应当审查施工组织设计中的安全技术措施或者专项施工方案是否符合工程建设强制性标准。

2）安全生产事故隐患报告义务

工程监理单位在实施监理过程中，发现存在安全事故隐患的，应当要求施工单位整改；情况严重的，应当要求施工单位暂时停止施工，并及时报告建设单位。施工单位拒不整改或者不停止施工的，工程监理单位应当及时向有关主管部门报告。

3）应当承担监理责任

工程监理单位和监理工程师应当按照法律、法规和工程建设强制性标准实施监理，并对建设工程安全生产承担监理责任。

⑤建设工程物资供应单位的安全生产责任

为建设工程提供机械设备和配件的单位，应当按照安全施工的要求配备齐全有效的保险、限位等安全设施和装置。

出租的机械设备和施工工具及配件，应当具有生产（制造）许可证，产品合格证。出租单位应当对出租的机械设备和施工工具及配件的安全性能进行检测，在订立租赁协议时，应当出具检测合格证明。禁止出租检测不合格的机械设备和施工工具及配件。

在施工现场安装、拆卸施工起重机械和整体提升脚手架、模板等自升式架设设施，必须由具有相应资质的单位承担，应当编制拆装方案、制定安全施工措施，并由专业技术人员现场监督，安装完毕后，安装单位应当自检，出具自检合格证明，并向施工单位进行安全使用说明，办理验收手续并签字。达到国家规定的检验检测期限的，必须经具有专业资质的检验检测机构检测。经检测不合格的，不得继续使用。

（二）安全生产管理制度

制度是社会的游戏规则，更规范的讲，它们是为人们的相互关系而人为设定的一些制约气管理制度，也称规章制度是国家机关、社会团体、企事业单位，为了维护正常的工作、劳动、学习、生活的秩序，保证国家各项政策的顺利执行和各项工作的正常开展，依照法律、法令、政策而制定的具有法规性或指导性与约束力的应用文，是各种行政法规、章程、制度、公约的总称。管理制度的使用范围极其广泛，大至国家机关、社会团体、各行业、各系统，小至单位、部门、班组。安全管理制度包含安全生产法律法规、安全生产基本制度及项目内部安全生产制度三个层次。

1.安全生产法律法规

安全生产的法律法规是为了确保工程项目良好运行，由政府及相关管理机构所颁布的，与工程项目安全生产直接相关的，项目的所有参与方以及社会有关各方要共同遵守的一系列法律文件。主要是有关安全生产的法律、法规和技术规范。

（1）法律

为了保证安全生产，规范生产行为，国家制定了一系列法律来指导安全生产，主要有《中华人民共和国建筑法》《中华人民共和国安全生产法》。

（2）法规

为了加强建设工程安全生产监督管理和质量的管理，保障人民群众生命和财产安全，根据《中华人民共和国建筑法》和《中华人民共和国安全生产法》，制定了一系列法规，主要有《建设工程安全生产管理条例》《建设工程质量管理条例》《公路水运安全生产监督管理办法》《公路建设监督管理办法》等。

（3）技术规范

建设部先后颁布的《建筑施工安全检查标准》《施工企业安全生产评价标准》《建筑施工高处作业安全技术规范》《施工临时用电安全技术规范》《高处作业吊篮》《施工现场机械设备检查技术规范》等建筑安全技术标准和规范，使安全管理工作从定性管理转为定量管理。这一转变使安全管理更具有可操作性，也使安全生产工作由随意性转向科学性。

2. 建设工程安全生产管理的基本制度

（1）《中华人民共和国安全生产法》中明确的安全生产基本制度

①安全生产监督管理制度

《中华人民共和国安全生产法》中提供了四种监督途径，即工会民主监督、社会监督、公众举报监督和社区服务监督。通过这些监督途径，将使许多安全隐患及时得以发现，也将使许多安全管理工作中的不足得以改善。同时也明确了监督管理人员的权利和义务，这也有利于监督工作顺利进行。

②生产经营单位安全保障制度

在《中华人民共和国安全生产法》中明确了生产经营单位必须做好安全生产的保证工作，既要在安全生产条件上、技术上符合生产经营的要求，也要在组织管理上建立健全安全生产责任并将其有效落实。

③从业人员安全生产权利义务制度

在《中华人民共和国安全生产法》中，不仅明确了从业人员为保证安全生产所应尽的义务，也明确了从业人员进行安全生产所享有的权利。这样，在正面强调从业人员应该为安全生产尽职尽责的同时，赋予从业人员的权利也从另一方面有效保障了安全生产管理工作的有效开展。

④生产经营单位负责人安全责任制度

在《中华人民共和国建筑法》中已经强调了安全生产责任制，这是从组织管理的角度采取的重要措施。在《中华人民共和国安全生产法》中，更强调了单位负责人的安全责任。因为一切安全管理，归根到底是对人的管理，只有生产经营单位的负责人真正认识到安全管理的重要性并认真落实安全管理的各项工作，安全管理工作才能真正有效进行。

⑤安全生产责任追究制度

违法必究是我国法律的基本原则，任何单位或个人违反了我国的法律，都将受到法律的制裁。所以，《中华人民共和国安全生产法》中明确了对违反该法的单位和个人的法律责任。

⑥事故应急救援和处理制度

在安全事故中，经常伴随着生命财产的抢救，如果没有应急的救援措施和科学合理的处理制度，人民的生命财产安全和公民的正当权利将无法得到保障。同时，正确处理安全事故也可以起到警醒世人、教育员工的作用。所以，健全事故应急救援和处理制度是十分重要的。

（2）《中华人民共和国建筑法》中明确的安全生产基本制度

①安全生产责任制度

安全生产责任制度是建筑生产中最基本的安全管理制度，是所有安全规章制度的核心。安全生产责任制度是指将各种不同的安全责任落实到负责有安全管理责任的人员和具体岗位人员身上的一种制度。这一制度是安全第一，预防为主方针的具体体现，是建筑安全生产的基本制度。在建筑活动中只有明确安全声任，分工负责，才能形成完整有效的安全管理体系，激发每个人的安全责任嵐，严格执行建筑工程安全的法律、法规和安全规程、技术规范，防患于未然，减少和杜绝建筑工程事故，为建筑工程的生产创造一个良好的环境。安全责任制的主要内容包括：一是从事建筑活动主体的负责人的责任制；二是从事建筑活动主体的职能机构或职能处室负责人及其工作人员的安全生产责任制；三是岗位人员的安全生产责任制。岗位人员必须对安全负责；从事特种作业的安全人员必须进行培训，经过考试合格后方能上岗作业。

②群防群治制度

群防群治制度是职工群众进行预防和安全治理的一种制度。这一制度也是"安全第一、预防为主"的具体体现，同时也是群众路线在安全工作中的具体体现，是企业进行民主管理的重要内容。这一制度要求建筑企业职工在施工中应当遵守有关生产的法律、法规和建筑行业安全规章、规程，不得违章作业；对于危及生命安全和身体健康的行为有权提出批评、检举和控告。

③安全生产教育培训制度

安全生产教育培训制度是对广大建筑企业职工进行安全教育培训，提高安全意识，增加安全知识和技能的制度。安全生产，人人有责。只有通过对广大职工进行安全教育、培训，才能使广大职工真正认识到安全生产的重要性、必要性，才能使广大职工掌握更多更有效的安全生产的科学技术知识，牢固树立安全第一的思想，自觉遵守各项安全生产和规章制度。分析许多建筑安全事故，其重要的原因就是有关人员安全意识不强，安全技能不够，这些都是没有搞好安全教育培训工作的后果。

④安全生产检查制度

安全生产检查制度是上级管理部门或企业自身对安全生产状况进行定期或不定期检查的制度。通过检查可以发现问题，查出隐患，从而采取有效措施，堵塞漏洞，把事故消灭在发生之前，做到防患于未然，是"预防为主"的具体体现。通过检查，还可总结出好的经验加以推广，为进一步搞好安全工作打下基础。安全检查制度是安全生产的保障。

⑤伤亡事故处理报告制度

施工中发生事故时，建筑企业应当采取紧急措施减少人员伤亡和事故损失，并按照国家有关规定及时向有关部门报告。事故处理必须遵循一定的程序，做到三不放过（事故原因不清不放过、事故责任者和群众没有受到教育不放过、没有防范措施不放过）。通过对事故的严格处理，可以总结出教训，为制定规程、规章提供第一手素材，做到亡羊补牢。

⑥安全责任追究制度

建设单位、设计单位、施工单位、监理单位，由于没有履行职责造成人员伤亡和事故损失的，视情节给予相应处理。情节严重的，责令停业整顿，降低资质等级或吊销资质证书；构成犯罪的，依法追究刑事责任。

3. 项目内部安全管理制度

企业内部安全生产管理制度，是工程项目组织为实现安全生产，依照安全生产法规、基本管理制度和项目实际情况及安全目标而制定的在项目系统和企业内部具有指导性与约束力的管理方法。如：安全生产检查制度、例会制度、岗位责任制度、安全奖罚制度、施工现场安全管理制度、卫生管理制度、施工用电管理制度、安全施工作业管理制度、施工机具进场验收与保养维修制度、班组站班会管理制度、施工现场环境管理制度等等。

4. 安全管理制度的落实措施

各项安全生产管理制度制定得再全再细，如果不能加以贯彻落实，也只是形同虚设，因此，要保证制度的贯彻和执行，还必须要有能够将其落实的措施。

（1）管理人员要以身作则

管理人员是安全生产管理制度的制定者，对制度有着更加清晰的理解，也是安全生产的主要责任人。只有管理人员以身作则，带头执行安全生产管理制度，落实安全生产责任制，才能提高自身及其他人员的安全意识，这对执行安全生产管理制度是至关重要的。

（2）成立安全生产管理组织

施工项目管理要成立专门的安全管理组织和部门，及时修订、补充和完善安全生产管理制度，保证安全生产管理制度的针对性、可操作性和完整有效性。同时要加强安全生产管理制度的宣传和学习，使劳动者掌握安全生产管理制度的内容，提高劳动者对安全生产管理制度的认知程度，从而自觉遵守。

（3）要加强监督检查

要保证安全生产管理制度的贯彻落实，必须要定期的监督检查其落实情况，监督检查的方式有：定期公开检查、不定期检查、随机抽查、专项跟踪检查等。对各项安全生产管理制度执行得好的部门给予表扬和奖励，对安全生产管理制度落实不到位的部门要及时地提出批评，对多次指出不改的部门要给予处罚，并及时追踪制度的执行效果，适时地加以修改、补充。

（4）发挥全体劳动者的作用

要充分发挥劳动者的积极性，调动劳动者在工作中相互监督，灌输共同遵守、共同安全的理念。只有全员遵守了各项安全生产管理制度，才能保证安全生产管理制度的真正落实。

（三）安全生产文化

1.安全文化的内涵

多年来的安全生产实践告诉我们，造成安全事故发生的原因中，人的因素是主要问题，比如员工安全意识薄弱、安全知识贫乏、安全技能不足、安全行为不规范等。这些现象背后有着复杂的社会文化背景。要解决这些问题，就要把安全放置在文化的大视野中，实施安全文化战略。也就是要借助文化特有的影响力、渗透力和扩张力，引发员工安全观念的变化，引导员工正确的安全行为，使安全工作获得广泛的群众基础，进而创造出更多、更好的安全防范措施。比如温馨亲切的安全提示，通俗顺口的安全口号，醒目警示的安全标牌，以及消除紧张的安全音乐等。

安全文化主导着一个组织的安全意识、安全价值观念、安全职业道德和安全行为规范，从而能够强烈地影响人的安全行为。安全文化是一切有形和无形的安全管理活动的重要环境因素，它是生成有效的安全技术措施和管理方案的土壤，是实施安全法规、政策、规章、作业指导书的氛围。安全文化与物质文明如影随形，它表露于组织结构和组织过程之中的创意，维系着组织一切安全生产活动的程序和规则；它是组织战略、目标和理想的源泉；它既是潜意识也是明规则，它不仅能够潜移默化地影响组织成员的行为，而且也是组织成员共同的认知和共同的行为准则。

安全文化建设的关键在于不是孤立地去解决问题，而是系统化地解决问题。安全文化要把握两个重点：一是要总结和学习安全文化建设的成功模式，形成一套方法理论，有效地指导企业的安全管理实践；二是把安全文化建立在激发组织上下各层次员工积极性的基础之上，确保每个员工都能对安全做出承诺，让每个人都承担起事故预防的责任。

2.安全文化的内容

安全文化是指企业在长期的安全生产和经营活动中逐步形成的或有意识塑造的，并为全体职工所接受和遵循的各种安全物质因素和安全精神因素的总和。它主要由四部分组成：安全物质文化、安全制度文化、安全行为文化和安全观念文化。

安全物质文化是安全生产的基础。企业通过优化工作环境、改善劳动条件、建设文化设施等来满足员工追求安全生产的需要，还采用合理的安全奖励机制来满足员工自身利益最大化的需要，激励员工安全工作的积极性。

安全制度文化是企业为保证生产活动安全进行，完善保障人和物的安全而形成的各种安全规章制度、操作规程、防范措施、安全宣教培训制度、安全管理责任制以及奉公守法、遵守纪律的自律态度等。它明确了各级人员的责任、义务和权利，只有形成责任明确，责权一体，在安全管理中才能做到敢抓敢管，才能落实执行力度，使员工逐步形成良好的安全行为习惯。

安全行为文化是指在安全精神文化的指导下，工人在生产过程中的安全行为准则、思维方式、行为模式的表现。行为文化既是精神文化的反映，同时又作用和改变精神文化。

安全观念文化是用来规范工人安全生产工作规范，增强群体意识和价值观念的文化。主要指安全思想意识、安全理念、安全价值标准。在安全生产上，它们是企业安全文化的核心。它们的表现形式体现在安全生产宗旨、方针、目标、体制等方面。包括预防为主、安全第一、安全就是效益、风险最小化等观念，同时还有自我保护、防患未然的意识等。

3. 安全文化的实施

安全文化既是企业内部安全管理的历史积淀，又受到企业内外环境的影响，因而具有持久性、社会性和相对独立性的特点，所以必须对当前安全文化建设的实际水平进行正确的分析和评价，在突出本行业特点的基础上进一步提高安全文化建设水平。

桥梁施工项目安全文化的实施可分为决策层、管理层和操作层三个层次，实践证明，只有不断提高决策层、管理层和操作层的安全文化素质，才能全面提升企业的整体安全素质。企业决策层制定安全行为规范和准则，形成强有力的安全文化的约束机制；管理层按照决策层制定的安全行为规范和准则，进行管理和监督，形成了管理层的安全文化；操作层自觉遵章守纪，自律行为和规范形成班组员工的安全文化。三者有不同的责任和要求，互相联系，缺一不可。

（1）决策层

①提高安全决策知识素养

决策者首先要掌握国家安全生产的法律法规、方针以及政策，以增强法律意识和法制观念，确保员工安全生产的第一责任；其次，要掌握安全工程技术，密切关注国际国内安全管理的成功经验和新方法、新思路，以提高企业安全管理水平；最后，要系统地评价企业安全状况，掌握事故发生的规律，为正确决策提供依据。

②提高安全决策能力素养

安全决策能力的强弱直接影响安全管理水平，其决策能力素养主要包括：对重大事故隐患的评估能力；对全局的综合安全管理能力；对事故的调查、分析、研究以及预测分析能力，解决安全生产及系统安全工程等复杂问题的能力等。

③提高安全决策组织管理素养

安全决策的难点在于决策的推行和实施，因此，决策者必须具有出色的组织协调各部门、各级人员的能力。在不同意见、多种方案的情况下，决策者不仅应具有果断寻求一致意见的素质，还应多方倾听反面意见，这样才能避免决策的盲目性和片面性。

④形成安全工作从领导做起的氛围

高层领导要自觉参加安全训练，定期召开安全工作例会，评估安全管理的有效性，做出有针对性地措施，执行严格的安全管理制度。

（2）管理层

①组织安全培训，掌握安全方针

通过学习，提高安全管理技能，不断更新观念，应用现代化管理的新技术、新方法，使安全管理科学化、规范化。

②完善安全管理制度，探索安全教育模式

为了适应生产工艺技术不断革新改造的要求，安全管理层要不断地补充完善安全规章制度，使其更加切合实际，对日常安全工作认真负责。还要从实际出发，探索新的安全教育模式，彻底改变形式单一、枯燥无味、教育效果差的老办法，使安全教育工作落实到全员。

③建立一套完整的安全管理措施并确保实施

安全管理在很大程度上要求建立一个有效的管理组织机构，因此，企业应对每一个人的职责权限清晰无误地予以说明。首先，管理者要使每个人不仅了解自己的职责，而且要了解周围其他同事的职责，从而实现员工之间的无缝连接；其次，管理者要合理安排安全工作的进行，确保安全运营工作能够严格按要求完成，并通过合适的控制和检查来保证其执行的有效性；再次，要建立有效的激励机制，鼓励那些在安全方面有突出表现的人员，对于工作中的不足之处，要及时地指出并积极地予以改进。

④进行有效的检查和对比

管理者在贯彻安全保证措施外，还要负责实施一整套的监督措施。安全管理体系的有效性检查，最好能邀请专家予以评价，并提出建议改进措施。企业内应有专人负责收集和研究有关部门的经验、研究成果、技术开发、运行数据和对安全有重大意义的事件，以便从中获益。

（3）操作层

操作层的安全文化和技术素质是安全文化建设的基石，从某种意义上讲，它决定着安全管理的效果，也决定着安全生产的命运。只有提高全体员工的安全文化素质，才能提高企业的整体素质和安全管理水平。

①积极提高各种安全技能

操作人员要在生产中不断提高安全文化素质和技术素质，增强对事物的判断技能和分析能力。在积累操作经验以提高生产技能的基础上，要不断去总结新的安全生产变化规律，在实际操作中保持敏捷的安全思维。

②提高预防预控的综合技能

预防预控的目的是把各类安全事故消灭在萌芽状态，应用系统论、控制论、信息论的理论和方法，利用班组或个人丰富的实践经验，做好预测预防工作。提高综合技能是指提高分类、归纳、总结、处理安全生产的综合能力，把生产过程中各种状态参数的变化同产品质量、事故触发的可能性有机地联系起来，形成科学因果关系，进而对工艺偏差、事故预防提出对策，并认真付诸实施。

③创造一种安全文化氛围

操作层的文化水平和安全素质，只有通过安全文化的渗透，开展形式多样的安全文化活动，加以提高，进而形成企业安全文化建设的氛围和环境，建立起切实有效的企业安全文化氛围。注重安全文化的功能、手段和力量，用科学的思维去完善作业程序，提高操作技能，实现安全生产。

④每个员工要注意自身安全意识的培养

每个员工在开始任何一项与安全有关的工作之前，都应该要慎重考虑工作中与安全相关的所有问题，严格按程序办事，认真对待工作中的所有意外，互相之间要充分交流并传递信息，随时掌握新情况。

⑤通过安全教育培训来塑造员工良好的安全行为习惯

宣传教育工作的宣传应侧重强化安全意识，教育则侧重提高安全技能。主要从以下三个方面入手。

第一，教育理念更新。在做好日常安全教育的同时，对新提拔到高一级管理岗位、高一级技术岗位上的员工进行更高层次安全培训教育；同时也要对从业人员不断进行与新知识、新技术、新方法的使用同步安全培训教育。

第二，教育方法更新。教育不搞形式、注重实效，做到教育者和被教育者相互学习、相互促进、相互提高。结合被教育者的需要，因人施教，促进干部职工真正提高素质、掌握技能，为安全生产提供人力保证。

第三，考核方式更新。以职工的安全技能作为检验标准，根据岗位的需要制定安全技能等级标准，定期对职工的安全技能进行测试，将安全技能作为职工晋升、晋级的基本条件，调动职工自觉学习安全知识的积极性。

（四）全面安全管理信息化

为更好地实现安全监管管理，在安全管理过程中运用信息化管理的先进手段很重要。安全管理信息化的主要功能，就是收集各种安全方面的信息，对安全管理现状及有关资料进行调查和研究，然后通过安全信息传递渠道，及时反馈安全信息，为安全管理工作提供切实有效的依据。

1. 数据来源

安全管理信息化的实现需要大量相关的资料数据，数据主要包括以下几个方面。

（1）安全活动数据

安全活动数据，是利用信息化管理系统对安全教育培训、各级安全会议的信息数据进行收集。安全活动数据主要包括登记培训班的培训内容和时间、参加培训的人员名单，记录培训考核的结果，并登记复查情况和复查结果。另外，对决议的执行情况进行跟踪，确保会议的内容得到切实执行。

（2）安全检查数据

安全检查数据主要包括建设单位安全检查数据、监理单位安全检查数据、施工单位安全自检数据和施工安全技术规程条例等。

（3）安全技术数据

安全技术数据，从工程的安全技术角度出发，定期记录安全措施执行情况，确保安全措施的可执行性。主要包括施工组织设计、施工图核对和安全技术交底数据等。

（4）风险及安全事故管理数据

风险及安全事故管理数据主要包括危险源辨识与风险评价表，应急救援预案、安全事故调查与处理记录等。

（5）安全综合分析数据

安全综合分析数据主要包括安全评价数据、安全通病管理数据和安全自控率数据等。

2.数据采集

（1）数据采集原则

桥梁工程安全管理信息化数据采集应遵循以下原则：

第一，数据采集要及时准确。安全管理信息化系统作为一种辅助管理的工具，必须能够及时准确地反映工程的真实情况，帮助管理者做出及时准确的判断，实现对桥梁工程安全管理的有效控制。

第二，尽量采集最底层的数据，用最底层的数据生成所需数据。最底层数据具有真实性和可靠性，真实可靠数据才能对工程进行全面客观分析。

第三，对输入的数据需进行验证，因为在数据输入过程中很难保证录入的每一项数据都是正确的，而错误的数据往往会造成系统出现致命错误。

第四，数据录入的设计尽量符合使用习惯。比如，类似的数据要能够复制，这样能节省工作时间和人员精力。

第五，减少工作量，变输入为选择。信息系统的正常运转需要依靠大量的数据作为支撑，而这些数据需要输入，所以必须尽可能减少数据录入的工作量，以保证数据及时准确录入。

（2）数据采集方法

第一，网络传输方式。数据采集是实现施工安全信息化管理的基础，各参与单位应及时上传工程安全管理的数据和信息，保证建设单位对整个工程建设安全状况的全局掌握。在建设单位内部、各监理站点、施工点配备办公用计算机，在建设过程中按要求上传工程建设安全管理数据，并保证数据的准确性和及时性。

第二，单机版数据采集方式。桥梁建设工程施工点中，有的网络不畅通，导致信息不能及时上报，基于此开发了专门采集数据的单机版系统，利用单机版数据采集系统可以保证及时完整地录入所需数据，采集建设过程中产生的各类安全管理数据，按统一格式存入数据库。

（3）数据输入方法

根据桥梁工程的特点，桥梁工程安全管理数据可通过表单和文件的方式上传到数据库中，对于因施工安全需要统计分析的数据信息，要进行结构化存储，一般需要先通过填写可以结构化的表格再上传到数据库。对不需要结构化的数据信息，一般以文件的形式上传到数据库。

3. 数据分析及处理

桥梁工程安全管理的实施有赖于对安全管理数据的合理分析和及时处理。安全管理数据承载着施工安全的有效信息，对数据进行有效的综合分析，能客观地反映施工现场安全管理的情况，并作为桥梁工程安全管理的辅助决策和评比考核依据，及时纠正安全管理中不合理的地方，保证施工安全。

桥梁工程安全管理数据综合分析过程，一般包括数据需求分析、数据采集、数据综合分析。结合安全管理的需要，确定数据需求是首要工作，只有明确了数据需求，才能保证采集的数据符合实际的需要；安全管理依赖于客观全面的数据，数据的采集成为关键环节，根据实际情况采集不同的数据，保证安全管理对数据的需求；数据分析是核心，对大量的数据进行综合分析，对工程做出客观的评价是数据价值的最终体现。

通过安全管理信息化，定期对项目进行安全检查评比，并公布评比结果，下发整改通知，根据评比结果进行奖罚，促进项目各参与方重视安全工作。

参考文献

[1] 冯明硕，薛辉，赵杰 . 公路桥梁工程施工技术 [M]. 延吉：延边大学出版社，2017.

[2] 韩作新，陈发明 . 公路桥梁涵洞工程施工作业指导书 [M]. 成都：电子科技大学出版社，2017.

[3] 魏利强，陈安玉，安璐 . 公路桥梁工程与地质环境研究 [M]. 北京／西安：世界图书出版公司，2017.

[4] 赵希强，孙金，刘同海 . 公路桥梁与土木工程 [M]. 长春：吉林科学技术出版社，2017.

[5] 张凤枝，庞红伟，郝晓宇 . 公路桥梁与水利工程 [M]. 北京：北京工业大学出版社，2017.

[6] 李青彦，李怀义，成英才 . 公路地基处理与桥梁工程 [M]. 北京：现代出版社，2017.

[7] 范孬战 . 公路桥梁与土木工程施工 [M]. 北京：煤炭工业出版社，2017.

[8] 彭辉 . 公路地基处理与桥梁工程 [M]. 北京：现代出版社，2017.

[9] 杨永霞，赵战国，潘洁 . 公路环境工程与桥梁项目施工 [M]. 长春：吉林科学技术出版社，2017.

[10] 肖建波 . 公路工程与桥梁施工技术应用 [M]. 长春：吉林大学出版社，2017.

[11] 么晖 . 现代桥梁与高速公路工程设计研究 [M]. 哈尔滨：东北林业大学出版社，2017.

[12] 江国帅 . 公路桥梁建设与工程项目管理 [M]. 北京：现代出版社，2017.

[13] 王天彪，安国庆，王龙 . 公路桥梁工程施工与管理 [M]. 哈尔滨：东北林业大学出版社，2018.

[14] 李德新，余明坤，郑靓 . 公路桥梁工程材料检测与施工 [M]. 北京：中国建材工业出版社，2018.

[15] 修林岩，徐小娜，孙文杰 . 公路工程与桥梁施工 [M]. 天津：天津科学技术出版社，2018.

[16] 杨金翠，陈春宇，王佳 . 公路工程与桥梁隧道施工 [M]. 海口：南方出版社，2018.

[17] 刘黔会，张挣鑫 . 公路工程与桥梁施工技术研究 [M]. 咸阳：西北农林科技大学出版社，2018.

[18] 王保群 . 公路水运工程试验检测人员应试题解桥梁隧道工程 [M]. 北京：人民交通出版社，2018.

[19] 张耀辉，陈士通 . 桥梁抢修工程结构与应用 [M]. 北京：中国铁道出版社，2018.

[20] 李宽 . 公路工程项目管理 [M]. 武汉：华中科技大学出版社，2018.

[21] 高峰 . 公路工程造价实务 [M]. 北京：北京理工大学出版社，2018.

[22] 史建峰，陆总兵，李诚 . 公路工程与项目管理 [M]. 北京：九州出版社，2018.

[23] 高峰 . 公路施工组织实务 [M]. 北京：北京理工大学出版社，2018.

[24] 张少华 . 公路桥梁工程与项目管理 [M]. 北京：北京理工大学出版社，2019.

[25] 丁雪英，陈强，白炳发 . 公路桥梁建设与工程项目管理 [M]. 长春：吉林科学技术出版社，2019.

[26] 王燕浩 . 公路桥梁工程桩基础施工技术 [M]. 芒：德宏民族出版社，2019.

[27] 马祖桥 . 公路桥梁工程建造精度体系 [M]. 人民交通出版社股份有限公司，2019.

[28] 关凤林，薛峰，黄啓富 . 公路桥梁与隧道工程 [M]. 长春：吉林科学技术出版社，2019.

[29] 郭健 . 公路桥梁工程概预算 [M]. 北京：人民交通出版社，2020.

[30] 杨飞. 公路桥梁施工与隧道工程 [M]. 天津：天津科学技术出版社，2020.

[31] 盛兴旺，乔建东，杨孟刚. 桥梁工程 [M]. 北京：中国铁道出版社，2020.

[32] 姜天华，曹阳，钱盈. 桥梁工程 [M]. 西安：西北工业大学出版社，2020.

[33] 李传习. 桥梁工程 [M]. 北京：中国建筑工业出版社，2020.

[34] 王修山. 道路与桥梁工程概论 [M]. 北京：机械工业出版社，2020.

[35] 张庆勋. 桥梁工程与施工管理 [M]. 长春：吉林科学技术出版社，2020.